色史
本历

不知历史者，无以图未来

日落南国

梁朝萧家那些事儿

明轩公子◎著

中国铁道出版社有限公司
CHINA RAILWAY PUBLISHING HOUSE CO., LTD.

图书在版编目（CIP）数据

日落南国：梁朝萧家那些事儿 / 明轩公子著 . —北京：
中国铁道出版社，2018.1（2022.1 重印）
ISBN 978-7-113-23833-9

Ⅰ . ①日… Ⅱ . ①明… Ⅲ . ①中国历史 – 梁国 – 通俗
读物 Ⅳ . ① K239.130.9

中国版本图书馆 CIP 数据核字（2017）第 236605 号

书　　名：**日落南国：梁朝萧家那些事儿**

作　　者：明轩公子

责任编辑：刘建玮　　　　　　　　电　　话：（010）51873038

装帧设计：天下装帧设计　　　　　电子信箱：liujw0827@163.com

责任印制：赵星辰

出版发行：中国铁道出版社有限公司（100054，北京市西城区右安门西街 8 号）

印　　刷：佳兴达印刷（天津）有限公司

版　　次：2018 年 1 月第 1 版　　2022 年 1 月第 2 次印刷

开　　本：710mm×1000mm　　1/16　　印张：14.75　　字数：231 千

书　　号：ISBN 978-7-113-23833-9

定　　价：42.00 元

引子

人月圆·甘露怀古

江皋楼观前朝寺，秋色入秦淮。

败垣芳草，空廊落叶，深砌苍苔。

远人南去，夕阳西下，江水东来。

木兰花在，山僧试问，知为谁开？

在中国历史上，有两个政权是由萧姓建立的，而且是前后继承的关系，即南北朝的南齐和南梁。对比在动荡中曾上演了一幕幕腥风血雨的南齐，南梁在萧衍手中却做到了"四十年中，江表无事"的升平局面。而萧衍更是通过自己的努力，将这个帝国缔造为一个佛国。杜牧口中"南朝四百八十寺，多少楼台烟雨中"所描绘的，便是这位"和尚皇帝"的得意之笔。

然而，信佛并没有给这位皇帝带来福报，帝国却在"侯景之乱"中分崩离析，最终只能龟缩于江陵一隅。

那么，南梁的历史究竟是怎样的呢？这位被毛主席评价"时来天地皆同力，运去英雄不自由"的萧衍又有怎样的人生轨迹呢？今天，小公子要向大家讲述一个真实的梁朝，一个充满战火与禅意的江南佛国。

本书从萧赜晚年的立嗣之争开始，到西梁政权灭亡结束，前后时间跨度近百年，讲述了萧衍如何以一州之地夺取天下，以及最终这个由他一手缔造的佛国又如何因为侯景的到来而烟消云散……

目 录

第一章 萧衍的帝王路

萧衍其人 1

重手夺权 6

军中新秀 12

南齐魔星 17

废齐建梁 23

第二章 从"钟离之战"到"江南佛国"

新王朝的危机 27

失败的北伐 32

决战钟离 37

宫闱丑事 44

淮河大坝 49

第三章 千军万马避白袍

白马啸西风 53

挺进洛阳 62

将军百战 69

昙花一梦 82

尘埃落定 89

第四章　改变国运的战争

反腐之祸 92

中原棋局 99

寒山之败 110

灭侯摧王 117

侯景南来 121

第五章　侯景之乱

直捣江东 133

台城旧梦 141

魔王兽性 147

萧墙之祸 151

生死搏杀 156

第六章　萧绎得天下

魔王骄狂 166

同室操戈 174

生死决战 183

魔王末日 190

益州入魏 197

第七章　江陵往事

元帝之死 205

谁是正统 213

争夺荆湘 218

西梁亡国 224

尾　声 226

南梁开国皇帝萧衍字叔达，小字练儿，其人多才多艺，政治、军事、文学、诗书、宗教才能在南朝诸帝中堪称翘楚，是中国历史上一位著名的学者皇帝。史书称他："六艺备闲，棋登逸品，阴阳纬候，卜筮占决，并悉称善……草隶尺牍，骑射弓马，莫不奇妙。"

同时，他又是一位笃信佛教的皇帝，曾四次舍身同泰寺，为同泰寺募得钱财四亿。他的一生波澜壮阔，少年时期文采斐然，跻身"竟陵八友"；青年时代投身军旅，力抗北魏入侵；齐末天下大乱之际，他更是扬帆千里攻克南京，开创萧梁政权。

然而，就是这样一位全能型的皇帝，最终却被饿死在台城，他所创建的帝国也在他死后被冲得支离破碎。甚至说，就连他笃信的佛祖最终也未能庇佑他。那么，这一切的一切究竟为何呢？就让我们一起翻开尘封的历史，共同追寻那段江南梁朝的往事……

萧衍其人

刘宋大明八年（公元 464 年）五月，刘宋王朝的第三位皇帝孝武帝刘骏病逝。也是在这一年，建康城外秣陵县同夏里三桥宅（今江苏丹阳）萧顺之家诞下了一个男孩儿。这个小男孩儿叫萧衍，此时没有人会想到日后这个小男孩儿开创了雄极一时的南梁帝国。

在萧道成代刘宋王朝自立的大潮中，萧衍迎来了青年时代。由于萧衍的父亲萧顺之是齐高帝萧道成的族弟，所以萧衍家也跟着沾了光，萧顺之官拜领军将军。而这一时期，萧衍才华横溢，成为当时名噪一时的文人集

团——"竟陵八友"之一。当时尚书令王俭对萧衍格外器重，对人说："萧郎三十岁内当作侍中，再往后贵不可言。"

当时南齐王朝当政的是齐武帝萧赜，萧赜亲身经历了刘宋末年诸王火并的时代，所以他重新改良了刘宋的"典签"制度用以抑制诸王。当时出镇地方的诸王年幼，身边的长史多是门阀士家子弟。皇帝派出亲信寒士到地方充任诸王典签，时称签帅，代替诸王批阅公事，照管诸王的饮食起居。典签职位虽低，权力却很大。此时，齐武帝给予典签更大的职权，典签定期回京述职，密报诸王和各地郡守是否忠于自己，以供参考。

然而，萧赜没有想到，日后正是因为这一制度，让篡权者萧鸾得以轻松诛杀自己分散在各地的皇子皇孙。不过事情总是有利有弊，关键在于我们如何看待。也正是因为这一典签制度，南齐诸王因无权批阅公事，而终日无所事事，催生了一批文学才子。

齐武帝次子竟陵王萧子良应该算这些诸王中文学造诣最高的了，他笼络了一批文学才子。萧衍所在的这个"竟陵八友"就是萧子良麾下的一个文人集团，另外七人分别是沈约、谢朓、王融、萧琛、范云、任昉、陆倕。然而，论文武兼备、政治权谋，八人中唯有萧衍堪称翘楚，因此日后他的成就最大。

有了这批人才归附，萧子良渐渐开始形成一个与"太子党"相分立的"竟陵王集团"。有人的地方就有江湖，朝廷也是一样，两个集团的形成注定了南齐日后要经历一番腥风血雨。

在后来的那场腥风血雨中，不少人死于非命，不少人喋血宫廷，当然，萧衍却在这一场场腥风血雨中走向辉煌，登上人生的巅峰。一将功成万骨枯，此言非虚。

如果让暮年的萧衍回忆自己人生的转折点，那必然是永明十一年（公元493年）的那个深夜，因为在那一天他卷入了一场政治斗争，而萧衍的人生轨迹也恰恰由这场政治斗争改变。那一天，王融找到了萧衍，希望萧衍能与他合力扶持竟陵王萧子良登上大位。

萧衍与自己同属"竟陵八友"，王融是知道这一点的，可是，萧衍与齐

武帝有仇，这点儿或许王融并不知道。

"冤冤相报何时了"，虽然这句话古往今来多次被人提及，但是真正能释然放下仇恨的人却并不多，萧衍也不例外。萧衍和齐武帝的仇恨还得从他父亲萧顺之和齐武帝之子萧子响身上说起。

萧子响是齐武帝诸子中最雄武的一个，受封巴东王，可是他与大哥文惠太子的关系相处得却并不好。一次借着萧子响犯事，文惠太子便暗中拉拢前去审讯的钦差大臣，借故逼死了萧子响，而这个钦差大臣便是萧衍的父亲——萧顺之。

夹在太子和亲王之间，萧顺之没有选择，可是也恰恰是因为自己被扯进这件事，他的悲剧结局就注定了。齐武帝老了，人一旦上了年纪就不忍亲人分别，萧子响死后没多久，齐武帝就后悔了，终日以泪洗面。

萧顺之看在眼里，急在心里，毕竟自己逼死了萧子响，万一哪天老皇帝迁怒于自己，这可是祸及子孙的大罪啊！这件事积压在萧顺之心中让他久久不能释怀，最终在急病之下，一命呜呼了。

萧衍闻听父亲去世的噩耗，晕厥过去，醒来后痛哭不止，每次都哭到吐血。这是个孝顺的孩子，6岁时母亲去世他就曾几日水米不进，这回父亲离世，他怎能不痛心？从那一刻开始，萧衍便暗暗立誓，终有一天要讨还齐武帝父子的那笔血债！

可是，要报复当朝皇帝和太子，这不是太异想天开了吗？可萧衍却不认为自己办不到，他只需等待一个时机，而这个时机很快便到了。

没过多久，文惠太子死了，这个原本壮年的储君居然走在了老皇帝前头。朝野内外波诡云谲，局势顿时复杂起来。太子死了，该立谁？摆在齐武帝面前的无外乎两条路——立二皇子或皇长孙。

齐武帝优先考虑的还是二皇子萧子良，他在卧病期间颁下一道圣旨：竟陵王萧子良可带甲兵入宫侍奉医药。这句话无疑是将皇城的军务交托给了萧子良，以确保其顺利接位。

但是，这件事很快引发了朝野中另一派人的反对，而这批人则是文惠太子的故旧亲信，他们追随了文惠太子那么多年，自然不希望皇位旁落，自己也跟着被冷落。于是，太子党的故旧一同联名上书，请求齐武帝立皇孙萧昭业为太子。

其实，这时候的萧昭业已经21岁了，早完成了加冠之礼，算不得幼主了，所以立他也说得过去。萧昭业是出了名的美男子，从小眉清目秀，口齿清楚，招人喜欢，更是写得一手好隶书，连他皇爷爷齐武帝萧赜也对其交口称赞。

但是，这些仔细来看并不能作为一国之君所具备的硬性指标，齐武帝最先想到萧子良而不是萧昭业还是有一定道理的。可是，如今太子党的上书又让齐武帝举棋不定了。不久，齐武帝召萧昭业进宫，与萧子良一同侍疾。

齐武帝这么做让原本扑朔迷离的储君之位更显得摸不着头脑了，"立二皇子还是立皇长孙"，百官心头都有了一个大大的疑问。这时，萧子良的亲信——"竟陵八友"之一的王融决定铤而走险，为自己的主公博一把。

也正是基于这个原因，一向鬼主意多的萧衍成了王融寻求帮助的对象。王融这个家伙，可以说是"有大略而无雄才"，他志向确实很大，可本事却一般，至少在政治层面上是这样的。

作为王导的直系后人，王融这个膏粱子弟一向自命不凡，嫌弃自己中书郎官职位太小，时时感慨："如此寂寂，令邓禹笑话。"邓禹是东汉人，24岁就官拜大司徒，王融当然不能和他比。比不过又有野心，那就只能做一些风险大的事情了。

王融把自己的计划对萧衍和盘托出：趁着齐武帝病重期间，利用竟陵王可以带兵觐见的机会，发动政变扶萧子良登基。王融的这个计划很胆大，当然也很无脑，萧衍听完不发一言。

诚然，萧衍想报复齐武帝，但绝非用这种愚蠢的方法。且不说萧子良是否认可这一做法，单单就武力夺权后如何处置太子党一群人便是难以解决的棘手问题。竟陵王府临时组建起来的军队怎么可能与手握重兵的军事大佬相抗衡？

王融在萧衍处没有讨到承诺只能悻悻而归，回去后他居然伪造了一份齐武帝传位萧子良的伪诏书，而恰恰是这份东西日后要了他的性命。同时，王融也安排手下将萧昭业挡在中书省殿外，禁止他探视齐武帝。

王融这边急不可待地想发动政变，而萧衍那头却依附上了另一棵大树。

这个人游离于皇长孙和竟陵王之间，属于朝堂上的第三股势力，他就是西昌侯萧鸾。

萧鸾是南齐开国皇帝萧道成的侄子，自幼丧父，由萧道成抚养长大。这个侄子对于萧道成而言，更像是"老来子"，备受萧道成宠溺。但是，萧鸾这个人极其有城府，在萧道成诸子面前，他保持低调，谨言慎行，手头的事务办得井井有条。所以，堂兄萧赜对他也是另眼相看。

萧衍知道，像萧鸾这样有城府的人才是值得依靠的，跟着萧子良成不了大事。而萧鸾也想拉拢萧衍，助其达到分化竟陵王势力的目的，于是两个人一拍即合。

王融这头的事情很快引起了齐武帝的觉察，多日未能看到萧昭业，这位老皇帝也感觉事情有些不对劲儿了，于是他挣扎着下了命令："宣太孙入殿，东宫甲仗随入。"

如果此时齐武帝卧榻前的不是萧子良，而是杨广，那么他只有等死的份儿了。可偏偏萧子良是个软弱无能的人，他不知道这意味着什么，他只知道父皇吩咐的事情要办好。

而此时殿外的竟陵王势力也开始走向分化，萧衍故作高深地对好友范云说道："现在宫外议论纷纷，说皇上准备改立皇长孙登基，你怎么看？"范云这时候还没瞧出事情有变，只是说道："这……这不能吧？王融会把一切办妥的。"显然范云也知道王融的一些想法。

萧衍冷哼一声："如今正值非常之时，你觉得王融能成为改时造势的非常之人？"萧衍的话让范云摸不着头脑：不都是为竟陵王出力的吗？你萧练儿怎么像是要叛变了？于是范云又提醒了一句："忧国家者，唯王中书。"

范云说这句话就是在告诉萧衍：我们和王融是站在一条船上的，你可不能临阵倒戈啊！可萧衍早打定了主意要叛变，所以直截了当地摆明了态度："你说王融忧心国家，就不知道他是想做周公呢还是做竖刁！"

竖刁又称寺人貂，齐桓公所宠幸的宦官，曾和公子开方、易牙一同发动政变，囚禁了齐桓公，而后引发齐国大乱，自此齐国失去中原霸主的地位。

萧衍这句话说得很狠，非但和王融划清了界限，还直接将王融的"从

第一章 萧衍的帝王路

龙之举"定义为"阴谋作乱"。

萧衍这么说也是有胆气的，他知道他的新主公已经在赶来的路上，自己这时必须尽快从竟陵王的势力中脱离出来，否则他的政治生涯也将到此为止了。

果然，萧鸾陪着萧昭业奉旨入宫，王融就算再不情愿也无法阻止，除非他破罐子破摔，调兵造反包围皇宫。可是，扪心自问，他真能把控好手下这帮人吗？结果可想而知，齐武帝撑住最后一口气下诏，命萧昭业即位，萧鸾辅佐，并告诫萧昭业说："阿奴，若忆翁，当好作！"说完这些，齐武帝阖目而逝，享年54岁。

萧子良输了，非但丢掉了皇位，连辅政大臣的位子也被萧鸾抢去了。可是，萧子良再失意，丢去的也只不过是身外之物，可还有个人就比较悲剧了，他丢掉的是自己的身家性命，这个人就是王融。萧昭业的人从王融身上搜出了伪造的诏书，王融因此被捕入狱。原本像这样的大罪是该诛九族的，但考虑到王融毕竟是琅琊王氏的直系后人，所以只杀他一人。不久，年仅27岁的王融被赐死于狱中。

重手夺权

萧昭业登基了，但是，很快大臣们就知道了这个看似孝顺的少年天子有着不为人知的另一面。

齐武帝去世当天，萧昭业给妻子何婧英写了一封信，信的正中央是一个大大的"喜"字，围绕着这个"喜"字还有三十六个小"喜"字。在人前哭得肝肠寸断，背后却喜笑颜开，萧昭业善于伪装的一面着实令人作呕。

王融死后不久，萧子良也逐渐淡出朝堂，军国大事不再参与，全权交由尚书令萧鸾，毕竟萧鸾已经是辅政大臣了。

其实萧子良自己也清楚，这朝堂早已不是自己的天下了。曾经死命追随他的"竟陵八友"在一夕之间瓦解，萧衍背叛了他，王融因他而死，剩下的人也都各谋出路去了。

同为"竟陵八友"之一的沈约，因感慨王融的悲惨遭遇，还写了一首《悼

《王融》的诗来怀念老友：

> 元长秉奇调。弱冠慕前踪。
> 眷言怀祖武。一篑望成峰。
> 途艰行易跌。命舛志难逢。
> 折风落迅羽。流恨满青松。

但是悼亡归悼亡，竟陵王势力的土崩瓦解已成事实，这是谁都无法改变的。朝野的大权遂由萧昭业和萧鸾分割。王融死后半年，萧子良也死了，史书记载是正常死亡。想来或许是因为与皇位失之交臂而郁郁而终。

没有了这位二叔的约束，萧昭业更加肆无忌惮。他常常挥金如土、一掷千金，齐武帝在国库内给他留下的八亿万贯资产，他竟在一年时间内就挥霍光了。大到王府随员，小到跟班小厮，只要和萧昭业有交集的，都能从他那儿讨到好处。萧昭业还曾大为感慨地说："孔方兄啊孔方兄，我昔日求你一文不得，今日可算用上你了。"

萧昭业这一年的表现可谓差到了极点，这让当初原本死命扶他上位的太子党也逐渐心灰意冷了。而朝野内的变化却让一直旁观的萧鸾乐开了花，为了实现自己的野心，萧鸾决定先搞点事情出来。

萧鸾的首要目标盯上了萧昭业的皇后——何婧英。很快，萧昭业便收到一堆弹劾皇后的奏折，要么说皇后挥霍无度，要么说皇后私自毁坏宫中宝物，更有甚者，说皇后私通巫女之子杨泯之，有损皇家颜面。

这些事情都是真的吗？是真的，不过高高在上的人从来没考虑过底下人会敢于揭露自己的隐私。所以对于大臣们的上奏，萧昭业一概不理。

可萧鸾哪能这么快放弃，他很快就联合左仆射王晏、丹阳尹徐孝嗣、平西将军王广之一同上书，请求杀了杨泯之。萧昭业再一次拒绝了他们的请求。这就令人费解了，这些人是为了给皇帝摘掉绿帽，不料皇帝还死命护着。当然，萧昭业的思维永远不是正常人可以理解的，但不久后他终于松口了，因为这一次连皇族中有分量的两位宗亲也讲话了。

卫尉萧谌和正员郎萧坦之一同请命杀杨泯之，萧谌是齐武帝的心腹，

而萧坦之则是文惠太子的心腹，这两个人一开口，萧昭业不得不低头。

一道诏书，杨泯之人头落地。但是，这远远不是结局，相反，一场大屠杀才刚刚开始。紧接着，宦官首领徐龙驹成了萧鸾刀下第二个亡魂，而理由则是，此阉奴代天子批阅诏书，罪大恶极！

徐龙驹也死得很迅速，毕竟在整个南朝时期，皇帝的权力都被削弱得很厉害，更遑论狐假虎威的宦官集团了。徐龙驹一死，萧鸾又盯上了禁军统领周奉叔。此人平时是个跋扈将军，但与杨泯之和徐龙驹相比，他倒是没什么劣迹。

萧鸾知道，对付这种人得从背后动手，于是他借着皇帝委任周奉叔担任青州刺史的由头，召周奉叔入宫，然后派人在宫内伏杀了周奉叔。

眼看着身边人一个个被萧鸾杀害，萧昭业也开始慌张了，他已经隐约感觉到这位远房叔祖觊觎的是他的整个江山了。萧昭业准备除掉这个对自己威胁很大的远房叔祖，可他不知道，萧鸾的屠刀已经提前一步瞄准了他。

如今的萧鸾已经整合了竟陵王势力和部分太子党，萧昭业孤掌难鸣，连自保尚不可得，又如何能杀得了人呢？但是，杀萧昭业容易，难的是如何防止各地藩王反扑。萧鸾思路不清的时候，便想到了一个人，此人便是刚刚归附的竟陵王势力中的干将萧衍。

在萧衍面前，萧鸾没有秘密，既然不存在秘密了，倒也就索性说开了。萧鸾先是摆出自己的态度：主上昏聩，自己决定废昏立明。然后萧鸾又给萧衍抛出一个问题：一旦行事，诸王当中有哪些需要注意的。

萧衍沉吟了一会儿说道："诸王中所惧者唯有随王，随王萧子隆占据荆州之地，兵强马壮。但是，此人才质胆色一般，手下又无能臣干将辅佐，侯爷您只需一道诏书便可将其调回京师。"

萧衍几句话就把荆州问题解决了，萧鸾喜出望外，连忙又问道："还有一人，会稽太守王敬则，此人是高皇帝（萧道成）时的开国功臣，历任三朝，威望甚重，如何处置？"

萧衍轻松地笑了，说："此人就更不用担心了，王敬则下等兵户出身，胸无大志，只需稍加安抚，他必然不敢反叛。"

萧鸾听得连连称赞，又发出了最后一个疑问："豫州刺史崔慧景，是前朝重臣又手握重兵，他平素里和我关系很不好。"

萧衍摇了摇头说："明公啊，您只需派一路人马，以'防备魏国南下'为名进驻寿阳，崔慧景一看便知您对他不放心，他定会老老实实的。"

萧鸾笑着站起身说道："萧练儿啊萧练儿，人都说你是全才，我道你是鬼才，区区三言两语就将荆州、会稽、豫州三地平定了，我无忧矣！"

萧鸾乐了，萧衍心里更乐，不单是庆祝自己大仇得报，齐武帝一脉要惨遭屠戮，更是看到了一条通往至高权力的康庄大道。既然萧鸾可以从一支旁系进而重手夺权，那日后自己又未尝不可呢？

萧鸾开始运作：他先是将召回的荆州刺史萧子隆矫诏赐死，然后派心腹带着美人、珠宝前去收买王敬则。而萧衍则作为萧鸾的钦差大臣，亲率一队人马驻防寿阳，严密监视豫州刺史崔慧景。

而这时候，南齐的"典签制度"也给萧鸾创造了便利。他通过各地的典签将诸王看得死死的，不允许他们有任何异动。

做完这一切，萧鸾动手了。他不给萧昭业任何先手的机会，立即调令萧谌手下的禁军入宫诛杀昏君萧昭业。萧谌、萧鸾、王晏三人带着各自人马会师云龙门，而后，三军杀死曹道刚，直入寿昌殿。

此时的萧昭业还在和爱妃卿卿我我，听到外边的动静知道大事不好，急忙找了个偏殿躲了进去。外面刀兵四起，萧昭业忧心如焚，他拔出佩剑想要自杀，却因为手哆嗦而没死成。萧谌带着人马闯进了偏殿，将受伤的萧昭业一把拖出，原本殿外还有不少闻讯赶来支援的禁军，可是看到早就吓得魂飞魄散的萧昭业，他们也就不敢动手了。就这样，萧谌将萧昭业拖到了无人处，亲手将其勒死了。

第二天，萧鸾废萧昭业为郁林王，贬何婧英为王妃，其余群小党羽悉数被杀。紧接着，萧鸾又迎立萧昭业二弟萧昭文为帝，但没过几个月，萧昭文便被废为海陵王，萧鸾正式登基称帝。

萧鸾的称帝也标志着南齐自此进入了齐明帝统治时期，而这一时期也是南齐历史上最为黑暗的一页。和刘宋的明帝一样，一提起齐明帝萧鸾，人们便想到了那恐怖而又血腥的大屠杀。

为防止萧道成、萧赜的子孙重新夺权，萧鸾一登基便大杀高帝、武帝子孙，整个江东都陷入了皇族的哀号之中。

就在萧鸾大杀宗室的同时，北方的魏国在孝文帝拓跋宏的带领下，正朝着鼎盛时期迈进。在积攒了数年国力后，孝文帝终于出手了：数十万大军由雄伟壮丽的新都洛阳出发，浩浩荡荡向江南杀来。

孝文帝兵分四路：征南大将军薛真度进攻襄阳；大将军、原刘宋王朝九皇叔刘昶，平南将军王肃进攻义阳（今河南信阳北）；徐州刺史拓跋衍进攻钟离（今安徽凤阳东北）；平南将军刘藻从汉中出发，直取南郑。

孝文帝的意图很明显，他准备以秋风扫落叶之势，将南齐的版图逼退到长江以南，为二次南征统一作铺垫。孝文帝本人也带领着部队御驾亲征，杀往寿阳、钟离一线。

面对北方强大的军事压力，萧鸾只能暂且放下手中的屠刀，派遣将领北上抗敌。左卫将军崔慧景、宁朔将军裴叔业以及萧坦之，率领中央主力军前往钟离防卫；而黄门侍郎萧衍则跟随镇南将军王广之前往义阳御敌。

作为萧鸾的心腹，萧衍这一次算是首次带兵出征，他明白，自己的战场首秀一旦打好，日后定会前途无量。但是，沙场攻伐毕竟不同于官场倾轧，能否打好这一场仗，萧衍心中还是有些犯嘀咕。

好在萧衍这一路还有些优势，因为进攻义阳的魏军主帅都是南朝降将，刘昶是前朝刘宋的九皇叔，而王肃也是一员降将，这两个人是四路魏军中战斗力最弱的。而萧衍这边，主将江州刺史王广之年近七旬，战场经验丰富，相比之下主帅占优。

但上了年纪的人也有弊端，那就是过于持重，不敢拼，不敢赌。面对魏军号称二十万的兵力，王广之为避其锋芒，于义阳城郊百里处安营扎寨。萧衍一看便觉不妥：己方是去救援的，隔着百里能救助什么？于是他立刻向王广之进言："主帅，义阳西南方有座山，名曰贤首山，我等可派军前去占领。一旦拿下，我们便可居高临下窥视敌营，而义阳城中士卒见我援军杀到，必然军心大振，里外夹击便可破敌！"

但是萧衍的话并没有引起重视，军中众将对这个黄口小儿的说辞都不屑一顾，他们也不想冒这个风险。王广之见萧衍执意要去救援义阳，便令萧衍亲自来完成了这一任务，麾下兵马任由萧衍挑选。

就这样，江东人眼中的"白面书生"一跃成为"行伍健儿"。带着挑选好的人马，萧衍开始了他的首个军事任务。萧衍连夜领兵偷偷潜上贤首山，将战旗遍插山头。拂晓时分，萧衍登上山头，俯视魏营，魏军大营波浪相仿，连绵数里。魏军望见贤首山旗帜，刘昶大惊，不清楚齐人来了多少人马，便撤了义阳之围，于淮水之北列阵。

义阳城中的齐兵远远望见漫山遍野的本方旗帜，以为大军到来，士气振奋，争先恐后杀出城来，顺风放火，焚烧魏军栅栏，攻入魏营。萧衍见时机已到，便下令冲锋，亲自擂鼓吹角，摇旗助威。齐军由首阳山冲杀而下，先锋士兵手持短刀，在长戟兵护卫下猛冲敌阵，人人奋勇，个个争先，斩杀敌兵数以千计。魏军大败，流血染红原野，王肃、刘昶单骑遁逃。

而战后，齐军在清扫战场的过程中发现了魏军遗落的信件，其中就有一封魏国皇帝拓跋宏写给王肃的信，信中写道："闻萧衍善用兵，勿与争锋，待吾至；若能擒此人，则江东吾有也。"

有人说，这封信的由来是萧衍称帝后令史官伪造的，但细想一下，作为北魏最伟大的帝王——孝文帝，如果连对阵方将领的本事如何都摸不清，那他又怎敢三次发动统一战争呢？

不过唯一能确定的是，萧衍一战成名。他让江南百姓都记住他了，他不单是一个为萧鸾阴谋夺权的爪牙，更是一个可以保家卫国的优秀将才！

"上马击狂胡，下马草檄书"，萧衍的名字在日后的南朝史书上还会继续熠熠生辉，而北魏终至灭亡也摆脱不了萧衍给他们带来的梦魇。

战后，同为"竟陵八友"之一的沈约更是为萧衍写了一首《贤首山》作为军歌传唱。此作意境雄浑，辞藻瑰丽，堪称上品：

> 贤首山，险而峻。
>
> 乘岘凭，临胡阵。
>
> 骋奇谋，奋卒徒。
>
> 断白马，塞飞狐。
>
> 殪日逐，歼骨都。

第一章 萧衍的帝王路

刃谷蠡，馘林胡。

草既润，原亦涂。

轮无反，幕有乌。

扫残孽，震戎逋。

扬凯奏，展欢酺。

咏《杕杜》，旋京吴。

就在萧衍高歌猛进的同时，齐军其他三路也取得了不小的战功。钟离一线，孝文帝因为恰好碰上江南阴雨天，军中疫疾盛行，无奈之下只得撤军。崔慧景趁势追杀，魏军损失惨重。攻打襄阳那一路也因为魏军将领各怀鬼胎，在襄阳城外爆发内讧，被齐军重创。

而负责进攻汉中的那一路，先胜后败，战绩平平，而这得益于刘藻的副将拓跋英。

拓跋英，这个名字和萧衍有着不解之缘，从孝文帝第一次南征开始，直到拓跋英死的那一天，有他出现的地方必然会有萧衍。而拓跋英的首次出战就撞上了萧衍的哥哥——梁州刺史萧懿。

军中新秀

拓跋英，北魏景穆太子拓跋晃之后，如果不是因为宗爱搅局，现在坐在洛阳龙椅上的本该是他们家这一支。史载其"性识聪敏，博闻强记，弓马娴熟"，先后担任过武川镇都大将、平北将军、仇池镇都大将、安南将军。

仇池属于陇南地区（今甘肃省南部），在十六国时代先后建立过前后两个仇池政权。魏国的仇池镇与齐国的汉中毗邻，刘藻起兵进攻汉中，拓跋英率本部人马积极响应，并首个杀入齐国境内。

梁州刺史萧懿也不是省油的灯，他见拓跋英仅仅率领本部人马就敢前来挑衅，便连忙派遣手下尹绍祖、梁季群，率兵两万据险守关，抗击魏军。

齐军两万人马抢占了有利位置，拒河而守，居高临下，并控制了水源。拓跋英集中兵力攻破了其中一营，并生擒主将，其余四营立刻溃散而逃。

而后拓跋英又抢占白马戍，直抵汉中治所南郑。

汉中百姓纷纷惊骇，不少人开始投奔魏军营垒。萧懿见事态严重，连忙派兵阻拦，齐魏两军当时就爆发了遭遇战。其间，萧懿、拓跋英相继派出援兵，奈何还是魏军兵力占优势，齐军被逼回了南郑城，拓跋英顺势兵临城下。

拓跋英包围南郑城，一围就是百日。萧懿担心军中存粮吃紧，为安抚军心，他指着一座座用封条紧封、空空如也的粮仓，对将士们说："我南郑粮食满仓，足够支持两年之久，你等只需努力守城，永远饿不着。"

"檀道济唱筹量沙"，那是在己方有能力撤出的情况下用的，可是萧懿如今被围，再用这一招也只能勉强支撑罢了。

好在天佑萧懿，不久便传来南阳、义阳、钟离三路魏军退兵的消息，如此一来，进攻汉中的拓跋英部成了孤军。收到拓跋宏的指令，拓跋英开始撤军，为了防备齐军追击，他选择让老弱先行，精锐断后。

"魔高一尺，道高一丈"，拓跋英的小把戏被萧懿看在眼中，萧懿早已提前收买了陇南的氐人。魏军在撤军途中，遭到氐人和齐军联合夹击，拓跋英狼狈逃窜，脸颊也被流矢射中，险些丢掉性命。至此，魏军四路大军南征悉数告败。

此战让萧家兄弟扬名于南朝，萧鸾知道，自己没有看错人，江山还得靠他们扶持。

拓跋宏将战败的原因归结于汉化不彻底，于是北魏国又掀起一场全面汉化、移风易俗的改革：鲜卑语禁止再用，鲜卑名都换成汉名。拓跋宏带头改名，唤作元宏。做完了这些，孝文帝发动了第二次南征。

建康城中，萧衍府内，张弘策和萧衍甥舅两人正在推杯换盏。

张弘策高举酒杯说道："练儿啊，贤首山一战，你为国立功，舅舅真为你高兴啊。来，敬你一杯。"

萧衍碰了一下杯后，一饮而尽，随即又说道："百足之虫，死而不僵。舅舅难道没听说索虏皇帝元宏又发兵南下了吗？南阳太守房伯玉告急，南阳、新野尽被魏军包围，随时都有失陷的可能。"

张弘策皱了下眉头，又问："这回索虏单单直指襄阳，来势比上回更凶险啊。你说，这回咱们能取胜吗？"

萧衍站起身来，面有忧色地说道："如今主上重病缠身，疑心愈重，非但杀戮高、武子孙，连功臣也不放过。朝野人心惶惶，君臣失和历来是国之大忌啊！前些时日我算过一卦，是爻象，'龙战于野，其血玄黄'。不出意外，一年之内，'汉北有失地气，浙东有急兵兆'。如果我没猜错，这汉北失地气当应在索虏南征之上，而浙东急兵兆则是王敬则此人了。"

张弘策听得冷汗直冒，手中酒杯也掉落下来，他急问："那……那如何是好，是否有亡国之险？"

萧衍摇了摇头说道："失地而已，不至于亡国。而各地诸侯色厉内荏，成不了大事。否极泰来嘛，来年魔王下界，京师死者遍地，楚汉之地当有英雄兴焉！"

张弘策听得一愣一愣的，他站起身，绕着萧衍走了一圈，越看越觉得心惊，颤巍巍地说道："郗家女子嫁你之前我曾听闻过一桩奇事，说她幼年之时其父曾给她找来一位相面师相面，预言此女绝非凡品，将来当嫁天子！前朝后废帝刘昱曾欲立其为后，后未果而终。如今看来，无论是苍梧王刘昱还是安陆王萧缅，都不是郗姑娘命中的天子，唯有练儿你才是日后的江山之主啊！"

萧衍示意张弘策小声说话，并轻声说道："天机不可泄露，舅舅您该知道的。更何况，如今我寄居京城，又如何去得了楚汉之地呢？"

正说话间，萧衍的六弟萧宏急匆匆走了进来，他拜过张弘策后便对萧衍说道："三兄，皇上派使者前来召你进宫。"

萧衍轻声询问道："知道同被传召的还有谁吗？"

萧宏想了一下说："听说还有始安王萧遥光。"

萧衍若有所思地点了点头，然后说道："如此说来，召萧遥光必为铲除朝内异己，召我则是北上御敌了。好吧，那我就入宫去博取功名了。"

跟随着传诏使者，萧衍入宫面圣。此时的萧鸾身体已经很差了，他支撑着身体倚靠在龙椅上，对萧衍恳切地说道："今年，索虏再次大举南侵，号称百万，剑指雍州。如今新野、南阳两城被围，形势危急。曹虎镇守襄阳却和索虏书信往来，暗通款曲。朕本意想派裴叔业前去解围，可他却以

— 14 —

徐州、雍州相距甚远推脱了。"

萧衍连忙说道："臣惶恐，不能为圣上分忧。"

萧鸾拍了拍他肩膀说道："你很好，贤首山一战声震北国，连虏主元宏都知道你的大名了。朕已经拟定你与张稷去接管襄阳事务了，望你能再为朕打好一个漂亮仗，朕可是把北疆的安危都寄托在你身上了。"

萧衍连忙拜谢君恩，他知道，自己的努力是值得的。两次政变为自己换来了封疆大吏一职，从此刻起，他将谋划自己的天下了！荆楚之地有英雄现，这一回多半是应在他萧衍身上了！

出了皇宫，萧衍赶忙收拾行囊离开了这是非之地，他领着先头部队前往襄阳。当年年底，崔慧景统帅的主力大军也开拔了，可是齐军行进缓慢，当崔慧景到达襄阳时，汉水以北的新野、南阳等五郡已全部失守。

面对不利局面，崔慧景会合萧衍在内的襄阳周边各路援军一同前往邓城御敌。齐军前锋刚刚抵达邓城，数万魏骑已蜂拥而至。

为了赶在魏军前头，崔慧景所带齐军连早饭都没顾上吃就赶来邓城了。如今齐军饥寒疲惫，而邓城又缺少粮食，全军上下笼罩着一层恐惧。

这时候，萧衍再一次发表建设性意见。他向崔慧景进言说："邓城城池不坚固，将士们心生怯意，此时应趁着敌军立足未稳，不知我军虚实，主动出城迎击。如此，或可扭转战机，挫敌锐气。"

崔慧景对于这个后生晚辈相当反感：一则此人是萧鸾心腹，而萧鸾又是自己内心忌怕之人；二来，萧衍只不过是义阳小胜，还不足以在自己面前指手画脚。

于是，崔慧景满不在乎地说道："萧练儿，你才打过几天仗啊，我们区区数千人马怎么可能抵挡数万贼军？况且，老夫征战沙场多年，经验告诉我，索虏主力未到是不会轻易围城的。"

就这样，因为崔慧景的自负，齐军错失了最佳出击时机。萧衍明白，此刻败局已定，自己也将有池鱼之殃。

晚间，城下魏军越来越多，这样下去，齐军大有被聚歼的危险。出于畏惧，崔慧景这位三军主帅临阵做了逃兵，带着部分亲兵从南门逃窜。各路军队找不到总指挥，乱成一片，争相逃跑，萧衍喝止不住，只得安排刘

山阳断后。

刘山阳率领剩余部队与魏军打起了巷战，且战且走，向樊城撤退。幸得刘山阳断后，齐军才得以安全撤入樊城。但崔慧景考虑到樊城城池较小，恐难抵挡，便弃了樊城直奔襄阳。崔慧景一走，各路齐军人心浮动，也都四散奔逃了，唯有曹虎一支部队仍留守樊城。

而此时，魏军将领王肃又一次发兵攻打义阳，希望一雪前耻，魏军进攻襄阳的势头才得以减缓。齐将裴叔业则率军进攻涡阳，以吸引魏军增援，王肃不得不放弃攻打义阳的机会，转而增援涡阳。但是，王肃派去的诸路援军各怀鬼胎，号令不一，结果被裴叔业大败。孝文帝眼见东线吃紧，便率主力赶来，数十万魏军反攻齐军，大败裴叔业，齐军奔逃数百里，兵退涡口。

前线接连失利，后方人心浮动，萧鸾在重病之下再次派遣萧遥光大肆杀戮齐高帝和齐武帝的子孙。恐怖笼罩着整个京师，而深受高帝、武帝两朝厚恩的王敬则起兵造反，江东百姓归附者甚众，兵马顷刻间增加到十余万。

但是如此规模浩大的一场叛乱，却被萧鸾顷刻间荡平了，这其中萧衍起了决定性的作用。当初萧道成在兵力不占优势的情况下，接连击败刘休范、沈攸之两位对手，原因在于会用细作，当年的张敬儿就是个出色的细作。

而现在，萧衍以彼之道还施彼身，巧妙地再次利用细作解决了这场叛乱。这次的细作名叫谢朓，同为"竟陵八友"之一，后世李白称其为"小谢"。谢朓的祖上便是东晋时期著名的陈郡谢氏，只可惜到了谢朓这一代没落了，竟然要与出身低贱的狗贩王敬则联姻，自己成了王敬则的女婿。

萧衍知道这位文友对于这样一桩"门不当户不对"的亲事很不满，于是暗中给他指了条明路：依附皇帝，拿下王敬则。萧衍在推算出"浙东急兵兆"的时候就步下了这局棋，也就是说，从王敬则起兵开始，谢朓就在萧衍的筹算之中。技不如人，王敬则败得心服口服，当年他勾结萧道成篡了刘家天下时便该预料到，总有一天报应会降到他头上的。

有了谢朓的策应，王敬则败亡得很快，只不过谢朓出卖岳父而保全自身，他和妻子的感情也走到头了。王氏几次三番欲刺杀谢朓报仇，谢朓只能有家不得归。

齐国内乱不止，孝文帝心花怒放，紧接着又传来齐明帝暴病身亡的消息。此时在元宏的眼中，江南似乎唾手可得。但老天似乎故意要和这位君王开个玩笑，当他踌躇满志之时，后方传来了他老婆与人通奸的消息。元宏义愤难舒，以"礼不伐丧"为由，匆匆结束了二次南征。

孝文帝一撤兵，南齐方面，陈显达、崔慧景、曹虎三员大将大举反攻，意图收回汉北失地。孝文帝此时却因为后院起火，急火攻心，卧病不起。听闻齐军反攻，孝文帝只能抱着病体发动第三次南征。虽然击退了齐军，但孝文帝此时也油尽灯枯了，班师回朝后不久便撒手西归。

此时南方齐国的皇帝是萧宝卷，这位少年天子登基时才 16 岁。他应该感谢在他登基的来年孝文帝便病死于北方，否则，他不光是整个齐国的罪人，更是整个南朝的罪人！

南齐魔星

宋孝武帝死的时候，继位的刘子业毫无悲戚之感。当时大臣蔡兴宗便预感到，这样一位天子上台，刘宋王朝要走下坡路了。而这边的萧宝卷也不得民心，齐明帝萧鸾驾崩后，萧宝卷以"喉痛"为名，再三拒绝哭灵，还要求提前结束守孝。

之前的萧昭业虽然也不是善类，但在人前他还是一副孝顺的模样。可现在这位少年天子连伪饰的一面都不愿表现出来，人之无情，竟至于斯。萧鸾的江山亡在他的手里倒也不冤。

萧鸾走了，他的一生都是在权力的漩涡中摸爬滚打的，或许没有过过一天快乐的日子。曾经的他被叔父视作国家的肱股，被堂兄视为帝王的心腹，以至于要将江山托付于他。曾经的他也被当作朝野的支柱，可是有一天，一切都变了，他变成了暴徒，将屠刀伸向了皇族的无辜者。临终前，他依然劝新君手腕要狠！他的江山沾满了太多亲人的鲜血，注定他的子孙有太多的罪孽要赎！

与萧鸾不同，萧宝卷讲究及时行乐，他应该感谢在位的几年敌国停止了南征，让他得以在一个相对宽松的大环境下自在享乐。

　　和萧昭业一样，萧宝卷也有自己的小团队，为首的便是萧宝卷最宠幸的潘贵妃。因为其玉足小巧，萧宝卷特地在宫殿中的地板上雕刻了朵朵金莲。潘贵妃踩着金莲跳舞，婀娜多姿，萧宝卷美其名曰"步步生莲"。

　　潘贵妃本不姓潘，而是叫俞尼子，父母都是市井酒家出身。潘贵妃曾做过王敬则府中的歌姬，后来在萧宝卷宠幸的宦官茹法珍的操作下成了萧宝卷的女人。萧宝卷将其改名为潘玉儿，他每次看到潘玉儿那双玉足就会心生荡漾，甚至抛却天子之尊匍匐在地把弄潘玉儿的玉足。

　　为了好玩，萧宝卷还在宫中仿造坊间模样，修建了集市。潘玉儿卖酒、萧宝卷卖肉，太监宫女各有角色。为模拟得逼真，萧宝卷还下令人为制造争论冲突。潘玉儿兼职执法人员解决纠纷。皇帝违章，照打不误。于是，民间便流传开这么一则童谣："阅武堂，种杨柳，至尊屠肉，潘妃沽酒。"

　　"仿佛洛阳道，道远难辨识。玉阶故情人，情来共相忆。"襄阳城郊，萧衍驰骋过后，勒住缰绳，信口念叨自己的新作——《临高台》。

　　吕僧珍紧随其后，连声赞叹道："使君好才情啊，你这诗中尽显雄浑豪迈之气，与婉转清丽之风大不相同啊。"

　　"倒不知比起'至尊屠肉，贵妃沽酒'的童谣如何？"萧衍随口感慨。

　　"小孩子的戏言罢了，不值一提。"吕僧珍连忙说道。

　　萧衍却摇了摇头，说："孩童戏言能杀人啊。你莫非忘了，'可怜白浮鸠，枉杀檀江州'？如今朝中的'六贵'不就是被陛下一一铲除了吗？"

　　吕僧珍听得有些黯然，转而说道："使君洪福齐天，必然不会受到刀兵之险。此地远离襄阳防区，一旦被索虏游骑所察觉，恐有危险，我们还是先回去吧。"

　　萧衍听完哈哈大笑："萧鸾给儿子留下的六个顾命大臣岂能和我比？我不担心被萧宝卷所害，只怕萧宝卷来日需防备被我所害啊。吕叔，你太谨慎了，当初跟随我父亲时便是如此。如今索虏老皇刚死，新君还有烂摊子要处理，哪里抽得出空再次发兵南下。就边境这点部队我还真心不惧！"

　　"即使如此，也需早做防备啊。"吕僧珍淡淡地说了一句。

　　萧衍当然听出了吕僧珍的"一语双关"，他扬了扬马鞭说道："我早就通过天象得知，天使魔王下界，京城死人无数。这魔王当应在萧宝卷身

上了。如今朝廷令出多门，必然导致相互倾轧。我远镇雍州，施行德政，必如当年周文王，引来名士投奔。马鞭攥在我手，天下任我遨游！"

"吕叔，你命雍州军士秘密砍伐木材，将木材沉于檀溪备用。"说完，萧衍跃马扬鞭而去。吕僧珍领着人伐木，奉命将竹木沉入檀溪水底。同时，吕僧珍又偷偷找人制造了数百支大橹，藏于家中。

萧衍此时已经是萌生反意：当初萧鸾可以诛杀不义的萧昭业，如今他萧练儿为何不能如法炮制呢？江山终归是要交给有能力的人的。当然，为了确保后路，将京城中的亲眷带出来是首要解决的问题。

萧衍给舅舅张弘策安排的任务，就是把建康城中的萧家兄弟接到襄阳来，其中最顽固的莫过于萧衍的大哥萧懿。此时的萧懿已经从益州刺史调任郢州任刺史。听说张弘策的来意后，萧懿勃然大怒，吼道："我萧懿只知有君不知有他！"显然，他是决定为萧宝卷尽忠了。

萧懿想做忠臣，可齐国各地手握重兵的藩镇将领却对做忠臣没半点儿兴趣。自从曹虎被萧宝卷肆意诛杀后，陈显达、裴叔业、崔慧景这三个老帅是一个比一个着急，生怕萧宝卷下一个目标会是自己。

陈显达已经72岁高龄，即使卸甲归田也活不了几天。可是他屡次上书朝廷请求退休，就是不被允许。在恐怖笼罩之下的南齐朝堂为官，一天都是煎熬。神经处于高度紧绷状态下很容易做错事的，听闻萧宝卷下一个就要收拾自己，陈显达不顾老迈，提枪上马，挥兵突袭台城。

因起事仓促，陈显达想用奇袭完成这次起兵壮举，用最快的速度打垮对手。朝廷随即派遣老将崔慧景为平南将军，统帅诸路人马西进破敌。陈显达的人马在行进到梁山一带时，和胡松所部打了一场遭遇战，胡松全军覆没，陈显达得以进逼建康。

到了晚上，陈显达又命士兵在江边点燃篝火吸引敌军注意，自己则带着数千轻骑渡过长江，夜袭宫廷，希望以斩首行动来结束战事。

只可惜，渡江的时候恰巧遇到大风，陈显达的偷袭部队被刮到了落星冈。而那里恰恰是中央军大批人马驻扎的地方，陈显达刚上岸就被中央军包围了。陈显达知道情况不妙，想要杀出一条血路，奈何敌人实在太多，陈显达长矛被折断，立竭坠马而亡。

一场声势浩大的叛乱就这样被弭平了。陈显达一死，身处寿阳的裴叔业更加胆战心惊了。他随即写了一封信给萧衍，大致意思是：天下大势，你我可知。萧雍州若能坚守襄阳，或可自保。如若不然，回面向北，不失作河南公。

以萧衍的才智早已嗅出了这封信的味道，裴叔业想造反，准备拉他搭伙！更重要的是，裴叔业已找好了后路，一旦战事失利便投靠北魏。在萧鸾朝的诸将当中，裴叔业唯独欣赏萧衍这个晚辈，觉得能和他谋一番大事。

既然裴叔业拿自己当朋友，萧衍自然也给他指了条明路。萧衍回信告诉裴叔业：不要投降北魏，投降北魏是没有出路的，到时候索虏一定会解去你的兵权，失去利爪的老虎是可悲的。您只需挥军两万南下渡江，必然可一举成功，远好过投降北魏。

以一州之力独抗天下，裴叔业做不到，能做到的只有萧衍。而裴叔业所能做的只是"带路"。没过多久，裴叔业便向北魏献出了寿阳城。献城后不久，裴叔业便死了，死因不明，他的死或许也告诉我们，临阵投敌终究不会善终。

接收了寿阳的魏军又挥兵直取合肥，齐军大败，淮南全部沦于北朝之手。因为裴叔业的一念之差，淮南自此成了南北双方交战的主战场，生活在淮河两岸的百姓无不受到战火荼毒。而寿阳城更是成了萧衍开国二十年间挥之不去的噩梦。

襄阳城内，萧衍正招呼着一位来自远方的朋友，此人姓韦名睿，京兆杜陵韦氏。韦睿生于元嘉年间，大了萧衍21岁，他此行的目的是来定君臣之分的。

萧衍为韦睿倒了一杯茶，笑问："韦公从东边来，想必已经知道崔慧景之事了吧？"萧衍说的是前不久发生在建康城的崔慧景起兵之事。萧宝卷眼见淮南沦于北魏之手，便派崔慧景率军北上夺回，可崔慧景领了兵马之后反而倒戈进攻台城。但是，眼见胜利在即，崔慧景却被萧懿带来的援军击败，崔慧景连同欲扶立的江夏王萧宝玄都被杀死了。

韦睿笑了笑，说道："崔慧景之败我早就预料到了。陈显达非命世之才，崔慧景懦而不武，天下英雄将出于吾州。"

萧衍故作糊涂,轻声问道:"哦?吾州有英雄,现在何方,我怎么不知?"

韦睿点了点萧衍,坚定地说道:"'周公吐哺,天下归心'。楚汉之地的英雄除了使君还有何人?贤首山一战你可是威震北国啊。在下老了,但仍愿立下从龙之功,他日使君起兵,我必以二子为质誓死追随使君!"说完韦睿离开座席,跪拜萧衍。

萧衍连忙扶起韦睿,笑道:"我得韦公,何愁天下不平?"

韦睿贴近萧衍后又轻声嘀咕道:"这次平定崔慧景,令兄出力不小。可功高震主,如今也恰恰是令兄最危险的时刻啊。使君,你要早做打算!"

萧衍叹了口气说:"我又何尝不知啊,早就规劝过大哥,可他就是太固执了!"

说话间,萧衍的随从陈庆之叩门而入。萧衍看着他缟素缠身,白巾裹头,心中便感不妙。陈庆之神情肃穆地说道:"主公,张舅爷回来了,他说,他说……您兄长……殁了。"

听完陈庆之的叙述,萧衍两眼一黑,栽倒在地。

萧懿是被萧宝卷毒死的,仅是因为他功高震主,而萧懿死前留下的最后一句话是:"家弟在雍州,深为朝廷忧之。"这位愚忠过头的尚书令临死还在担忧朝廷的未来,不过萧宝卷却谨记萧鸾临死前那句"凡事不可为人后"。刚除掉萧懿,萧宝卷便派刘山阳领兵三千前来进攻襄阳。

永元二年(公元500年),一场改变南中国走向的战争正在雍州萧衍府内缓缓拉开序幕。

狭小的萧衍府邸之中,坐满了长史王茂、中兵吕僧珍、参军张弘策、别驾柳庆远等一干雍州政要。会上,萧衍神情冷峻,斩钉截铁地说道:"昏主暴虐,残害大臣,杀我兄长,罪恶过于殷纣。我意起兵襄阳,与诸公共诛之。"

话音刚毕,在场诸将纷纷表示赞同。他们相信,这位打赢了义阳保卫战的不世将才一定能带领他们建设一个新国家!

萧衍起兵了,雍州实行战争总动员。仿造北魏重骑兵打造的一千铁骑加上一万步兵是萧衍的所有家当,他又从檀溪捞出竹木打造战船,共计得战船三千余艘。萧衍平日里素有威望,他一起兵,梁、南秦二州刺史柳惔,

华山太守康绚，老河口副将冯道根，上庸（今湖北竹山）太守韦睿等各路豪杰纷纷起兵响应，声势席卷整个华夏大地。

挡在萧衍面前的第一个障碍便是荆州，此时荆州由萧宝卷委任的征讨萧衍的刘山阳坐镇，但是他只有区区三千人马。萧衍部将都提议火速南进，一举消灭刘山阳所部。但萧衍却含笑不语：杀鸡焉用牛刀，对付刘山阳区区三千人马何须硬碰硬？

没过多久，萧衍便收到了冠军将军、行荆州事萧颖胄送来的一份礼物，打开一看，正是刘山阳的人头。原来，当时荆州管事的恰恰是萧颖胄，可刘山阳的到来威胁到了萧颖胄对荆州的控制权，因此萧颖胄对刘山阳忌惮颇深。

而萧衍恰恰给荆州透露出这么一则消息：刘山阳西进讨平雍州是假，夺取荆州是真。萧颖胄为了确定消息真假，派手下王天武找萧衍确认，萧衍却交给王天武两份空函，一份给萧颖胄，一份给萧颖胄的弟弟萧颖达。

萧衍给萧颖胄致信，可萧颖胄却因为是空函而无法交代内容，刘山阳势必会认为萧颖胄勾结萧衍，意图谋反。双方猜忌加深，最终萧颖胄先下手，杀死了刘山阳，之后便只能归附萧衍。

这招借刀杀人，大家是否感觉似曾相识？没错，《三国演义》中曹操离间马超和韩遂用的就是这一招。"檀溪沉木装舟舰，两封空函定荆州"，这是萧衍的传奇，后人可能永远无法复制。

当然，和平争取萧颖胄归顺，接下来就该考虑两家谁为盟主，又该立谁为君。起兵造反都相同，需要个名正言顺的理由，也需要个装饰门面的"天子"。一般说来，地方镇将对抗中央很少有堂而皇之自立为帝的，多半会选择扶立一个和皇帝血缘相近的人。

经过两家磋商，最终确定萧鸾的第八子南康王萧宝融作为被扶持的"君主"。而当时萧宝融就在江陵，荆州的萧颖胄"近水楼台先得月"，成了"挟天子以令诸侯"的最大受益者。当时萧衍手下将领都很愤慨，觉得便宜了萧颖胄。

但是，萧衍有自己的打算，他没有被眼前的蝇头小利所蒙蔽，他只对手下说了三点就平复了他们躁动的情绪。第一，雍州毕竟只是一州，以一州之力对抗天下，何其艰难，决不能让荆、雍联盟破裂。第二，雍州土地贫瘠，物资匮乏，荆州却是天下第二大州，可以作为己方最可靠的粮仓和最充实的大后方。第三，"天子"只不过是一块招牌，现在起兵有用，等席卷了天下，这块招牌难道还能威胁到自己？

众将都拜服了，萧衍确实看得比他们长远多了，既然如此，那还有什么可计较的。公元 501 年二月，萧衍兵发襄阳，他的手下汇聚了当时南朝第一流的战将，韦睿、吕僧珍、昌义之、柳庆远、冯道根、康绚、张惠绍等，王茂、曹景宗为前锋大将，沿汉水南下，进逼郢州（今湖北武汉）。

在萧衍的强大攻势下，郢州刺史张冲即使据险而守也无济于事，诸将听从萧衍调派，连克郢州、鲁山，张冲死于军中。当年六月，南齐朝廷委派吴子阳、陈虎牙领十三支部队西进阻敌，与雍州军对峙于巴口。

而这时，萧衍的加封诏书也从荆州寄过来了，萧宝融封萧衍为左仆射，而萧颖胄的官职则是尚书令。对于这些，萧衍只是淡淡一笑：朝廷的册封算得了什么，萧宝融这个傀儡也迟早会被替换。紧随着萧宝融的册封诏书，萧颖胄也写了一封信交给萧衍，大致意思是对目前对峙的战局表示略悲观，希望可以借助北魏的军力推翻南齐朝廷。

萧衍对于萧颖胄这番德行表示愤慨，他回信称："大丈夫取天下，独当独行，况且拥数州之兵诛杀群小，岂可求救戎狄，示弱于天下！我自有破敌之策，你只需守好江陵便可！"随后，萧衍一声令下，王茂、曹景宗发动夜袭，水淹十三军，大获全胜。

击破南齐军主力，萧衍顾不得让手下歇息，直接下达了东进的命令。他要趁着萧宝卷还未聚集起新生力量而兵临城下，一举解决后顾之忧。

废齐建梁

此时还阻拦在萧衍东征大军面前的只有坐镇浔阳的陈伯之了，他临危受命，成了讨逆军总司令。但是，面对萧衍大军压境，这位被萧宝卷寄予厚望的总司令却举手投降了。陈伯之一降，各地守将也纷纷投降。当年九月，萧衍军队抵达建康城外围。

此时，江北各支勤王部队也已经赶回，在总指挥王珍国的带领下，于朱雀桥列阵，和萧衍决一死战。双方数十万人马在建康城外围厮杀了一整天，最终中央军溃败，萧衍兵围台城。不过这时的萧宝卷依旧不慌张，他觉得萧衍终会落得和陈显达、崔慧景一样的下场，现在嚣张，早晚会败北。当茹法珍请求萧宝卷拿出宫中宝藏赏赐将士们，激励士气之时，萧宝卷竟说了一句让人目瞪口呆的话："敌人独来取我吗？为什么向我要东西。"如此舍命不舍财，还指望别人给你卖力？

人心浮动，就连王珍国、茹法珍等萧宝卷的亲信也起了二心。萧衍则打起了攻心战，他让人带给王珍国一块断金，示意"二人同心，其利断金"。而茹法珍更心急，他已经带着宦官弑杀了萧宝卷，割下首级向萧衍领赏。

萧宝卷死了，萧衍倍加舒坦，紧接着好消息一个接一个传来。首先，江陵方面传来消息：萧颖胄死了。

自从萧衍挥师东征以来，好消息不断传出，他的军队势如破竹般杀到了建康城下。反观萧颖胄，自从起兵造反后，便表现平平，一遇到困难就想着向他国求援。而与荆州毗邻的益州当时还属于朝廷的地盘，奉命东出讨逆，进攻江陵。萧颖胄派兵前去抵挡，结果在三峡口打了败仗，敌军顺势包围了拱卫江陵的上明城。此时，萧衍正是决战的关键时刻，也抽不出身来救萧颖胄。萧衍是顺风顺水，而萧颖胄则是不堪一击，他越想越气，最后郁郁而终。

萧颖胄一死，萧衍摇身一变成了大司马，南齐的军政大权都转移到了他手中。而北魏在萧衍起兵的整个过程中却作壁上观，也是一件值得庆幸的事。其实，北魏军界以镇南将军元英、东豫州刺史田益宗，以及车骑大将军源怀为首的"鹰派"，曾上书宣武帝元恪，请求趁着萧衍东出南下之机进攻襄阳，一举荡平荆州。

其中，元英最为激进，他扬言："萧衍东伐，襄阳空虚，这是皇天授我之日，旷载一逢之秋，机不可失。"可以说这招很毒，如果元恪真发兵南下，那南朝亡国便指日可待了。因为无论如何，萧衍都不可能同时抵挡来自两方的军事压力。

"时来天地皆同力，运去英雄不自由。"这句话用来形容萧衍最贴切不过。萧宝卷、萧颖胄、北魏元恪，他们一个个在萧衍起兵的过程中创造便利条件，为萧衍铺平了一条帝王路。而日后，区区一个侯景，裹挟着八百残兵就闹翻了整个南梁王朝，这一切的一切，不得不说是天意。

其实把事情归咎于天意只是唯心主义的看法。客观来说，从萧衍起兵以来，面临着许多重要的抉择，每次在关键时刻，萧衍总能做出明智的选择。只要他走错一步，那便是万丈深渊。正所谓"外行看热闹，内行看门道"，剖析萧衍这一路走来，我们便能发现，他绝非承蒙上天的特殊照顾。

大权在握，萧衍开始为自己登基扫清障碍。首先，萧宝卷的群小全部被杀，一个不留，宫中两千宫女分赏给将士，萧衍一下子便收揽了人心。当然，出于人性的自私，他也给自己留下了两个，一个是吴氏，后来给他生下二儿子萧综；另一个是石氏，即梁元帝萧绎的生母。

此外，还有两个绝色美女——"三寸金莲"潘玉儿和佘氏，在故友范云的劝阻下，萧衍将佘氏赏赐给了大将王茂，而将潘玉儿留给了田安启。田安启一介粗人，哪有萧宝卷讨女人喜欢。一条白绫，潘玉儿便结束了自己的生命。

东昏侯萧宝卷喜欢闹市，喜欢商贾，却无意之中成了九五至尊。当功臣一个个遭到屠戮，起兵的号角终于响彻了整个荆楚，众叛亲离的他却没有后悔，因为至少还有心爱的女人玉奴陪伴！如果历史重来，他还会遵从父亲的教诲吗？我们无法得知答案，但可以肯定的是，对于那个女人，他依然会爱得义无反顾！

解决了萧宝卷时期遗留下来的问题，接着萧衍就该面对江陵的天子萧宝融了。萧衍的另一位故友沈约前来给他献策。

第一步，劝进。沈约立足当下，告诉萧衍："今与古异，不可以淳风期万物。士大夫攀龙附凤者，皆望有尺寸之功，以保其福禄。今童儿牧竖，悉知齐祚已终，莫不云明公其人也。天心不可违，人情不可失，苟是历数所至，虽欲谦光，亦不可得已。"

自从"五胡乱华"以来，君权虚弱，人心不古，政治动荡不安。所以沈约劝诫萧衍，现在还不是以"仁义"取天下的时候，现在得靠"诈力"。

将士们跟随萧衍浴血奋战，不就是为了事成以后能得到封赏吗？更何况，现在萧齐王朝穷途末路，连小孩子都知道了，萧衍应该顺应天意。

萧衍本来就有登临大位的野心，沈约这么一劝更坚定了他的野心，不过萧衍还是假意推说考虑考虑。第二天，沈约面见萧衍的时候，拿来了几件东西，萧衍看完两眼都放光了。

第二步，禅位。沈约给萧衍拿来的是加封九锡和册封梁王的诏书，另有一份禅位诏书。这些原本都是皇帝才能下达的，不过眼下的萧宝融在沈约眼中早就不是皇帝了，他心目中的天子是萧衍，所以这些沈约都代劳了。不久，萧衍如约做上了梁王，荆州的皇帝萧宝融也派人发下了禅位诏书。

第三步，弑君开国。自从刘裕建立宋朝以来，便开启了"屠戮末代皇帝"的先河，萧道成也是有样学样。不过刘裕、萧道成这么做也有客观因素制约，那就是他们夺位后年事已高，怕身后出乱子。可萧衍当时才38岁，春秋正盛，他倒是还想好好把萧宝融供起来，以显自己的仁德。

但是沈约却给他敲了敲警钟："不可慕虚名而受实祸"，免得他日后悔。于是萧衍派人给萧宝融送去自杀用的生金，15岁的萧宝融也洒脱地说了一句"我死不须金，醇酒足矣"。

齐和帝萧宝融被手下裹挟着起兵，与一个野心勃勃的帅才结盟，可是上天却给他开了一个莫大的玩笑，正当节节胜利之际，他赖以生存的手下却魂归西天。那一刻，他真的成了傀儡，生命也将为他人主宰。最后一壶美酒为他的人生画上了句号，他从容、泰然，不失为一个风度俱佳的贵族。

萧宝融死后，萧衍又要诛杀萧鸾的几个儿子以绝后患，除了萧鸾长子萧宝义因为天生残疾而捡了一条性命（当初萧鸾没立他为储君也是因为他残疾），六子萧宝夤窜逃北方，其余无一幸免。"杀人者，人恒杀之"，萧鸾当初屠戮高、武两帝子孙便该想到会有这一天。

公元502年四月，萧衍称帝，萧梁王朝建立，频繁战乱终结，江南进入太平岁月。"书生造反，十年不成"，可萧衍这位书生却仅仅用了三年时间便创造了以"一州扫平天下"的奇迹。他的成功并非全靠运气，还有许许多多值得我们借鉴和探究的地方。日后，这位全才皇帝还将驾驶着南梁这艘大船稳健航行近五十年，直到撞上冰山、开始下沉那一天……

第二章
从"钟离之战"到"江南佛国"

伴随着萧衍称帝，南朝进入了"萧梁时代"。自此，频繁的战乱和政变渐行渐远，江南进入了长达数十年的承平岁月。为了巩固新生政权，夺回南齐末年沦陷于北朝的领土，踌躇满志的萧衍励精图治，对内勤政爱民，对外则以武力开启了南北朝长达二十年的江淮拉锯战，直到他披上袈裟的那一天……

新王朝的危机

"鸾生十子九子殂，一子不死乱关中。"这句谶语刚刚流传开来时，没有人会把南齐皇子与关中联系起来，毕竟关中与齐国是那么遥远，不过冥冥中自有天数，最后被预言中的人便是萧鸾的第六子——萧宝夤。

前文中我们提到，萧衍掌权后为避免南齐宗室东山再起，将萧鸾的儿子多数诛杀。可是，在这场杀戮中，偏偏就跑掉了萧鸾的六子——鄱阳王萧宝夤。

萧宝夤化装成流民，几经坎坷，终于逃到了北魏境内。而后，萧宝夤效仿春秋时期的申包胥，长跪殿前，痛哭流涕，希望北魏能帮助他复国。

当时的北魏国君是谁呢？宣武帝元恪。面对瘦骨嶙峋、容颜憔悴的萧宝夤，元恪有些动容，思索再三后，决定出兵。当然，事情绝不会如此单纯，如果仅仅因为元恪同情这位和他同岁的南齐皇族便举倾国之力为其复国，那么他也不配称为孝文帝元宏最优秀的儿子了。

能让元恪做出这番决定的正是另外三点要素。首先，南齐末年战乱不休的大环境对于北魏来说便是上天的恩赐，只可惜当时由于元宏病故，元

恪刚刚即位需要稳定局面，所以多次错过介入的契机。不过，眼下梁朝草创，各地南齐遗留势力还未被荡平，所以当下出兵也不算晚。

其次，孝文帝生前三次南征，目标就是踏平江东，一统天下。且在第二次伐齐的时候，南齐政权几乎就濒临亡国边缘了。照着先皇规划好的军事蓝图前行，也正是元恪掌权后的首要工作。

最关键的一点是，此时的梁朝江州刺史陈伯之率兵投降了！江淮防线的空虚让北魏大举南下用兵成为可能。元恪随即下诏南征，任城王元澄率萧宝夤、陈伯之率东路军进攻钟离，中山王元英率西路军攻取义阳。萧梁王朝与北魏政权长达二十年的江淮拉锯战由此开始。

元澄的东路军进展神速，利用梁朝草创之初，决策迟缓的弊病，一月之内连下八城，兵锋直指长江。然而，梁将冯道根却在阜陵（今安徽全椒东）给了元澄一记痛击，让他的攻势也就此止步了。这个冯道根是萧衍雍州派系的人，所以面对索虏进攻，他能拼死力去抵挡。

冯道根这一场漂亮的阻击战犹如一声怒吼，让如在梦中昏睡的梁军守将回过神来，接下来便是诸军的神勇表现了！各路梁军趁着魏军在寿阳城兵力不足之际，纷纷向其聚拢，逼迫魏军回援。

双方在东线一直僵持至次年（公元504年）四月份，这时淮河水暴涨，梁军利用水军优势大破元澄，魏军损失四千多人，粮草辎重的损失更是不计其数。东路军这下算是彻底完了。

西线进攻的魏军进展相当得好，元英首战拿下贤首山（萧衍一战成名的地方），而后义阳守将蔡道恭忧惧而死。郢州刺史曹景宗作为萧衍的爱将，因辖区毗邻义阳，便受命前去解围。原本以曹景宗的战力，对付元英倒也没什么大问题，关键是曹景宗有个非常不好的性格——爱争功，嫉妒心重。

此番他与后将军王僧炳奉命一同前去解围，可曹景宗却想摆老王一道，于是他分兵两万给王僧炳先行，自己留下一万做后军。王僧炳这边还觉得曹景宗仗义，哪想还没和元英主力交上火，王僧炳便在凿岘一下子损失了四千兵马。随后，曹景宗便以王僧炳"作战不利"为由，夺了他的兵马归自己统一指挥。

但是此时的曹景宗也无法突破元英的防线，眼看义阳陷落，萧衍只得起用南齐降将——"疯狗"马仙琕。

马仙琕原名"马仙婢",像个美丽的婢女的名字,一点儿不像个男人的名字,尤其不像他这种疯子性格。所以他长大后索性给自己改了个名。"琕"的意思,就是刀剑之鞘。

也别说,自从改名之后,"疯狗"马仙琕的名头便开始在南齐军界里流传开来,甚至连裴叔业、崔慧景等人也开始注意他。当初王肃南下攻打寿阳时,恰恰是这个"疯狗"迎头痛击,以寡击众将王肃打得退回北边了。

萧衍起兵的时候也曾派马仙琕的同乡去招降他,约定一同起兵。哪知道马仙琕毫不买账,还将同乡给斩了。萧衍起兵后,萧宝卷立马提拔马仙琕任豫州刺史,守历阳,交给他切断荆雍联军补给线的任务。

"疯狗"马仙琕很是忠诚,不过萧衍运气实在太好了,没过多久就入主了建康城。建康陷落后,马仙琕大哭一场才解兵归降。投降后,他曾对梁武帝说:"小人如失主犬,后主饲之,便复为用。"意思是说:我就像一条丧家犬,主人死了,你给我吃的,我就替你咬人。

萧衍听完哈哈大笑,觉得这人实诚,又能卖命,收下不亏。"疯狗"马仙琕归降没多久,萧衍就将他派往义阳解围了。马仙琕领着儿子率齐军气势汹汹杀奔义阳。元英当然也听说过"疯狗"马仙琕的名头,当下转攻为守。

"疯狗"马仙琕刚刚投了新主,急于为萧衍立功,也不去会师曹景宗,就直奔义阳城下元英的大帐去了。结果元英佯败,引马仙琕父子来追,并在途中设下埋伏。"疯狗"马仙琕果然中伏,魏将傅永率领伏兵齐出,包围了马仙琕父子,并在偷袭中将马仙琕之子斩杀。

不过,很快傅永便为他的卑鄙行为付出了代价,梁军的弓箭手全力射击,将傅永大腿洞穿。"疯狗"马仙琕趁势杀出重围,此战梁军损失了三千人马。但是马仙琕不负"疯狗"威名,一日三战,虽然每战皆败,但却让魏军疲惫不堪,渐渐无力应对。

可是"疯狗"马仙琕能折腾,底下的士兵却折腾不了了。见义阳快要陷落,而士卒疲惫,曹景宗也无法打破魏军封锁。几番权衡之下,马仙琕觉得此时救援义阳已无任何意义,便连夜烧营撤走了。

东路军溃败,西路军却顺利完成任务,元恪对元英大加赞赏。战后,

这位偷袭得手的傅永也得到宣武帝的特殊照顾，被委派去新征服地——汉中担任地方长官。元英夺取义阳后的第二年（公元504年），南梁秦、凉二州行事夏侯道迁带着汉中土地归顺了北魏。随后，元恪命邢峦进汉中，并先后平定秦、凉二州，又新立巴州。

邢峦这个人我们不得不提一下，因为接下来的一些战役中，他将会和元英一样，成为北魏将星中的一颗耀眼之星。

邢峦和元英一样，领兵作战属于斗智不斗力的那种，此外他还是个美男子。作为孝文帝时代培养出来的将才，他自然得到些特殊照顾。不过，邢峦也用自己的能力证明了他不是单靠照顾才平步青云的。比如，邢峦仅仅用了六千兵马，便平定了当初元英提兵数万都难以攻克的汉中。

进占汉中后，邢峦自我感觉良好，便请命让元恪再派兵跟进，挟夺汉中之威南下破蜀。对于破蜀，邢峦信心十足，他给出三点理由。

其一，蜀地距离江东千里之遥，而于汉中却近在咫尺，此番南下，萧衍根本来不及救援。

其二，萧衍代齐引发南朝动荡，派遣过来的新任益州刺史萧渊藻擅杀大将，不得人心，益州人心思变。

最后，此时魏军已经兵临涪城（今四川绵竹），川蜀地利已破，南下已无太大阻碍。

毋庸置疑，邢峦的战略眼光相当独到，"取蜀制梁"，拿下蜀地等于扼住了江左政权的咽喉，当初西晋统一天下也是这么做的。只可惜，元恪并没有批准邢峦的"入蜀计划"，灭蜀的奇功只能留待日后魏国末期，一个叫尉迟迥的人去完成了，而那时候距离元恪时代已经过去整整五十多年了。

元恪之所以不批准邢峦的请求，倒不是他目光短浅，而是此刻他面临萧衍重兵压境，无法抽身进行双线作战了。

天监四年（公元505年）七月，萧衍集结数十万雄兵，发动了一场规模超过元嘉时代的北伐战争。这场战争的声势据说是晋朝偏居江左以来百年最盛。

以萧衍过往缜密的行事风格来看，这场战争发动得太过轻佻，根本不像是经过深思熟虑的。但是，萧衍的复杂心情恐怕此刻也只有他自己明白了。

因为梁朝建国初期的形势非常严峻。早先北魏孝文帝南征的时候，襄阳以北和淮河以北便被攻占了，紧接着南齐末年的裴叔业降魏，北魏兵不血刃便占领了寿阳，并顺带拿下了合肥。

而后，元恪的这次南征，虽然东面攻取钟离失利，但西面却拿下了寿阳，再往西更是拿下了汉中。如此一来，西部的蜀道天险荡然无存，东部的淮河防线也形同虚设。自古江左政权就流传着一句话："守江必守淮"，淮河防线一旦全面崩塌，江南覆灭便指日可待了。

所以，为了巩固梁朝，扭转自己被动挨打的局面，萧衍必须进行一次反攻。他的意图很明确，就是将战略主动权拿过来，打到敌人的主场去，让元恪只能集中兵力在东线和他鏖战，从而放弃西进的可能性。

会玩小球类项目的人知道，在水平相当的情况下，只有使对方疲劳才有最终获胜的可能。而使对方疲劳的要点，就是要带起节奏，让对方随着你的节奏满场跑。

被北魏压着打了这么久，萧衍便想利用北伐将战略主动权扭转过来，所以仓促之间便来了这么一出。至于北伐主帅人选，萧衍挑来挑去，最终选了自己的六弟——临川王萧宏。齐梁时代，依靠着刘宋末期的福利，还有不少老帅新帅可以任用，但萧衍却独独选择能力一般的萧宏，这让不少人大跌眼镜。

其实这也不难理解，宗室掌握兵权是刘裕代晋之后的基调，齐梁也是这么沿用的（这点在后面"侯景之乱"中会提到）。

此次梁军北伐也是兵分两路，王茂率领西路军主攻北魏的荆州（今河南邓州），进而威胁敌都洛阳。萧宏则率东路主力军，趁着北魏防守洛阳之际，进攻淮北。萧衍的目标很明确，就是主力直取寿阳和徐州，要在淮河两岸重新拉出一条江淮防线。

而萧宏的大本营则设在洛口（今安徽怀远，当年淝水之战前夕，刘牢之曾在此斩秦军名将梁成，由此晋军声威大震），与寿阳城相望。萧宏虽然军事水平一般，但招降纳叛的本事还是有的。不久，之前投靠北魏的前江州刺史陈伯之便率众献了梁城归降。梁城一破，寿阳无险可守，而此时梁军的另一支军队抵徐州城下。最关键的是老将韦睿，他一出马就将合肥城打下来了。

与"疯狗"马仙琕一样，韦睿也有个外号，叫"韦虎"。虽然叫韦虎，可韦睿却不是一名猛将，而是一名和周瑜、诸葛武侯一样的儒将。之所以称其为"韦虎"，大概与他治军严明、行动迅速、攻势猛烈有关吧。

韦睿破合肥也是以迅捷的攻势拿下的，魏军还没搞懂怎么回事，就见"肥河之水天上来，灌进城内不复回"。合肥城守将杜元伦就像瓮中之鳖，在梁军的箭雨中毙命了。

失败的北伐

形势急转直下，现在轮到元恪发愁了，他真搞不懂，之前还被蹂躏的梁军怎么就胜了？这个萧衍，他刚刚立国，怎么能鼓捣出数十万大军北伐呢？大胆、迅捷，几乎有些可怕。

但是元恪也不惧怕这个父辈一般的南朝君王，毕竟孝文帝给他留下足够多的精兵悍将，足以与萧衍一决雌雄。元恪急忙调兵遣将，任中山王元英为征南将军，领兵十五万南下阻挡萧宏进军。同时，将汉中的邢峦调回京师，率一支偏师抵御进犯徐州的梁军。

至于王茂向洛阳进发的这一路，元恪则启用平南将军杨大眼阻击。杨大眼，眼睛不大，胆子却很大。关键是他的妻子潘氏，和他一样战斗力爆表，作战时几乎都是夫妻俩一同上阵，江湖人称"雌雄双煞"。

除此以外，杨大眼其实还是一位落魄的皇族，他祖父便是仇池国的大秦王杨难当，因与刘宋王朝交手失利而流亡北魏。像他这样的流亡贵族，虽说落魄，但比起很多人来还是过着上等人的生活。

依靠着政策照顾，杨大眼投身到了当时的权贵李冲门下做了军主。后来孝文帝南征，杨大眼身先士卒，屡立战功，裴叔业献寿阳城，杨大眼更是第一个入驻城中。这次面对战斗力如此爆表的对手，王茂也只能自怨命苦了，杨大眼在河南城打了一场遭遇战，王茂损兵两千，率部溃逃。杨大眼则连下汉水五城后，东进与邢峦会师。

当杨大眼夫妇赶到时，邢峦的形势一片大好，徐州之围已解，梁将张惠绍还被包围在了宿预（今江苏宿迁）。邢峦和杨大眼合兵一处，大破新城，

斩杀当地守将蓝怀恭。张惠绍侥幸带着残兵，突出重围逃往洛口和萧宏会合。

眼见其他两路都已取得战绩，元英手下的十五万主力军也开拔了，这次他的目标是阴陵（今安徽定远）。之所以选择这个地方，是因为元英观察到这个地方地势平坦宽阔，有利于发挥骑兵的机动性优势。

果然，元英首战便歼灭梁军五千余人，兵锋直指洛口。元恪明白，只要再加一把火，己方就可以一口吃掉梁军主力，那么拿下建康城便指日可待了。很快，元恪新征召的十万新军也南下投入了战场，同时元恪下令，命邢峦的东路军南渡淮河靠拢元英，务必将梁军歼灭于洛口。

面对元英和邢峦两大集团军，萧宏这个三军统帅开始打退堂鼓了。王茂败了，张惠绍逃了，诸路兵马中只有韦睿打了个漂亮仗，目前的形势即使是久经沙场的老将也会觉得胆战心惊，更遑论膏粱子弟萧六爷了。

望着帐内议论纷纷的将领，萧宏轻轻一声咳嗽："王师北上已逾一年，战绩彪炳，但而今征战日久，师老兵乏，是时候该退兵了。"

此话一出，诸将均面面相觑：还没和敌军主力交锋呢，这就撤了，算什么事情嘛！但是没办法，官大一级压死人，主帅说的话还是得考虑下的。接下来诸将将目光投注到了监军吕僧珍身上。

我们都知道，但凡大的战役，皇帝都得给主帅安排监军，美其名曰"君恩浩荡"，实则是监视。而监军的人选历来是皇帝比较信任的人，那么，这个吕僧珍究竟是何方神圣，居然比萧宏更能获得萧衍信任？

吕僧珍早年做过萧衍父亲萧顺之的书童，可以说，萧衍、萧宏两兄弟是他看着长大的。当初萧衍"檀溪沉木"的时候，吕僧珍更是一眼就明白了其中玄妙，暗自准备下数百支船桨。但是或许是因为太理解主子的心思了，所以面对萧宏提出的想法时，他来了一句"知难而退，不亦善乎"。

吕僧珍话一出口，萧宏乐坏了，将领却气炸了！副帅柳惔首先起身反对，老将裴邃和马仙琕则怒吼着撂下狠话："宁可战死沙场，决不苟且偷生！"昌义之、胡辛生等人更是激动地拔出宝剑要斩了吕僧珍！

眼看局势就要失控，萧宏只得提前宣布结束这场会议。散会后，吕僧珍前去给各个将领谢罪，免得这群人动真格，一刀送他去西天。诸将懒得搭理这个鼠辈，吕僧珍因此碰了一鼻子灰。

主帅想开溜，诸将不愿走，大军只能继续在洛口驻扎等待时机。而这时北魏方面却完成了主力部队的会师，当然，美中不足的是，邢峦这时候使了性子。元英等来了杨大眼却唯独没等来邢峦，原来关键时刻，邢峦无视了元恪三军会师的诏令，只让杨大眼率所部会合元英。

但是，即便如此，元英对于打胜仗依然是满怀信心，因为他的对手是萧宏，一个根本就不该出现在战场上的文人。"不畏萧娘与吕姥，但畏合肥有韦虎。"这首歌谣是元英写来戏谑萧宏的，当然，也包括吕僧珍。至于韦睿，元英打心眼里还是非常重视这位沙场老将的，一个强悍的对手永远值得赞誉和重视。

吕僧珍忍不住了，他建议萧宏出兵寿阳，将元英的部队拦腰斩断，而后和韦睿吃掉其北军，断其归路。可是，萧宏再次拒绝了这一冒险计划。

夜惊，夜惊！当初刘曜因为两次军队夜惊而丢了天下，枉送性命，萧宏此前是不相信的。可是这一次，当夜惊发生在自己身上时，萧宏终于相信了！军队夜惊，萧宏弃大军单骑逃亡江南，身后数十万大军在溃败中死伤无数。据史书记载，这次溃败中，梁军因互相践踏而死的就超过了五万。而元英兵不血刃便拿下了洛口。

胜利来得太突然了，元英踌躇满志，他觉得孝文帝那一辈并吞八荒的梦想即将在自己身上实现。而后，魏军分两路南下，目标直指建康城。值得一提的是，韦睿得知洛口一战军败后，下令主力部队护卫辎重先行退却，自己乘坐轻车殿后。大批魏军遥望韦睿退兵，竟然无人追赶，韦睿全军安全回到合肥。

另一面，元英率军攻克了马头戍，梁军囤积的大量粮草辎重都成了魏军的囊中之物。

仗打成这样，萧衍却不愠不火，对于这个临阵脱逃的六弟，萧衍并没有将他打入大牢，革职查办。平心而论，萧衍在这方面处理得确实很宽和，这要在北魏乃至刘宋王朝，即使是宗室，造成这番大败，就算不死也得削职为民。但萧衍的一番良苦用心并没有得到六弟的感激。

失去了战略主动权，梁军只能继续回归防御态势。然而，这一次他们将要面对的却是元英的灭国行动。已经龙登九五的萧衍只得继续走到台前，亲手制定"天监对魏反击战"军事部署。这一次不容有失，一旦出事，丢掉的将会是他刚刚打下来的梁王朝。

此时萧衍清晰地意识到，这次战争即将在钟离这个小城爆发，那么，该任用谁作为反击战的一把手呢？这一次萧衍再也不敢放手让宗室去瞎折腾了。从之前那仗来看，韦睿打得很出彩，可以委以重任。

但是，这场战争意义太过重大，仅仅一个韦睿怕是不够，那么只能再启用猛将曹景宗了。可曹景宗这个人权欲心太重，如果让他做二把手，估计还得重演义阳城的悲剧。几番思索下来，萧衍觉得还是以曹景宗为主，韦睿为辅，毕竟韦老将军一向淡泊名利。

面对梁军的韦睿与曹景宗组合，魏军的元英和杨大眼也投入到了战场，钟离城很快陷入了魏军的包围之中。然而，一边是元英节节胜利，一边是邢峦大唱反调。邢峦拒绝率部和元英会师，并认为鏖战钟离简直是一大败笔：元英弃魏军野战优势转而去和梁军打攻城战，这简直就是脑子被驴踢了。最后邢峦还断言：此战魏军必败，而且是惨败！

元恪听完之后火冒三丈：你邢峦不服从命令，拒不会师也就罢了，居然还敢在胜利在望的时候妖言惑众，大肆诅咒我军要败，这不是脑后有反骨吗？！

元恪忍着怒气再次催促邢峦进兵，结果邢峦直接来了一句"陛下，要么您就取消钟离会战，要么我解甲归田，军队全交给您统率"。如果换成一位阴鸷君主邢峦早就掉脑袋了，可元恪却忍下来了。只不过，元恪也不容许邢峦继续妨碍自己的统一大业。他安排当初殿前泣涕的萧宝寅前去接管邢峦的部队，然后命其赶往钟离与元英会师。

元英和萧宝寅会师后，立刻发了对钟离城的猛攻。但是，面对高大的城墙，魏军连续一个月都未能取得进展。是年年底，曹景宗率领的各路梁军终于出发了。这个时间点掐得很好，恰恰是冬季，江北的冬天刺骨地寒冷，魏军将难以适应。

没有大衣，甚至连粮食都难以满足四五十万魏军的消耗，元英这回有些发愁了。梁军水师强大，淮河的控制权最终肯定将由他们操控，那么，物资运输只能靠陆路了。可是怎样通过陆路将淮北的物资运送到淮南呢？

现代社会为了缓解城市中地面运输的压力，我们一般会修筑地铁或者高架。可在当时那个时代，使用地铁肯定不现实，不过高架的思路倒是给元英解决了问题。

很快，邵阳洲上多了一架飞桥，连接了淮河两岸，淮北的物资得以运送到前线。关键是这座桥还搭建得很高，梁军想通过水路突击，结果发现船只根本就够不着。水路不行那只能继续走陆路，曹景宗准备夺取邵阳洲的控制权，从而拆桥。

未等到后续大军集结，曹景宗便率水师直接进攻邵阳洲了，结果被突如其来的暴风袭击，只得退了回来。萧衍得知后不怒反笑，声称这是天意，若曹景宗顺利进驻了邵阳洲，只怕是也会因为孤军深入而被聚歼。

等到梁军大军集结完毕，曹景宗率众发起了进攻。只是，当他真正抵达邵阳洲后他才明白，这座飞桥远比他想象的更高，而且为了防止飞桥被拆，魏军还在桥的两侧修筑了密密麻麻的堡垒作防御。

登上战舰，曹景宗眺望了一下魏军堡垒，只见这几十处堡垒分布得相当稠密，连绵起伏好似群山，又如巨浪。梁军如果贸然深入，很可能被吞噬。面对强敌，曹景宗选择了就地安营扎寨，与魏军对峙邵阳洲。

转眼间又一个月过去了，梁军与魏军都在对峙中深感不安，战场在这时候越发安静，越发可惧。此时梁军因为靠得近，后方的援军正源源不断开来。元英担心被梁军包围，于是下令不惜一切代价也要拿下钟离城。

魏军驱赶汉人前去城下填土垒地基，希望等地基与城墙等高时杀进城去。城头箭如雨下，前方垒土的汉人因为畏惧而后退，后方督战的鲜卑重骑兵则将退回的汉人全部杀光，用他们的尸体继续垒土。

面对城头的箭雨，魏军士兵死了一批再上一批，尸体很快便堆满了城墙根。元英在后方观战后直摇头，围城三月，死伤无数，钟离却依旧岿然不动，自己这一招难道真的走错了？此时的元英不会想到，钟离城内守城部队仅仅三千人而已，恰恰是这三千人，让城下魏军付出了数倍的伤亡代价。

钟离的守军主帅元英也认识，他就是昌义之，元英当初的手下败将。可现在的昌义之像是换了一个人，手下那支部队更非当初那样不堪一击。

元英的劳而无功让原本对他信任有加的元恪也沉不住气了。公元 507 年二月，元恪下诏退兵，这场耗时四个月的战争已经让北魏开始有些吃不消了。

决战钟离

但是，一贯听话的元英这次却不愿听话，他不甘心就此错失留名青史、建功立业的机会。于是他上书元恪，希望朝廷再宽限一个月，他将进攻迟缓的原因推脱给淮南多雨的糟糕天气，并强调大军远征不易，不可半途而废。

元英不知道，此时撤兵对他反而好，因为接下来的事情非但不会让他留名青史，反而给对手送去了一份丰功伟绩。

邢峦不听话，元英也不听话，元恪虽心怀不满，但也无可奈何。这些人都是先帝当年的老将，有时候就是不买账，但考虑到事关国家民生，元恪还是派钦差前往前线考察情况。

钦差来了，但是给出的却是撤兵的命令，元英没有理睬他，只是冷冷地喊出两个字：必克！这是对钦差的回复，也是前线对朝廷的态度。魏军没有走，不只没走，他们还在元英的指示下准备再修一座飞桥，以便运输更多的兵马和辎重。

谁都知道第二座飞桥架起后意味着什么，韦睿无法容忍，身处建康城的萧衍更是无法忍受。此时一贯态度温和的萧衍也有些愤怒了，他派使者火速传诏韦睿接管钟离战局，并御赐龙环刀——诸将有违抗命令者斩之。也就是说，曹景宗再这么无所作为，那萧衍也不想给他活路了。

萧衍以往容忍曹景宗并非完全是念及旧情，只是考虑到他还是一名可用的将才。可现在如果这位将才一点作用都发挥不了，也就没有留下的必要了。

韦睿接到诏书的时候还在合肥，他得知军情紧急，便火速集结三军，穿过阴陵沼泽直入钟离。韦睿没有选择绕别路，却挑了这条异常凶险的近路。手下兵士都大为不解，他们纷纷向韦睿进言："将军，索虏拥兵百万，我们要想击败非一日之功，何必如此急切？"

手下们的意思很明确，作为梁军主力的曹景宗与魏军对峙数月都没动手，我们这支后援何必火急火燎地赶去助阵？韦睿当时就把脸板了下来："一派胡言！钟离城那边缺水缺粮，百姓困顿不堪，昌义之更是危如累卵。这是人命关天的大事，我们即使快马加鞭还唯恐耽搁时间，又怎么能慢走磨洋工呢？"

在韦睿的一再催促下，援军仅仅用了十天便赶到了邵阳洲。曹景宗亲自走出大帐迎接这位老将军，而在这以前，能让曹景宗如此客气对待的人还从未有过。有人说，韦睿是京兆大姓，而曹景宗是新野小民，出于对同乡大族的敬畏，曹景宗对韦睿态度非常好。

但是，这种说法并不可信，曹景宗出身寒门，对高门子弟有着切骨之仇，平日里素来不屑那些朱门大户，所以他敬韦睿客气绝非因为门第。那么，是何原因让曹景宗如此敬服韦睿呢？

军人敬服军人，理由很简单，那就是对方兵带得好，仗打得漂亮！这两点韦睿符合吗？恰恰都符合。韦睿如果带兵不行，士卒是不可能短短十日就从合肥赶到前线，而合肥之战恰恰说明了韦睿能因地制宜，敢打硬仗。

初次相识，曹景宗给了韦睿应有的尊重，接下来的一番话更让曹景宗对这位老师崇拜万分。曹景宗带着韦睿视察敌营，指着对面的魏军飞桥连呼"奈何"，而韦睿却轻描淡写地说道："前番攻克合肥我用了水，此番破敌当用火攻。陛下让将军前来不是还赠送了一些楼船吗？这高大的楼船恰恰可以作为火攻的利器。"

曹景宗又抛出心里的疑虑："楼船是不错，可是太重，吃水不足容易搁浅。"韦睿指了指不远处的淮河，笑着说道："我们可以利用水势嘛，堵它十天半个月，到时候倾泻而下，水位自然就升高了。"

几句话一说，曹景宗原本混乱的思路立刻豁然开朗，他大呼"绝妙"。不过他转而又想到另一个问题："韦公，你所部人马带往何处扎营？"韦睿笑了笑说："明日天方亮，你且看我于魏军营帐前扎营！"韦睿笑着离开了，留下一脸惊愕的曹景宗。

看过《三国演义》的朋友应该很熟悉其中这么一段，曹操潼关战马超，一夜之间建造起一座冰城，让原本气焰嚣张的西凉铁骑也只能望而却步。南北朝也有不少战事与《三国演义》中的雷同，其中就有这"一夜扎营"。

入夜，韦睿派遣手下冯道根领着数万梁军悄悄摸到魏军堡垒前不远处修筑工事，官兵们不作声却又有条不紊地进行着安营事宜。天刚蒙蒙亮，一座坚固的营垒便建成了。

营垒的筑成，惊坏了魏军，也看傻了梁军，虽说韦睿威名远播，可这一夜建营却是闻所未闻，见所未见的。

很快，魏军主帅中山王元英闻讯赶来了，面对这从天而降的大营，他也是感慨万千：韦虎啊韦虎，早知道你用兵如神，可没想到是出神入化，这座军营是天上来的吗？原先我军占据着邵阳洲绝大部分领地，可这军营从天而降，将这邵阳洲一分为二，我军优势顿时化为乌有。

元英越想越怕，还未交战，他已感到韦睿咄咄逼人的气势。不过现在容不得他感慨和考虑太多，必须尽快将这座大营拆除，否则魏军地势一破，飞桥也就完了。他急忙派人调杨大眼来前线，命其务必将此营寨拆除。

魏军万余铁骑在杨大眼的带领下对韦睿大营发起进攻，在此之前，梁军对于杨大眼的威名还是有所耳闻的。毕竟先败王茂于河南，后破张惠绍于淮北，两次战争都给梁军带来了恐怖之感。

这一次杨大眼依旧身先士卒，带着手下呼啸着向梁军杀来。只不过野战和攻坚毕竟是有区别的，更何况此刻的梁军还有韦睿这位老将坐镇。在韦睿的指挥下，梁军以战车结阵，士兵们则在后方使劲儿射箭。

韦睿的手下都配置了威力惊人的强弩，这种强弩可以轻松射穿魏军铁甲骑兵的铠甲，所以此刻杨大眼的处境类似千余年后滑铁卢战场上的内伊元帅的处境，骑兵在方阵面前除了白白丢掉性命便毫无作用。

在这万箭齐发的攻势下，杨大眼的右臂也被射中，无奈退下阵来。这次退兵让杨大眼栽了个大跟头。韦睿仅用一战就粉碎了"魏军不可战胜"的神话，更让梁军为之胆寒的杨大眼落荒而逃，鼓足了梁军信心，对以后的大决战起了不可估量的作用。

曹景宗在后方观阵，他清楚地知道，接下来自己需要好好利用这次首胜了。他连忙下了两道命令，一道是命令士兵悄悄跑去钟离报信，告诉城

内的守军继续坚持，胜利不远了；另一道则是调兵痛打落水狗，趁着杨大眼新败，再给他补上一刀。

派去迎战杨大眼的千余人都是曹景宗精挑细选的，他们学着韦睿的样子，离杨大眼军营数里处修筑大营。杨大眼见梁军在自己眼皮子底下扎营，气不打一处来，不顾伤势，硬是出营再战，结果战败，梁军由此占据了杨大眼大营。

曹景宗为了表彰手下赵草在这次战斗中的卓越表现，将这座营寨改名为"赵草营"。杨大眼先败于韦睿，再败于曹景宗，所部人马所剩无几，之前打出来的名头也成了"花把式"。更重要的是，杨大眼的撤走让魏军严密的防线出现了一丝缺口，更是让衔接淮北草场的通道被阻断了。

此消彼长，经过这两次战斗，梁朝已经将战略主动权抢回来了。作为魏军主帅，元英自然不可能就此放任梁军屡立战功。这次他亲自上场，直面韦睿大营。韦睿还是一如既往地镇定，羽扇纶巾，安坐于小车之上，手持玉如意，指挥若定。

这一刻的韦睿让索虏们想起了一个可怕的名字——"谢艾"。五胡十六国中期，前凉名将谢艾就是依靠着这副资态击溃了己十倍的羯胡雄兵的。而那时候的拓跋鲜卑只不过是石赵政权可以肆意凌虐的草原部落。

鏖战了一天，魏军再怎么攻打都拿不下这"一夜建成的堡垒"。日落西山之时，魏军的精神防线已经彻底崩溃，元英明白，再待下去已是徒劳，于是收兵回营了。

夜晚，四周静谧得可怕，经过一天的鏖战，韦睿大营中的士兵体力已经极度透支，纷纷昏睡，进入梦乡。这个时候是人的警惕心最弱的时候，也是偷袭营盘的最佳时间。这一点元英早就了然于心，他知道，经历了一天的鏖战，梁军已经不可能再在夜里保持高度警惕。而魏军人数远高于韦睿所部，可以调出生力军继续新一轮攻势。

"一支穿云箭，千军万马来相见"，随着鸣镝划破夜空，万马嘶鸣的声音突然间在韦睿营寨下响起。紧接着，密集的箭雨倾泻而下，营寨内的梁军被压制得抬不起头。经过一轮劲射，元英知道，此刻梁军已经不具备战斗力了，便下令骑兵快速进攻。

可是当他们接近梁军营寨时，却遭到突如其来的箭雨的猛烈回击。透过江渚上弥漫着的雾气，魏军将士依稀能看见一个身影伫立在梁军军营之中。

韦睿！在魏军的惊呼声中，人人都已知晓，可怕的韦虎正在指挥梁军实行反攻。也许这就是梁军在受到一番杀伤后仍能投入战争的原因所在，更是在鏖战了一天之后梁军还能拥有强大战斗力的原因所在！因为他们的主帅在这里，他凝聚的是梁军所有人的信念。对面箭如雨下，韦睿却出现在了第一线，再次让魏军乃至梁军明白，这样一位儒将缘何被称为"韦虎"了！

"不畏萧娘与吕姥，但畏合肥有韦虎。"这首歌谣再次闪现在元英的脑海之中。韦睿，这头江东之虎让营寨外数万鲜卑骑兵都黯然失色。在这一刻，元英已经预感到失败或许很快就要降临到魏军头上。

淮河水涨起来了，看着波澜壮阔的淮河水，韦睿和曹景宗都知道，破敌之时便在今朝，他们下达了总攻的命令。梁军乘坐着高大的楼船直扑邵阳洲上的飞桥，曹景宗率部攻桥北，韦睿则攻桥南，其余士兵则在冯道根等将的带领下负责清扫邵阳洲上的顽敌。魏军连日来几经苦战，早已人困马乏，哪里还能继续生死相搏。在梁军的打击下，邵阳洲上的魏军很快被清除完毕。

攻占了桥南、桥北的韦睿和曹景宗一同举火，大火迅速在邵阳洲飞桥上蔓延开来。没过多久，曾经雄伟壮阔的飞桥就被付之一炬了。元英在岸上眼睁睁地望着自己的杰作被毁，心痛之余却又无可奈何。

可是现实已经由不得元英触景伤情，冯道根在歼灭邵阳洲上的魏军后，又继续朝着岸边的魏军杀来。这时候梁军士气高涨，无不以一当百，魏军最终全线溃败。败兵裹挟着元英向西面逃去，而杨大眼一看败局已定，便焚毁营帐，率部北归。

这一战，魏军四十余座城池土崩瓦解，将士投水而死者不计其数。梁军在追击过程中又斩杀十余万、生擒五万余人，元英仅以身免。战后，淮河两岸堆满了魏军尸体，前后绵延数百里，北魏帝国三十万王牌军顷刻覆灭。自淝水之战后，大规模歼灭北军数十万的战事在整个南朝史上也仅此一次。

昌义之终于松了一口气，他知道自己多日来苦守城池是值得的，伴随着钟离之战而载入史册的名字中，除了曹景宗和韦睿，也必然有自己的一笔。为了好好报答这两位救命恩人，昌义之特意在城内设下赌局，邀韦睿与曹景宗一起赌几把。

虽说是赌局，可实际上昌义之就是准备送钱给他们二人的，对于从鬼门关走过一圈回来的人，钱财这等身外物又有何意义。不过期间韦睿为了照顾曹景宗的面子，故意让输，结果曹大将军赢了个盆满钵满。

昌义之松了口气，远在建康城的萧衍也松了口气，经过数月鏖战，终于将索虏抵挡在了国门之外。这场战争起由是萧宏的大规模北伐，虽然因为萧宏的临阵脱逃而险些功亏一篑，但好在韦睿、曹景宗亡羊补牢，成功地将劣势扳回，也算是一次大胜仗了。

比起元嘉二十七年（公元 450 年）那次北伐，这次战役可以说是创造了两个极端，萧宏先手输得比王玄谟还惨，不过韦睿、曹景宗的救场让梁朝免于索虏"饮马瓜步山"的尴尬境地。当然，客观来说，元英、杨大眼二人的作战水平虽然也属一流，可比起拓跋焘倾国之师南下还是逊色许多。因此，尽管这次钟离之战梁军赢得漂亮，可宋文帝刘义隆比梁武帝萧衍更不容易。

为了嘉奖前方浴血奋战的将士们，梁武帝特地派遣使者周舍赶去前线慰劳将士。尤其是参观完韦睿缴获的物资后，这位天子特使激动地夸赞了韦睿一番。

战后，萧衍论功行赏，参与此次会战的重要将领都加官晋爵。韦睿被封侯爵，而曹景宗则被封公，名列韦虎之上，虽然实际上韦睿出力更多，不过这就是政治，"李广难封"在中国历史上并不少见。

这里边还有个小故事，岔出来顺带说下。钟离之战后，梁军凯旋。在庆功宴上，萧衍诗兴大发，便下令与会人员作诗相贺。左仆射沈约则成了给各位分发韵脚的"酒监"。眼看着众人都拿到韵脚举杯赋诗了，一旁的曹景宗有些不满了。

借着酒意，曹景宗便起身向萧衍讨要韵脚。萧衍知道这位曹将军平素粗莽汉子一个，舞文弄墨自然是不在行，所以刻意让沈约不发韵脚给他。

结果曹景宗醉酒后不识好歹，萧衍只好笑着安抚说："景宗啊，这文臣武将自有分别，你保家卫国长于武略，至于赋诗嘛，交由文官去做便好了。"

萧衍实际上已经是给曹景宗找台阶下了，可醉酒的曹景宗似乎并没有意识到陛下对自己的照顾，仍喋喋不休地要作诗。无奈，萧衍只得授意沈约给曹景宗发两个韵脚。不过此时容易的韵脚都被人用光了，就剩下"竞""病"二字，这两字在古汉语里同音的都很少，所以以此作诗格外难。

当然，曹景宗执意要丢脸，那沈约也乐得看笑话，便将二字交给曹景宗作诗。哪知道在酒精的作用下，曹景宗的灵感来得很快，片刻工夫便写下一首诗："去时女儿悲，归来笳鼓竞。借问行路人，何如霍去病。"

此诗一出，满座哗然，不是曹景宗写得不着调，而是他写得实在是太好了。虽是用的"险韵"，却朗朗上口，更主要的是诗句意境雄浑，一扫当时南朝文坛的靡靡之气，引得在场文人都衷心拜服。作为全才皇帝的萧衍，也被震撼到了，他当即命在场史官将这首诗收录进国史中。

天监七年（公元 508 年），即钟离大战结束后的第二年，刚刚登顶军事巅峰的人生赢家曹景宗病逝。遗憾的是，他虽有霍去病之心，却没有完成"封狼居胥"的壮志了。

十二年后，即普通元年（公元 520 年），冯道根去世，享年 58 岁，同年韦睿也病逝，享年 79 岁。又过了三年（公元 523 年），一代名将昌义之也病逝了。至此，钟离会战的几个核心人物都退出了历史舞台，而那个时候的梁武帝也沉溺于"佞佛"的魔障，失去了果敢与睿智，帝国由此而衰。

当然，有人欢喜有人忧，生活就是如此。

而战败的北魏诸将，首先三军统帅中山王元英本应问斩，不过考虑到他毕竟是宗室，宣武帝元恪仅是将其废为庶民。

同样被废为庶民的还有萧宝夤，他本不是东路军的主帅，这一次完全是背了邢峦的黑锅。杨大眼则更惨，被革去军职后还被发配营州（今辽宁朝阳）充军。

曹景宗死的那年，元英也死了，六年后，邢峦也病逝了。南北两国一时间将星黯淡。萧宝夤后来因祸得福娶了魏国公主，被封齐王，再掌国之权柄，在北魏末年天下大乱之际，他还会继续出来搅事，这里我们暂且不提。

宫闱丑事

钟离之战的故事讲完了，可有一人的结局我们却不得不提，那就是引发这场战争的罪魁祸首——临川王萧宏。

萧宏作为宗室，既可以称其幸运，又可称其不幸。说他不幸，概莫过于此人一生都时运不济，处处惹出洋相。说他幸运，那实在是因为他摊上了萧衍这样的二哥，若是换成宋、齐两朝，萧宏早被先杀后肢解了。即使对照北边的魏国，他也该落得个削职为民的下场。

可没办法，为了避免重蹈宋、齐宗室相残的悲剧，萧衍对亲人一贯仁慈。洛口之战后，萧宏临阵脱逃的名声一下子传遍整个江南，百姓对于这个"萧娘"一肚子火气，以致演变到后来建康城内发生纠纷的推辞都是一句话——临川王让我干的！

聚众斗殴、作奸犯科、杀人放火……不管哪行犯罪分子，最后供词都能扯到萧宏身上。萧宏也着实背锅背得不轻，三天两头在官场上遭人弹劾。不过有一点倒还真没冤枉萧宏，凡是和金钱挂钩的丑事基本都和这位"萧娘"沾边。

萧宏贪财，为了最大化圈钱，这位临川王不仅收受贿赂，更是利用职务之便放水钱（高利贷）。萧宏给自己的地下钱庄起了个雅名——制悬券。凡是前来借贷的人员都得拿出耕田、房屋或是店铺等不动产作为抵押物资，一旦逾期不还，萧宏便派遣官员前去将借贷者赶走，趁机侵吞抵押物。

既然都是高利贷了，哪那么容易还得清，所以不少百姓因破产而失去田地，露宿街头。"富者田连阡陌，而贫者无立锥之地。"在萧宏不遗余力地胡作非为下，建康城周边便开始出现这种情况。天子脚下尚且如此，一旦地方官员有样学样，那该有多可怕！

萧衍深知这一情况将会引发多么严重的社会问题，便颁布诏书："制悬券不得复驱夺。"也就是说，认可高利贷是可以施行的，但是不能以剥夺借贷人田产为处置方式。可以说，这个时候的萧衍头脑还是相当清醒的，堪称一位明君。

但是萧衍对萧宏的纵容却为国家埋下了一层隐患。事情过后不久，萧衍听人汇报说六弟府内有一百间仓库，平时都是锁着的，还不准人接近，可能有"大规模杀伤性武器"。萧衍听了暗自吃惊，决定夜探临川王府，看看这里面到底藏着些什么。

兄弟相见，把酒言欢，不知不觉就喝多了。醉意微醺的萧衍便提出要去萧宏后房看一看，萧宏听萧衍这么说，立刻惊出一身冷汗。看着六弟这副模样，萧衍心中更加狐疑了：莫不是真如外界传言一样，里面藏着武器？

于是萧衍唤来后房管事，令他带着钥匙在前边带路，自己则紧跟其后。管事将一间间库房依次打开，眼前出现的景象惊呆了萧衍，也急坏了萧宏。这里面不是武器，而是铜钱，确切地说是数以亿计的铜钱，每一百万枚铜钱用黄木片做标记分成一堆，一千万枚铜钱填满一间库房，而这样的库房有三十多间，也就是说足足有三亿文铜钱！

剩下的几十间库房中则储藏有布匹、漆蜡等硬通货，粗略一算总价值也不在三亿文铜钱之下，却唯独没有一件兵器。萧衍笑出了声，他转头拍着惊魂未定的萧宏的肩膀说道："阿六啊，你这小日子过得很不错嘛！"说完拉着萧宏的手继续回到饭桌饮酒，两个人痛饮至深夜，萧衍秉烛而还。

萧衍对萧宏的宽容程度，已经到了匪夷所思的地步。那么这位临川王又是如何报答他三哥的呢？很快现实就给了萧衍狠狠一个巴掌。有次萧衍回故乡光宅寺，途经秦淮河的时候，第六感促使他绕路朱雀桥渡过了秦淮河。事后，萧衍的护卫在旁边的骠骑桥桥墩底下发现了一名刺客。

虽然千百年来刺王杀驾的义士不少，但统观南北朝历史，刺客还是比较少见的。所以对于这件稀罕事，萧衍自然会亲自盘问。刺客倒是出奇配合，还没用刑就供出幕后主使是临川王萧宏。

这要是放在以前，萧衍定会认为又是社会渣滓给他六弟泼脏水。不过这一次，萧衍却出奇地相信，因为自己排行老三，老四老五早死，萧宏这个六弟实际上已经是自己唯一的弟弟了。而当时的南梁皇储是谁呢？昭明太子萧统，此时他还未成年，一旦萧衍死于非命，最有机会承袭大统的只能是自己的六弟萧宏。

记住，这是在南北朝，这是一个皇帝在位时间平均仅十余年的时代，

这是一个纲常紊乱的时代，一切皆有可能。所以出于这点担心，萧衍最初会怀疑六弟，而这一次加重了他的怀疑。

面对萧衍的质问，萧宏自然矢口否认，他大呼冤枉，这是无中生有的事情，自己又被人栽赃嫁祸了。可是这一回萧衍信他了吗？萧衍哭了，哭得很伤心，其哀伤程度只有当年哭祭父母可比。或许在这一刻，这个六弟在萧衍心中已经死了，萧衍是在为亲人悼亡。

萧宏也很少见三哥哭成这样，心中很是惶恐，站立在一旁不敢说话。萧衍继续哭诉："你以为做皇帝容易吗？我的才干远胜于你百倍，可这九五至尊的宝座我坐得还是战战兢兢，每天都如履薄冰，唯恐哪一天被人赶下台来。可你呢？还千方百计要夺这个大位。朕不是做不了周文、汉文的旧事，而是……而是你太傻，不值得我杀！"

萧衍这回对萧宏很失望，连"周公诛管、蔡""汉文罢淮南"的例子都拿出来敲打萧宏了。只是他也知道，自己的这个弟弟确实太蠢，蠢到不值得自己去杀。萧宏则只顾跪下磕头，一边磕一边否认。

这件事情最终也是不了了之，但要重回昔日的信任，于萧衍抑或是萧宏，都不可能了。不过萧宏却记吃不记打，没过多久又一次犯事，而且这次还是影响相当恶劣的事。萧宏竟然与萧衍的长女永兴公主狼狈为奸，一起谋划刺杀萧衍。

萧衍的前三个女儿都是原配郗徽所生，说起这个郗徽，倒还真有笔烂账要说道说道。郗徽，出身贵族，其父系祖上是东晋军界名将郗鉴，而母亲则是宋文帝的女儿寻阳公主。这样的出身在当时必然是达官贵人争相攀附的姻亲，而郗徽早在很小的时候就被刘宋后废帝刘昱看中，刘昱甚至想立她为皇后。

不过郗徽的父亲一眼就看出刘昱迟早得垮台，所以婉拒了这门亲事。郗徽也因此逃过一劫，没有和刘昱一道死在宫乱之中。不过，或许冥冥中自有天数，郗徽注定与帝王家有着不解之缘。长大后的她机缘巧合地嫁给了萧衍，而萧衍后来居然做了南梁的开国皇帝。

然而那时候的萧衍虽然凭借"竟陵八友"的名气稍微有些社会地位，可毕竟只是一中下级官员，与皇宫差异相对较大，以郗徽的身份配萧衍无疑是下嫁了。因为下嫁，所以二人婚后生活不幸福，也因为下嫁，带来了一系列问题。

萧衍任职雍州刺史期间，看上了一位浣衣女，并将其纳入府做妾。这名女子便是为萧衍生下长子萧统的丁令光。郗徽对于萧衍的"偷腥"行为自然是大动肝火，嫉妒心极重的她对待丁令光蛮横无理，让她每天舂米五斛，并禁止其与萧衍同房。

自己生不了儿子，也不许别的女人生，丁令光就在郗徽的严酷修理下默默忍受着一切。不过，恶人自有恶来磨，郗徽未能等到萧衍称帝的那一年便病死了。郗徽死后，丁令光顺利地为萧衍诞下了第一个儿子——萧统。

有其母必有其女，后来的历史证明，郗徽所生的三个女儿一个比一个名声差，反倒是出身卑微的丁令光所生的太子萧统，倒是在历史上留下了一个不差的名声。

回过头来，永兴公主萧玉瑶生性放荡，而她的驸马殷钧在房事方面却略有缺陷。萧玉瑶就故意在闺房中贴满殷钧父亲"殷睿"的名字，借机羞辱他。殷钧自然不敢冒父亲的名讳，所以更加不愿意与永兴公主行房事了。

但是驸马长久不与公主同房，说出去难免被人笑话，于是萧玉瑶便吩咐仆人，每隔几天就把驸马爷绑在闺房中的椅子上，绑一晚上才允许松开。

忍无可忍的殷钧最终告到了老丈人萧衍那里，萧衍听完殷钧的诉苦后勃然大怒。萧玉瑶的所作所为让萧衍联想到了当初的郗徽。如今郗徽所生的女儿非但没有长进，反而变本加厉，真是丢尽了皇室脸面。

出于维护皇室颜面的考虑，同时也是对自己当年所受压迫的一种不满，萧衍召来了萧玉瑶，他要为驸马出口恶气。哪知道萧玉瑶入宫之后，与驸马对簿公堂，非但对自己的所作所为没有一丝愧疚，反倒大肆谩骂殷钧，还恶狠狠地撂下一句"这种驸马有什么用"。

这一次，一贯保持着良好素养的萧衍也失态了。他怒气冲冲地走下御殿，抄起手里的犀角如意，照着萧玉瑶的后背就是一顿猛揍。平时娇生惯养的永兴公主哪里受过这种罪，一顿抽打之后就瘫软在了地上。而萧衍还不解气，继续打，最后连如意都被打断了。按说挨了这一顿打，萧玉瑶也该老实了。然而并没有，挨揍后的萧玉瑶不思悔改，反而和萧宏狼狈为奸。

萧玉瑶和萧宏两个人凑一块不是反省自身的错误，反倒是一起仇视对他们频频网开一面的萧衍。于是，一个罪恶的计划浮出水面：萧宏和萧玉瑶策划趁着萧衍前往佛寺斋戒三日的机会，安排刺客化装成宫女前去刺杀萧衍。

自己的弟弟和女儿谋划着刺杀自己，萧衍这个家长真可谓当得失败。只不过老天还眷顾这位英武之君，在斋戒第一天，萧衍的贴身侍卫发现了一只女人落下的绣花鞋。经过粗略辨析，发现这只绣花鞋还被穿过，鞋丢了，鞋的主人却浑然不知，如果此人不是脑子有问题，那只能说明这只鞋子只是套在外面的，所以丢失了也不影响走路。

细思极恐，贴身侍卫赶忙向萧衍的贵嫔丁令光（郗徽死后，皇后的称号萧衍仍给她保留，所以丁令光并没有封后）汇报了情况。丁令光派人秘密查访，这才得知这只鞋子是永兴公主的婢女遗落的。

永兴公主的婢女穿两双鞋，她为了掩盖什么？一向心思缜密的丁令光突然联想到此前萧玉瑶刚刚被萧衍惩戒，丁令光心里似乎有了数。但她没有选择立刻汇报给萧衍，要知道，萧玉瑶贼着呢，万一被她反咬一口，丁令光倒是得不偿失了。

于是丁令光秘密安排侍卫悄悄潜入斋阁之中，因为这个地方是公主朝见皇帝的地方。同时为了避免打草惊蛇，丁令光也嘱咐侍卫们千万不要暴露踪迹，包括在皇帝面前。

果然，当萧衍在斋阁和子女们一同用过餐后，永兴公主却没有离开，她反倒还提出请萧衍屏退左右，她有话要说。萧衍倒也没察觉有什么不妥，便让身边的人都退下了。而萧玉瑶却朝着萧衍步步走来，身旁的两名婢女不知何时早已到了萧衍身后。

然而，恰在这时，突然从帷幕之后闪出八名卫士，将永兴公主所带的两名婢女扑倒在地，而萧衍也因为受到惊吓，从御座上一下子跌落下来。

经过查验，这两名婢女竟然是男子假扮的，身上更是带了锋利的匕首。愤怒之下，萧衍亲自审讯，刺客供出了临川王萧宏。

六弟要刺杀自己，而刺客竟然还是通过公主安排进来的，这里面的端倪萧衍一下子便看清了。可是，家丑不能外扬，萧衍让人将两名刺客秘密处死，而萧玉瑶则被遣返回府。萧衍留给她的最后一句话是"父女永不相见"。事情就这样平息了，除了参与者和当事人，再没有人知道其中发生的一切，萧宏再次得以幸免。

没过多久，永兴公主便含恨而亡了（也有说是萧衍赐死的）。对于这位忤逆女，萧衍连她的葬礼都没参加。而对于萧宏，萧衍则依旧展现了兄长的伟岸胸襟。萧衍曾先后七次到萧宏的府邸看望他，甚至叩拜菩萨祈祷。

萧衍如此费心费力地营造着"兄友弟恭"的假象，只是为了让人们知道，萧梁王朝不会重蹈宋齐宗室相残的覆辙。可是，历史的灰色幽默最终证明，萧衍所做的一切都是自欺欺人，萧梁王朝最终还是发生了内讧，而且斗争格外惨烈。

淮河大坝

萧宏死于普通七年（公元 526 年）。普通八年（公元 527 年）三月八日，萧衍第一次亲自前往同泰寺舍身出家，三日后返回，大赦天下，改年号大通。也是从那一刻起，萧衍放弃了当初的金戈铁马，开始努力将国家打造为一个"江南佛国"，王朝由此而衰。

有人说，是因为萧宏和萧综（后边会讲到）的所作所为伤透了萧衍的心，才导致他转向佛门寻求慰藉。然而，事实上萧衍的挫败感更多的可能来自于一次军事上的挫败，这次挫败让曾经义武奋扬的一代雄主日渐消沉。

钟离大战结束八年后，北魏国宣武帝元恪病逝，而后魏国进入了长达十年的胡太后专政时期。

北魏君主更迭，南梁自然不会放弃这个千载良机。而这时候，北魏降将王足突然给梁武帝提出了一个建议。当初王足南下投靠梁朝的时候恰巧经过寿阳，我们都知道，钟离之战虽然打退了北魏的进攻，可寿阳这座重镇却依然被北魏占据着。寿阳沦陷于敌手，对于萧衍来说，既是攻己之矛，又是防己之盾，江淮防线被撕开一个口子，始终让梁朝暴露在敌人的兵锋之下。

而王足给出的建议恰恰与攻克寿阳有关。他路经寿阳的时候恰好赶上

梅雨季节，当时江淮大雨不止，河水泛滥到了岸上，许多房屋都被冲垮。王足便感慨水势的强大，用水灌了寿阳城不是可抵十万雄兵？可是骤雨不能长久，等天晴了雨水自会消退。所以王足建议，在淮河附近修筑一道大坝，用以阻塞淮河，到时候水淹寿阳。

有人说，当初韦睿攻克合肥的时候也是通过水淹完成的，这个王足就是拾人牙慧嘛。但是，这一次阻塞的河流是淮河。淮河什么概念？长江、黄河、珠江之外便数淮河，阻塞这样一条河流工程量之大可想而知。

搞工程就得找对人才，萧衍手下还真有这样的水利人才，这个人叫祖暅。说起他也许很多人都不知道，但提起他父亲，大家肯定不陌生，那就是祖冲之。祖冲之将圆周率精确了小数第七位，祖暅更了不得，他是最早算出圆面积和球形体积的，早了西方一千一百多年。"幂势既同则积不容异"，这条定理被称作"祖暅定理"而写入了初中教科书。

而鲜为人知的是，祖暅也是个水利学家。经过勘探，他上书萧衍："淮河水底受水流侵蚀严重，泥土松软，打不下桩子做大坝。"萧衍虽然是个全才，可数理方面还是有些欠缺，他坚信人民群众的力量，坚信人定胜天。一声令下，二十万军队和劳工便投入到了这项浩大的工程之中。

这项工程的总负责人叫康绚，他既不是汉人，也不是鲜卑人，而是来自西域。据说康绚的过去十分辉煌，他祖上是康居国的皇室，不知道什么情况流落中原，到他这一代就跟着萧衍了。

拦河大坝南起浮山，北至潼河山，采取从两岸向河内投土石，逐渐推进，至河中合拢的办法修筑。

也许很多人对于这个大坝还没有具体概念，那么我再提一组数据，大坝总长度为九里，折算为现代计量单位为三千六百米。而三峡大坝的长度不过才两千三百米。也就是说，这座大坝超过了三峡大坝，这项工程在当时是绝无仅有的，即使放到今天也是骇人听闻的。

但是萧衍却将其建成了，而且是半年就完成了。公元514年秋天开始动工，第二年春天就已竣工。可是结果如祖暅所言，由于淮河土质松软，等到春末夏初，河水暴涨的时候，大坝一下子就被冲垮了。

劳民伤财，徒劳无功，这一次萧衍的行为让百官和百姓都有了质疑声。

可是萧衍却不放弃，他决定再造一次。这一次萧衍打桩不再用泥土砂石，而是用铁铸。萧衍号召各家各户都捐出多余的铁器，然后大规模炼铁，将铸好的铁柱倒入淮河中打地基。

毕竟不是工业时代，铸铁容易，但与泥土砂石完美结合却难。不过古代劳动人民的智慧还是很丰富的，有人主张将大树中间挖空，然后塞填泥土、砂石。此方法一出，淮河沿岸百里之内立刻成了光秃秃的一片，一棵树木都看不到了。

由于这次筑坝是在夏天进行的，所以许多挑担的民工肩膀都被磨烂了，还要顶着炎炎烈日干活儿，役夫中很快疾病蔓延。没过多久，淮河岸边就多了许多尸体。到了冬天，淮河温度骤降，劳工们因为缺乏及时御寒的衣物，被冻死的有五六成。

萧衍锲而不舍的努力引起了北方胡太后的注意，北魏不断派出部队前来袭扰这座浮山堰。谁知大坝总管康绚也是一名勇将，面对敌军，他放下铲子拿起军刀立刻就击败了来犯之敌。

于是，胡太后派出钦差大臣李平亲自都督钟离守将李崇、驸马萧宝夤、中书崔亮的三支军队全线进攻康绚。这时候萧衍也派出猛将昌义之来援，这是昌义之最后一次登上战场，他一出马，魏军全线溃败。

在死了十多万劳工，付出巨大的物力和财力后，浮山堰终于建成了。长达九里，下宽一百四十丈（约四百米），顶宽四十五丈，高二十丈。堰上栽植杞柳，建有军营，驻兵把守。被浮山堰挡住的淮河水浩浩荡荡向两岸涌出，淮河南北方圆数百里土地一片云水茫茫。

这一次寿阳城彻底被淹，李崇只好带着城内军民逃到八公山上去避难。梁朝举国欢腾，既是庆贺这座耗时许久的浮山堰终于建成，也是为拿下寿阳而欢呼。萧衍知道，等过几天山里的李崇无粮可食的时候，寿阳城必将成为梁朝的新领地。

远在洛阳的胡太后听闻寿阳被淹的消息后大为震怒，她下诏命任城王元澄总领十万大军由彭城南下，目标是挖开淮河大坝。

而此时的南梁方面，魏军还未到达浮山堰便出事了。之前我们就说过，淮河毕竟是一条大河，其水量绝非一座人工大坝可以阻挡的（前提是农耕

时代），虽然建造初期考虑到泄洪问题，康绚还设计了一条泄洪道。但是时间一长，这条泄洪道就显得捉襟见肘了。

听闻这次魏军的先头部队是南齐余孽萧宝夤所领，康绚便生出一计，决定好好利用下这个倒霉王爷。他放出风声，说浮山堰牢不可破，绝非当初元英跨淮大桥可比，挖是挖不塌的，但就怕魏军决堤放水。一旦水放光了，浮山堰也就失去了作用。

萧宝夤还是太嫩了，听完之后立马上当。他号令当地魏国军民全体出动，前去凿山引水。在浮山堰的上游，萧宝夤愣是挖出了一条五丈宽的大沟，淮水顺着大沟向北流去。

但是区区五丈宽对于淮河来说还是显得太小了，康绚知道，要是继续待下去，自己肯定得栽在浮山堰这个工程上。于是康绚再次运用小聪明，忽悠梁武帝派徐州刺史张豹子接管浮山堰，自己则回了南京。

张豹子这一介盲流哪懂水利，他根本就意识不到浮山堰隐藏的巨大隐患。数月后，江淮一带再次进入梅雨季节，淮水陡然暴涨，汹涌的怒涛无情地向着浮山堰冲去，负责守备浮山堰的士兵夜夜惊醒。

终于有一天，洪水冲垮了浮山堰，咆哮的洪流疯狂地奔流东下。人们发现洪水突然从天而降，脑海中一片空白，旋即被大水吞噬。洪水卷起沿岸的军营、村落，以及十多万人，百姓在凄厉和绝望的哀号声中奔向大海，一派末日到来的景象。

浮山堰毁了，萧衍哭了，不知道是为失败而哭，还是为这些死难者哀悼。唯一能确定的是，大水在夺走无数条鲜活生命的同时，也浇灭了这位君王的万丈雄心。自那以后，这位皇帝脱去戎衣，换上袈裟，在青灯古佛前度过了自己的后半生。

那一年，萧衍真的老了……

第三章
千军万马避白袍

梁中大通元年（公元 529 年），中国整个北方流传着一句童谣："名师大将莫自牢，千兵万马避白袍。"在那个时代中，英雄迭起，名将辈出，以傲人的战绩而彪炳青史的将领不计其数。然犹有一人堪称诸将之翘楚，他的横空出世，如流星般闪烁天际，让许多同时代的名将都显得黯淡，直叹自己生不逢时。他便是白袍神将陈庆之，一个连毛主席都多次称赞、为之神往的人物。

白马啸西风

历史的车轮转到了公元 529 年，梁国依旧波澜不惊，钟离之战后的梁国重拾了锐气，继续与北朝小打小闹，但那些完全影响不到大梁的整个环境。这时的萧衍已经在皇位上坐了二十八年，南朝正向着巅峰迈进。而反观北魏，却是一片水深火热。为何？原来就在五年前，北魏爆发了历史上著名的六镇起义，这场起义的破坏力不亚于爆炸了一颗当量为两万吨 TNT 的原子弹，庞大的北魏一下子就败落了。杜洛周、葛荣这些人物挨个儿上场，高喊着"皇帝轮流做，明年到我家"，大有要把北魏的拓跋皇帝拉下马的架势。

值得一提的是，南齐末年逃到北边去的萧宝夤见北魏大乱，心里也不安分了，挂着讨贼大元帅的名头越想越不对劲，脑子一热，看别人造反，自己也跟着造反了，心想：这北魏的皇位难道只有别人坐得，我却坐不得？也别说，他还曾一度进占洛阳。只是后来皇位还没坐上，就被人从洛阳赶了出来。再往后，他给万俟丑奴做了丞相。最后，尔朱荣把他送去见他二哥东昏侯，去九泉之下复兴他的大齐王朝了。

　　当然，正所谓按下葫芦浮起瓢，北魏虽然平定了六镇起义，但接踵而来的尔朱荣的契胡部队，比起造反人马，那是有过之而无不及。尔朱荣进京，立马就给了北魏一件大礼。公元528年，在河阴之陶渚（孟津），将两千多的北魏王公和汉族大家像下饺子一样通通扔到河里祭河伯了，史称"河阴之难"，惨绝人寰、丧心病狂、哀鸿遍"水"。用鲁迅先生的话来形容那些劫后余生的鲜卑贵族的心情："惨象，已使我目不忍视了，流言尤使我耳不忍闻。我还有什么话可说呢？我懂得衰亡民族之所以默无声息的缘由了……沉默啊，沉默，不是在沉默中爆发，就是在沉默中灭亡！"这笔账，汉化的鲜卑人是记下了，尔朱荣已经成了整个北魏的公敌，大家都恨不得食其肉，寝其皮。

　　话又说回来了，尔朱荣为何会干出这么一件混账事，难道他疯了，一时间兽血沸腾？当然，尔朱荣自然不是疯了，他有他的想法。因为他的下属费穆曾经对他说道："我们是从六镇荒地来的，咱们得立威啊！"尔朱荣眯了一下眼睛说道："想法很丰满，现实很骨感啊，怎么立威？"是啊，此时的北魏经过了六镇起义的洗礼，一片狼藉。开仓放粮？自己人都不够吃呢。加官晋爵？自己人都排着长龙等着封官呢。建功立业？葛荣都让尔朱荣宰了，还要靠打谁立威？

　　尔朱荣想不到眉目，但费穆早就想到了，费穆只说了两个字："杀人"！尔朱荣不解了：这杀人能立威是不假，但好好地杀人作甚？这时费穆摆出一副文人的模样开始"丢书袋"了："老大，你听过这么一句话吗？'男儿当杀人，杀人不留情。千秋不朽业，尽在杀人中。杀一是为罪，屠万是为雄。屠得九百万，即为雄中雄'。咱们不只得杀人，还要多杀。"尔朱荣嘀咕了："不对啊，我怎么没听过这句话呢？"费穆说："您甭管谁说的，您就听我说的，杀人，咱们杀人就能立威了，咱们就学董卓。"

　　尔朱荣就这么被费穆忽悠着上了贼船，不过既然要向董卓看齐了，那么下场自然也早有预料。不知道尔朱荣临死前，是否会大呼："他坑了我，他坑了我啊！"随后便有了两千多人被祭河伯那一幕。由于此次杀戮大臣数量之多，导致尔朱荣一下子就获得了"中国一次性屠杀大臣之最"这一纪录。唐朝末年，朱温也模仿尔朱荣来了那么一出，史称"白马驿之祸"。

不过杀掉的人连一百都没有，与尔朱荣比，只能说小巫见大巫了。

这次河阴之难，将北魏朝廷的权力中心进行了彻底洗牌，原先那帮汉化鲜卑人的地位全被尔朱荣带来的六镇杂胡取代。北魏经过这么一次换血已然是名存实亡了。尔朱荣还得意扬扬地将女儿嫁给了孝庄帝，乐呵呵地当起了国丈，还发明了一个称号：柱国大将军。这个称号可是史无前例，直到后来侯景的"宇宙大将军"才将这个称号压了下去。不过，明眼看尔朱荣是北魏的柱国，可在孝庄帝的眼中，这个突然冒出来的岳父，那真是"蛀国大将军"，整个北魏国都快被他蛀蚀光了。每次看到尔朱荣，孝庄帝都会起一身鸡皮疙瘩。

当然，尔朱荣对于自己成为北魏的"邦国之蠹"也绝非浑然不知，加上一下子搞了个大屠杀，心里确实有点毛毛躁躁的，也怕自己在洛阳待久了会被人暗杀。于是乎，这个柱国大将军以"打猎"为由跑到山西大本营去了。

尔朱荣这一走不打紧，他前脚走，后脚就来了一支部队。这支部队一度横扫中原，创造了一个又一个神话，也让尔朱荣蒙受了一生中最耻辱的一幕。

公元529年的深秋，南梁首都建康城开出了一支部队。为首的有两个人，一个是北魏皇族北海王元灏，另一位是时任南梁直阁将军的陈庆之，他们身后是一支七千人的部队。将士们一身白袍，在秋风中飒飒飘扬，煞是惹眼。金秋九月，大雁南飞，然而这支部队却开向了北方。

元灏曾是北魏政府的皇族，正值出镇地方的时候，尔朱荣搞了那场震惊南北的河阴之难，元灏吓得官都不做了，火速出逃到了南梁。萧衍信佛，对于这些落难的外籍人士自然给予优待，元灏的日子也过得有滋有味。可是时间久了，寄人篱下的感觉让元灏这个皇三代感觉不舒服了，所以，他萌生了要去北方搏一把的决心。

这时元灏便向萧衍提出请求，他对梁武帝那是一阵痛哭："尊贵的大梁皇帝陛下，如今北方战火连天，豺狼当道，北魏的百姓正处于水深火热当中，尔朱荣的倒行逆施、独裁统治，让百姓怨声载道啊。"

萧衍不动声色，慈悲心归慈悲心，但萧衍毕竟是皇帝，同情归同情，但为了同情那里的人而去找擂贯半边天的尔朱荣开战，这是万万要不得的。萧衍年纪虽然大，但事情还是分得清的。元灏不死心，随即地图一放，拍着胸脯说道："来，陛下，需要哪里您就指哪里，不要客气。"有了实质好处，萧衍自然同意了这次出兵。

但是接下来的出兵数量，却让元灏大跌眼镜——七千人，由陈庆之指挥。七千人？这哪里够啊？途中遇上些突发的事情，到达洛阳人数能不能有一半都不好说，更何况，尔朱荣那群凶残的契胡兵，这些吴儿能扛得住？再来看主师，陈庆之，大梁帝国围棋"八段国手"，曾创下连日与萧衍通宵夜战的事迹。不过这又不是搞南北围棋竞赛，两国交战怎么可能像《围棋少年》一样，一局定胜负。不过，现在萧衍才是爷，七千就七千吧，大不了打不过再退回来呗。

眼下这七千白袍军在元灏眼中大有点送葬的感觉，那是相当的晦气。而陈庆之心中则是一番惆怅。

陈庆之，寒门，义兴人，早年便追随萧衍了。史书记载陈庆之"射不穿扎，马非所便"，很典型的一副儒将形象。早年的陈庆之因为家庭贫困而被送到萧衍手下为奴，按理说应该可以出一本悲惨小说来介绍陈庆之的早年生活。不过，幸运之神也算眷顾这位白袍将军，偏偏让他投身于萧衍手下，这一人得道鸡犬升天的道理也让陈庆之脱离了一般奴才的行列。萧衍看在白袍将军鞍前马后这么多年的情分上，便给了他一个小小的官职。

我们不能决定父母的家境，但我们能决定儿女的家境。家庭贫困不是陈庆之的错，但陈庆之却立志要给自己的儿女一个好的成长环境。

靠别人赏赐永远只能被人瞧不起，自己的命运应当自己把握，陈庆之很明白这点，尤其是出身寒门的他，在门阀森严的时代，必须做出点业绩来，让那些世家大族看看，"将相本无种，男儿当自强"！

陈庆之虽然出身卑微，但他懂得为人处世之道。"散财聚士，常思效用"，史书是这么评价陈庆之早年的行为的。陈庆之知道，要想干一番大事，必须有出生入死的弟兄们，那就要舍得花钱。除此之外，陈庆之也琢磨出了一条新的道路，这条道路后来曾文正和李中堂都走过，没错，那就是发展乡党。湘军和淮军之所以能在剿灭太平军的过程中打得了硬仗，就是因为大家或是同乡，或是师生，或是亲属，这样组建出来的部队才最有凝聚力，才打得了硬仗！这七千白袍军中一大半是陈庆之的同乡吴儿。千年后，同是义兴出来的卢象升所组建的天雄军也正如陈庆之一样，多为乡党，所以在南平流寇、北击八旗的作战中才能屡建战功。

当然，再勇猛的士卒者没有上过战场，那么大家也不会注目的。陈庆之也需要一个机会，而陈庆之第一次获得军功，并不是这次北上，而是在几年前。公元525年，北魏的元法僧投降，将整个徐州拱手让给了南梁。自从刘宋之后，南朝的部队就再也没有牢牢控制过淮北，一旦能拿下徐州，那么重新夺回山东将不再是梦想。于是，萧衍派出陈庆之去受降。当然，此次指挥受降的并不是陈庆之。萧衍对于前期刘宋的皇族控军政策还是非常尊崇的，所以此次他派了自己的二儿子萧综做了总指挥。

元法僧一看南朝部队来了，立马一蹦三尺高，心想：徐州给你了，我去建康城安度晚年了。而陈庆之一炮没打，就接管了徐州，还得了个"宣猛将军"的称号。然而，北魏那边也不是好欺负的。这边梁军前脚进徐州，那边北魏元延明、元彧两位王爷就带了两万人来砸场子。陈庆之这边多少人？有说两千的，也有资料说三千的，反正就是不满万。按照这种态势，自然是守城，等待敌军攻城。他们攻不下，只能撤军，然后趁机反杀。但是，陈庆之就像是打了鸡血一样，竟然主动进攻，谁知一下子就攻下了元延明手下大将丘大千修筑的堡垒。北魏两位王爷本来就是纨绔子弟，奈何连帐下能打仗的丘大千都首战失利，于是两位王爷立马卷铺盖撤了。

可戏剧性的一幕出现了，就在梁军大胜的情况下，萧综竟然叛逃出国了！怎么回事？原来是因为萧综总觉得自己不是萧衍亲生的，而是前齐东昏侯的孩子（萧综的母亲曾经做过东昏侯的嫔妃），还来了一出滴血认亲，把自己的儿子杀了，然后又挖出东昏侯的遗骸，进行验证。这一系列的行为举止，周围伙伴都惊呆了。首先，东昏侯要真是你爹，你把你爹坟给掘了，这算怎么回事。其实，滴血认亲大可以自己做，拿孩子撒什么气。最后，滴血认亲有必要把自己孩子杀了吗？经过一系列的验证，萧综终于确信了自己是东昏侯的儿子，那么萧衍就立马成了他的杀父仇人，本着不做"杨康"的精神，萧综连夜就出逃了。

当然，我们不得不说，在父亲和哥哥的文学熏陶下，萧综的文学功底还是不低的，在此选取他的诗词一首，供大家欣赏：

听钟鸣，当知在帝城。参差定难数，历乱百愁生。去声悬窈窕，来响急徘徊。谁怜传漏子，辛苦建章台。

听钟鸣，听听非一所。怀瑾握瑜空掷去，攀松折桂谁相许？昔朋旧爱各东西，譬如落叶不更齐。漂漂孤雁何所栖，依依别鹤夜半啼。

听钟鸣，听此何穷极？二十有余年，淹留在京域。窥明镜，罢容色，云悲海思徒掩抑。

正是"将帅无能，累死三军"。现在将帅连影子都没了，整个徐州周围的梁军都没了主心骨，加上对方军队又不断高呼："对面的梁军，你们的主帅豫章王萧综已经投降了，劝你们莫做无谓的抵抗，早点投降吧。"投降是不行，那只能走了，于是乎，各路人马纷纷溃散，北魏趁机又席卷了淮北，并将梁军一路穷追猛打。此战梁军损失惨重，唯独陈庆之的部队未折损一兵一卒。或许敌人畏惧了陈庆之的威势，或许萧综的一举一动，陈庆之早就了然于心……

萧综逃到北方之后，改名萧赞，还娶了孝庄帝的姐姐寿阳公主。但是寄人篱下的感觉绝对不舒服，元颢如此，萧综也是如此。萧综还写了一首《悲落叶》，词中萧综自比落叶，飘零无根。后来这萧综也算悲惨，跟着他"亲六叔"举旗造反，奈何被抓进了班房。后来，陈庆之北伐到了洛阳，将萧综放了出来，萧衍的这个忤逆子又想大梁了，一口一个"陈叔叔"喊着，希望陈庆之带自己回去，陈庆之便请示萧衍，萧衍也想起了这个儿子的好，便寄了衣服过来，以示怀念。可不巧的是，信使还没到，陈庆之的部队就撤出了洛阳，萧综最后郁郁而终，客死异乡。

上一代的恩怨却牵连到下一代的生活，读罢真是令人唏嘘不已。萧综的凄凉下场完全是咎由自取，可惜了那些在徐州之战中丧生的将士家属，会不会因为萧综的死而原谅他呢？冤冤相报何时了，家族恩怨往往会殃及无辜。

言归正传，继续说陈庆之，那次受降仪式，除了揍了一顿丘大千，陈庆之也确实没有显示出过人的才干。不过真金不怕火炼。陈庆之41岁才上战场，就轻松摘得第一枚荣誉章的事例也成了人们津津乐道的话题。然而，传奇还在继续。紧接着，梁军水攻寿阳，魏将李宪投降。二十年的拉锯战，萧衍终于撬下了这块绊脚石。萧衍心情大好，正巧此战陈庆之也曾出战。于是，白袍将军因公晋封东宫直阁，获得爵位关中侯。前面提过，陈霸先的哥哥也荣获过这项官职。总的来说，寒门子弟做到这地步也够下半辈子生活了。

寿阳一破，战局大开，萧衍准备乘胜追击，继续北伐，陈庆之、韦放、曹仲宗三人全权负责所有事宜。除了陈庆之，我们来介绍下另外两位将军。韦放，"韦虎"韦睿的儿子，韦睿在钟离大战中将北魏一统天下的计划彻底打破，30万北魏王牌军在中山王元英的带领下，被韦睿打得连完整的编制都没了。曹仲宗也了不得，他是名将曹景宗的弟弟。这两个人是典型的官二代。南朝的门阀制度下催生出这么一种思想：老子英雄儿好汉，老子鼠辈儿混蛋。韦睿和曹景宗这么牛，他们家人也一定厉害。所以，凭借着身份，韦放和曹仲宗成了此次北伐的主力，而出身寒门的陈庆之只能做辅助。

此次北伐，陈庆之除了辅助作用，他还带了另一项使命。萧衍让陈庆之可以假节，假节是什么意思？说白了就是拥有杀伐决策的权力，可以代表萧衍，对违犯军纪的人先斩后奏。那么这样一来，我们的白袍将军就可以大杀特杀了。

这时，北魏方面派出了常山王元昭带领五万大军南下。话说真得给北魏竖个大拇指，此时葛荣的农民起义军正在北魏的土地上四处杀伐、高歌猛进，而北魏此时还能抽出兵力来应对南朝的攻势，这与侯景之乱时，南梁却无力面对北齐、北周的攻势，连连丧师失地，形成了鲜明对比。但是话又说回来了，北魏倚仗的是强大的国力，财大气粗，而南朝的国力是自北魏孝文帝改革后便再也无法超越北朝的，即使是巅峰时代的萧梁也做不到，这是先天条件决定的。但是这完全不妨碍处在逆境中的江南百姓迎难直上的飒爽英姿！美国打赢日本没什么可炫耀的，但是中国通过十四年抗战，打赢了国力远在自己之上的日本，这才是值得我们广为传颂的！

第三章 千军万马避白袍

此时梁军打击的目标是军事重镇涡阳，而援军就在距离涡阳四十里之外。先发制人，攻其不备，这是陈庆之当初大败丘大千的手法。此次陈庆之准备如法炮制，但是这个决定被韦放驳回了。韦放决定后发制人，以逸待劳。同僚们也纷纷倾向于韦放的战术，毕竟他是韦睿之后，陈庆之什么都不算，一个寒家子还来指手画脚，还是个四十多岁的老头儿，那两次受降仪式也等同于走个过场一般，没拿得出手的战功。

陈庆之当然知道同僚对自己的不屑，脸是自己挣来的，不是别人给的。对此，陈庆之只是淡淡一笑："你们不去，我自己去。"随后陈庆之带了两百骑兵，夜袭魏军营帐，左突右杀。慌乱的魏军还在惊骇中互相问道："什么情况？"只听有人大声呼喊："梁军已经杀到我们防御塔下，一名白袍将军正在大杀特杀！"当然，陈庆之并不鲁莽，他知道自己人少，恋战最终只能死路一条，于是杀痛快了便鸣金收兵了。

这次夜袭不仅给了北魏一个下马威，更让梁军认识到了陈庆之的能力。陈庆之回到营内，望着惊讶得合不拢嘴的同僚，微微一笑。读过《三国演义》的朋友一定会觉得这场面似曾相识，这不是甘宁百骑破张辽的情景吗？《三国演义》三分真，七分假。而陈庆之这一笔却被如实地记录了下来，写进了《梁书》，这是真真正正的史实！

但是这毕竟是个团队任务，陈庆之也只是个辅助，主力是其他两位将军。就算陈庆之有能力，奈何队友能力不够，这也带不动啊。于是乎，这场战争一下子成了持久战，从春天打到了冬天，交战百余次，任何一方都没能取得压倒性优势。双方打得都累了，于是北魏方面开始修防御塔（堡垒）。元昭一共修了十三座防御塔，正面九座，侧面又绕道梁军后面修了四座。而梁军也真奇怪，敌方在背后修塔还浑然不知，真不知道统帅是干什么的！

曹仲宗得知后，怕腹背受敌，立马认怂，准备连夜撤军。大多数将领当时都表示赞同，唯独白袍将军手持一把"无尽之刃"——节钺，站在营门之外，大声说道："弟兄们，我们来这儿一年了，白白浪费了国家一年的粮食，我们是来游山玩水的吗？不！我们是来带兵打仗的！现在受点儿挫折就不想打了，要回去？你们是来建功立业的吗？不！你们是来搞破坏的，你们和那群打砸抢烧的匪徒有什么区别？捞了就走是吧？！兵法讲究置之死地而后生。看看我手中这把'无尽之刃'，我有假节的权力，我是可以代表陛下的，我有陛下的密诏，你们谁想走，把命留下来！"

这时大家都被这个弱不禁风的书生给震惊了。在场的将军中不乏身材壮硕的，也不乏个子魁梧的，但是在困难面前，他们的表现甚至连这个不会射箭、不会骑马的陈庆之都不如，那是一种精神上的折服。当兵打仗不是为了抢钱，而是为了保家卫国，为了保护这个国家，包括每个人民的财产不受侵犯。

陈庆之的一番话，如醍醐灌顶，让大家又明白了军人原本的职责，也认识到，在大家想着争名逐利的同时，仍然有人不甘清贫地履行着军人的神圣职责。"位卑未敢忘忧国"，陈庆之就是这样一名伟大的军人。

大家都不再提撤军了，或是被陈庆之震撼了，又或是惧怕陈庆之所谓的密诏。而这时提出撤兵的曹仲宗，撂下了一句"你行你来"便做起了甩手将军。

战争对于南梁而言是一场消耗，对于北魏又何尝不是。更何况，此时的北魏还要忙着应付葛荣的起义军，这边的军饷也是好久没发了，现在就盼着南梁先撤军呢。陈庆之也是看出了这点，力排众议，不撤军。既然不撤军，那就要有解决的办法。陈庆之决定"偷塔"，于是下达命令：人衔枚，马束口，连夜拆塔！

又是一场夜袭战，陈庆之连夜推塔四座，敌军守将王纬见到陈庆之推塔推成这副样子，立即投降了。陈庆之随即又收拢降兵，让其大呼"涡阳破了"，梁军则紧随其后。当时魏军士气溃散，熬了一年实在是疲惫了，加上又有队友投降，现在也不去守塔了，直接各自逃命。梁军则趁机穷追猛打，斩杀敌军不计其数，魏军至此全军覆没，涡水也为之断流。至此，南梁总算报了当初在徐州的一箭之仇。

涡阳之战让江淮地区的军事拉锯立刻变了风向，梁军开始占据上风，整个江淮地区终于再次被南梁收了回来，进军洛阳也不再是一个遥不可及的梦想。为了这一天，萧衍等了整整二十多年！然而，完成这项不世之功的不是韦睿，不是裴邃，而是后起之秀陈庆之。这个功劳最后却记在了韦

放和曹仲宗的头上了，因为出身，陈庆之只是副将……

后来，萧衍为此高度评价陈庆之："本非将种，又非豪家，触望风云，以至于此。可深思奇略，善克令终。开朱门而待宾，扬声名于竹帛，岂非大丈夫哉！"虽然对陈庆之的出身，萧衍不是很满意，但是陈庆之的成就还是让梁武帝大为赞叹的。而陈庆之本人也开始向世人证明"将相本无种，男儿当自强"的千古真理！

陈庆之的节节胜利，将会冲垮南朝腐朽的门阀制度，而陈庆之也代表了江南人民积压了百年的诉求，我们需要主宰这片我们生活了千百年的土地，北方迁徙来的世家大族只手遮天的时代终将过去，江南新兴势力必将崛起！

> 飒飒白袍出建康，
> 北虏诸城望风降。
> 莫言江东无虎将，
> 七千子弟扫洛阳！

陈庆之与元灏的北伐征途即将开启，接下来，整个中国北方都会因为陈庆之的到来而躁动不安，一个个神话被不断缔造，一个个战役的胜利，都将刷新陈庆之的作战纪录。这场北伐行动将陈庆之彻底推向了神坛，陈庆之一生的巅峰时刻也会在此展现。

挺进洛阳

从建康城出发后，陈庆之就开始谋划如何操控这次北伐。手头只有七千人，到了敌人境内粮草还能得到供应？所以接下来很长一段时间都要考虑夺敌粮食来补给。不只是粮食，还有其他一大堆的问题，可是怎么解决，一时之间陈庆之还是拿不定主意。更要命的是，以前陈庆之都是打辅助的，这是头一次作为主将出战，而手下这七千人多半是自己乡党，是自己荣辱与共的手足兄弟，一旦某个决策失误，都可能导致这些弟兄们再也见不到

第二天的太阳。

然而，就在陈庆之烦恼之时，一个好消息让白袍将军稍稍舒展了眉头：北魏豫州刺史邓献割地投降了。看来，有元灏这个招牌还是挺管用的，我们这边送魏王回国，那边就有人来欢迎了。可白袍军还没高兴多久，就遇到了新的麻烦。原来，围困了北魏荆州三年的曹义宗的部队，在费穆的打击下一下子垮了下来，连曹义宗本人也被抓去洛阳了。

那么曹义宗是谁呢？曹义宗的部队被打掉了，对全局有什么影响呢？在回答这两个问题之前，先来解释一下为何萧衍仅仅派了七千人护送元灏回洛阳。

原来，钟离大战之后，萧衍一直在谋划一步大棋。之前刘裕两伐中原后奠定的"虎牢滑台"体系早已荡然无存。自从南齐建国后，南北朝就围绕着长江-淮河一线展开了拉锯战，前前后后打到南梁建立都没结束。常识告诉我们"守江必守淮"。南朝要想划江而治，江淮地区必须在自己手里。但北方不认这套，北朝自从拓跋焘到长江边走了一遭之后，历代北魏的君主都认为长江以北是北魏的领土。

一个要以长江为界，一个要以淮河为界，那自然达不成共识了，谈不成就打呗。但孝文帝改革后，北方的国力呈现几何倍数的增长，这是萧衍拼了命都追不上的。所以只能采取守势。可萧衍命好，活得长，孝文帝死了，宣武帝死了，北魏的皇帝换了一位又一位，萧衍却越活越精神，终于把北魏熬趴下了，六镇起义来了，萧衍这下子就连睡觉都能笑醒了。

这时候，萧衍三路出击，给北魏四面放火。西路进攻剑阁，中路曹义宗兵围荆州。东路曹仲宗、韦放、陈庆之直插江淮，就是之前那次。

但是规划得再好也架不住一堆无能之辈。西路军最早垮掉，曹义宗十倍于敌的兵力围了荆州三年都没拿下。东路军又和对面的敌军打了一年多的拉锯战，若不是陈庆之当机立断，曹仲宗就要撤兵了。而涡阳之战的胜利，使得萧衍取得了江淮地区的控制权，东线的任务已经圆满完成。

那么陈庆之的任务我们一推敲就可以猜得出来。萧衍老谋深算，等陈庆之带这七千人领着元灏杀进了洛阳，夺了皇位，他再趁机兵发山东，荡平宛、洛，建立不世之功，将版图重新扩张到刘宋开国时。但这个可能性基本为零，萧衍是个理性的人，他看问题都是深思熟虑的，他想不到陈庆之有什么理由会入主洛阳。

那就退而求其次，在江淮地区建立一个缓冲区，类似于后来金人扶持的刘豫、张邦昌等政权。用魏人打魏人，而南朝借机休整。等北魏花个三年五载消灭了这个傀儡国，南梁也有足够资本再打一场了。

实在不行，陈庆之这支部队就当是吸引火力，为曹义宗夺取荆州围困战的最终胜利而铺路。这里说下，曹义宗和曹仲宗一样，是曹景宗的亲弟弟。从萧衍的人事安排上就能看出，"门阀制度"是多么不靠谱。

正因为之前三路北伐军的消耗，以及荆州还在苦战，所以陈庆之只领到了七千人。即使能拿得出更多的人，也拿不出足够的钱粮。更何况陈庆之本来就没有被萧衍寄予太大的希望，他只是一支偏师。或许，萧衍对于寒门的偏见，也是他只给陈庆之七千人的一个因素。寒门子弟不能进入决策层，这是世家大族的共识。

然而被萧衍寄予厚望的曹义宗打了败仗，而不被萧衍看好的陈庆之却摘得了满堂彩。这一点或许是萧衍没有想到的。曹义宗的失败，对于士兵们而言是一场噩耗，但是对于陈庆之来说，并没有太大的影响，因为陈庆之压根儿就没有指望过曹义宗。

但是我们不禁要问了，环境如此恶劣，陈庆之不怕吗？怕，当然怕。这个世上压根就没有天不怕地不怕的人。但是陈庆之有信仰，有底气。因为在他眼中，他所面对的敌人只不过是一群牧马放羊的胡人！可南梁是什么？华夏正朔，正儿八经的炎黄子孙！华夏子孙进入农业文明的时候，胡人还处在部落时期。所以，不管敌人多强大，也压不倒陈庆之心中的信念。

"虽千万人，吾往矣"，这不仅是陈庆之内心的写照，多年后，内忧外患的陈霸先内心也是这么想的。最终，陈霸先坚持到了建康保卫战的胜利，挽救了汉文明。我想，六十多年前，我们的志愿军战士也正是怀着这种大无畏的精神，雄赳赳、气昂昂地跨过鸭绿江，与美帝国主义作战的！即使人家是机械化部队，我们依靠血肉之躯，依旧把他们阻击在了三八线外，阻击到了谈判桌上。穿越千年，中华民族那种大无畏的精神依旧感染着我们。

陈庆之底气足的另一个原因在于，手下这支部队的战斗力。众所周知，梁军的战斗力历来比较低，为何？自从东晋以来，世家大族都看不起军官，想想看，连军官都看不起，士兵就更别说了。军人得不到应有的尊重，打仗自然也就没了积极性。曾经刘裕一度改变了这一局面，所以他才能两伐中原，刘宋王朝也在这条路上稳步而行。可兰陵萧家攘取了刘宋帝国的政权之后，世家大族势力复辟，南朝又回到了老路上。

但是陈庆之不同，因为他首倡了乡党模式，军队中绝大多数人都是与自己关系密切的人，况且他平时又舍得为手下花钱，俸禄多半用来接济手下，所以大家都愿意为他效力。当然，这七千人中还有一位特别地引人注目。这个人叫杨忠，小字奴奴，这个杨奴奴后来又有个名字，叫普六茹忠。听到这儿，或许大家还是不知道这个杨忠到底是什么人。但是，要提到他的儿子，那知道的人肯定很多，杨忠的儿子就是后来建立隋朝的隋文帝杨坚。

只可惜陈庆之生前没能看出这个看起来木讷的杨忠，有朝一日会成为北周的八柱国之一，隋朝开国皇帝的父亲。但更令陈庆之想不到的是，敲响大梁王朝丧钟的也是这个杨忠。多年后，杨忠率领西魏部队突袭江陵，梁元帝被杀，不久梁朝就灭亡了。如果陈庆之能预知杨忠会是自己国家日后的掘墓人，他会不会将杨忠弄死以绝后患呢？

而此时的杨忠就像一只跟猫学习本领的老虎，默默地学习着陈庆之的战术，并在日后翻版了陈庆之的突袭洛阳，来了一次突袭江陵，也算是对昔日老师陈庆之攻占洛阳的一次回敬。当然，对于杨忠在这次行动中扮演的角色，我总结了下，基本有两种观点。一种是认为杨忠是元灏的随行人员，并没有编入陈庆之的七千作战部队中；第二种则认为，杨忠就是七千作战部队的一员，是陈庆之亲自招募的。而我个人倾向于第一点，因为元灏好歹也算是被梁朝册封的魏王，总得有几个随从人员搞下排场。而且杨忠是北方人，陈庆之的部队大多是乡党，接纳杨忠入白袍军的可能性是有的，但不是很大。

我们把画面切换到北边。此时北魏的统帅首先肯定了柱国大将军平灭葛荣的丰功伟绩，接着就开始分析当下形势。元天穆（尔朱荣的好搭档）这时拿着教棍，指着地图说道："同志们，现如今我国还有三处残余势力尚未解决。但是呢，我们的心腹大患葛荣已经被柱国大将军击毙。柱国大将

第三章　千军万马避白袍

军外出考察了，现在授命我来对残余势力进行清缴。我想听听你们的意见，山东的邢杲，安徽的元灏、陈庆之，西北的万俟丑奴、萧宝夤，我们该先打谁呢？"

经过统帅部的激烈讨论后，定下来了八字方针——先平邢杲，还师击灏。这时候元天穆统领中央集团军，会合尔朱兆部、费穆部，近三十万人马，直扑山东。同时抽调一部分来牵制陈庆之。但是即使是抽调出来的一部分，那也比陈庆之的队伍多得多。虽然北魏经历了六镇起义，消耗极大，但架不住人多。

此次济阴王元晖业率领丘大千，提兵七万来防御南线，同时又抽调了两万羽林卫，进行策应。这样一下子，摆在陈庆之面前的便是九万大军了。当然，他们的目标不是消灭元灏、陈庆之，而是拖住元灏。元晖业让两万羽林卫驻扎考城，丘大千防守梁国（今河南商丘附近）。

而陈庆之此时在干吗呢？原来，陈庆之在邓献投降之后，便一直在铚城休整，如今都已经一年多了。歇息够了，这一天，陈庆之翻看奏报，突然被一则消息震惊了：三军副元帅元天穆调集主力杀往山东了。陈庆之一拍大腿，大呼："机会来了！"随即便整顿部队北上。

真正的军事天才善于嗅到战局中的变化，一切能逆转战局的战机都不会放过。不过有人问了，即使如此，不还有九万人马吗？不过这些在陈庆之眼中什么都不算。两万羽林卫纯属来看戏的，真正能打的是丘大千手里的七万人马。而这个丘大千则是无能到家了，当初就是他在陈庆之的首次征战中送了第一滴血。陈庆之会怕他？他怕陈庆之还来不及呢。

不过到了预定地点，场面还是把陈庆之震住了，倒不是被丘大千的人马吓住了，而是丘大千因为畏惧陈庆之，到了梁国立刻修塔（堡垒）。陈庆之到达的时候，已经有九座防御塔出现了。我想，假如给丘大千足够时间，他能造出一道马奇诺防线来。

不过陈庆之心中暗自窃喜，丘大千堡垒修得越多，则证明他越心虚，越没底气。而丘大千越心虚，陈庆之则越自信：丘大千，你还是改名丘八吧。但是说到这里，人们会好奇了，这丘大千一个败军之将，能有七万大军？不是说元天穆的主力部队才三十万吗，可信吗？可信！因为这七万人马压根儿就不是北魏的中央正规军。

丘大千曾经参与过东线江淮战场的拉锯战，手中收拢个三四万残军应该不足为奇。要知道，一场战役失败，除了白起那种四十万人连锅端——坑杀，其他就算是全军覆没，那也铁定有百分之十的漏网之鱼，而这些残军一般失去了编制，就无法将其作为正规军看待了。那我们想象，彭城之战、寿阳之战，丘大千收拢了三四万残军。荆州之战中，曹义宗虽说全军覆没，但也不可能一个不剩。那如何处置梁军的战俘呢？这便是一个问题了。坑杀？就地解散？还是发往边疆？这些举措要么增加仇恨，要么就太麻烦。在战争年代，处理战俘简单有效的方法就是编入己方部队。假设丘大千收编了那两个战场的残兵，再加上荆州之战中的战俘，有七万人马一点都不奇怪。

而认为丘大千拿不出这么多人的观点，仅仅是因为丘大千没有传记，所以他上不了台面，指挥不了七万人。我觉得这纯属胡说，没有传记并不代表都是名不见经传的人，有些神将也没有传记，刘宋裴方明、南唐林仁肇。论地位，这两个人也都可以算高层将领了，但在这里我就不介绍了，大家可以去了解下。同时还有人依据参与这次战役的相关人员的传记都没提到这些为根源，认为丘大千不可能拥有这么多人，甚至否定这场战役，这就更荒唐了。为尊者讳，这是史官的德行所在，虽然《魏书》的作者魏收个人素质败坏，《魏书》也被称之为"秽书"，但作为曾经的北魏人，就更要为自家人遮丑了。

在确定了丘大千确实拥有七万人之后，我们也明白了丘大千军队的整体战斗力。一个东拼西凑起来的部队，人心涣散就败了一阵；丘大千被陈庆之打败过，这将帅上面又败了一阵。而丘大千平时只是指挥数千人马，现在一下子让他指挥数万人马，他势必会手忙脚乱，这就败了第三阵。

丘大千的劣势也被陈庆之看在眼里，陈庆之二话不说，甩开膀子就干，大伙高歌："啦啦啦，白袍军来啦，啦啦啦，快速推塔，啦啦啦，魏军败啦，活捉一个丘大王八……"在嘹亮的歌声中，白袍军一日之内连克三座"防御塔"。丘大千原本就怕陈庆之，听说陈庆之一日之内就破了三座堡垒，那还打什么呢？投降吧，于是丘大千立刻举了白旗。

第三章　千军万马避白袍

胜利来得太突然，也太顺利了。丘大千手里还有六座堡垒，战争还没结束，这丘大千就怂成这样，试问这样的人不吃败仗，谁吃败仗呢？七万人马就这么向七千人马投降了，换成谁都感觉不可思议。但是陈庆之的传奇不会止步于此，接下来还会继续上演。

这一仗打得元灏信心出来了，野心也跟着出来了，竟然迫不及待地就在梁国城称帝了，改元孝基，历史上曾把元灏的短暂政权称作"南魏"。一下子北方土地上出现了两个大魏皇帝。这样一来，问题闹大了，天无二日，国无二主。现在元灏摆明了要夺孝庄帝的位置，邢杲造反归造反，但还不至于称帝。

不过元灏称帝还是有资本的，这一仗下来，缴获不少，尤其是元灏自己收编了数万降兵，手里不再是那七千白袍了。但是这数万人打打杂还行，打仗的主力依旧是白袍军。这次白袍军也捞了一个好处，原本的步兵，这次大部分已经配了坐骑，成了骑兵部队，白袍飒飒，马鸣嘶嘶。白袍军与数万降兵相比显得格外显眼。

当然，陈庆之此时也被元灏加官晋爵了一番，"镇北将军、护军、前军大都督"的称号已然高过陈庆之在南梁的头衔了。不过陈庆之心里跟明镜似的，元灏在，这个称号才能在；元灏没了，这称号就什么都不是了。所以，为了巩固来之不易的成果，陈庆之必须继续胜利下去。下一个目标——考城元晖业。

再说魏国这边，元晖业刚刚得知丘大千的失败，便问候了丘大千七八遍祖宗，可问候归问候，眼下怎么对付杀来的七千白袍，这就是一个大问题。眼下元灏虽然收降了丘大千的部队，但要他们立刻冲锋陷阵，这基本不可能，所以目前元晖业和元灏的兵力对比是两万对七千，不管怎么说，元晖业还是很有优势的。但是元晖业比丘大千更怂，连堡垒都不修了，直接依托四面环水的地形，准备和陈庆之僵持。陈庆之呢，打败了十倍于己的丘大千部队，将士们一下子跟打了鸡血一般，面对两万北魏羽林卫毫无惧色，上来就开战，感觉眼前考城的防御体系就相当于"楼脆脆"。一鼓作气，元晖业的部队连护城都没开工，考城就这么陷落了，元晖业成了继丘大千之后，第二个被活捉的北魏将领。

大家可能会好奇，如果说丘大千的部队是收降的残兵，那这元晖业带来的可是实打实的羽林卫，为何在陈庆之面前还是不堪一击，陈庆之真是神吗？首先，陈庆之虽然是不世的名将，但他并不是神。现在我们来分析下元晖业部队失败的原因，我总结了一下，有以下三点。

其一，战斗力薄弱。有人要问了，这羽林卫还战斗力薄弱？当然，这羽林卫的战斗力比丘大千是高了一点，但远还达不到善战之士的地步。羽林卫，俗称"老爷兵"，长期被养着，到了王朝中后期，战斗力和野战军差了几个档次，而此时的北魏恰恰到了王朝中后期的节骨眼，所以综合来看，羽林卫的战斗力不可能高过打了鸡血后超常发挥的白袍军。

其二，将帅消极应付。元晖业以为依靠着四面环水的地形就万事大吉了。可是，倘若运用不得当，防御体系便会形同虚设，丘大千已经很好地证明了这一点，可元晖业只会问候丘大千祖宗，却不从丘大千的失败中吸取教训，那怎么可能不败呢？

其三，人心的鼓动。元灏和孝庄帝分别代表了两种不同的利益集团，元灏代表的是汉化鲜卑加汉人豪强，而尔朱荣的"河阴之难"表明自己已经走上了反汉化的道路，所以他所扶持的孝庄帝代表了六镇出来的纯鲜卑人的利益。而元晖业，包括羽林卫，都是高度汉化的鲜卑，他们内心自然更倾向于代表了汉化鲜卑的元灏。再加上丘大千投降之后得到了善待，更让元晖业决定，抵抗只是做做表面文章，一旦遇到打击，立刻投降。

综合以上三点，我们就可以看出，陈庆之的胜利来得并不太难，远没有达到神话的地步。但是接下来的战争，就是实打实地较量了。因为陈庆之很快将会遇到天下第一雄关的阻碍和班师回朝的北魏部队主力。然而，陈庆之都将其一一击败，走上神坛，在洛阳达到了他一生最辉煌的顶点。

将军百战

九万人马就这么被歼灭了，此事对孝庄帝的震撼不亚于维也纳会议上，欧洲诸国听到波拿巴又回来了的那种感觉。孝文帝慌了，元天穆在山东剿匪，尔朱荣在山西打猎。此时，孝庄帝对于这危局，只能自己先扛着了。

于是他把京城之中所有的部队都召出来，压在了杨昱身上，让他驻守荥阳。而尔朱世隆和尔朱世承则分别镇守虎牢和嵩岈，作为荥阳的护翼。

这是孝庄帝最后的王牌了，其中不少是他这两年内才招募的娃娃兵，本来是用来对付尔朱荣的，现在只能拿来救急了。孝文帝那感觉，真好比是拿着积攒了半辈子的存款去炒股，接下来他的心情只怕会随着股市跌宕起伏。

陈庆之也从这两次交战中，一下子摸清了北魏的军心已然动摇了。而自己这七千人马也被开发出了潜能，战意激昂，甚至可以说已经到了战意癫狂的地步。此时荥阳就在眼前，破荥阳，洛阳将无险可守。但是拿不下荥阳，即将赶回的元天穆会对白袍军来个内外夹击，荥阳城将成为白袍军的葬身之地。而此时留给陈庆之的时间已经不超过五天了。五天破荥阳，可能吗？如果这时候我们以史为鉴，便会发觉，五天破荥阳，简直是天方夜谭。当初项羽和刘邦就在荥阳对峙过，项羽硬是被刘邦扛了百日以上，最后直接引发了项羽的鸿沟分界以及自刎乌江。而对峙前，项羽的兵力是超过刘邦单方面（不算当初韩信所控部队）的。再往后，刘章就是因为在荥阳被人挡住了，导致皇位成了汉文帝的囊中之物。

但是陈庆之是来开创传奇的，而不是引鉴历史的。在白袍军眼中，荥阳势在必得！然而，这次幸运之神和陈庆子开了一个玩笑——攻击荥阳受阻了。这次的北魏部队不再是坐在城里等着白袍军登城就投降了，而是进行了死命抵抗，这么一来，北魏人数上的优势显露出来了。七千白袍军在此受挫，失败之余，陈庆之陷入了彷徨之中。

这时一直未曾出面的元灏出来了，他拍着陈庆之的肩膀说道："杨昱和我是老朋友了，当初我和他一起打过野，灭过贼。"说干就干，元灏立刻给杨昱修书一封，送到城内。

杨昱打开了信，只见信里说："杨昱，我是你元灏哥，想当年咱们多好啊，有衣一起穿，有饭一起吃。我现在当皇帝了，只要你能助我，你依旧是这国家的栋梁，丞相如何？还记得那些年我们一起剿灭过山贼吗？"

杨昱看罢，将信撕得粉碎，扔在地上，跷着二郎腿说："你们南边来的陈庆之不是挺厉害、挺牛的吗？那就继续给我牛。我告诉你，我就在这荥阳城等着他砍我呢！元灏是谁我不认识，我杨家满门忠烈，造反的事情我不干。"

杨昱现在处于上风，自然不可能投降，于是狠狠地把元灏奚落了一番。现在打又打不下，和又和不了，陈庆之的白袍军真的陷入了绝望中。

夜幕降临，几名士兵因为吃得不满意，起了争执，他们扭打成一团，踢翻了篝火堆，用愤怒宣泄着心中的恐惧和不满，这是非常危险的。敌军是五万、十万还是三十万，在陈庆之眼中都一样。但是，他最关心的是军中的士气。部队的士气一旦散了，那就全完了。此时已经只剩下三天了，陈庆之似乎听见了东方传来的马蹄声。如何安定将士们躁动的情绪，如何打下荣阳城，陈庆之沉默了。这一夜，陈庆之一宿没睡，但还有很多人同样是一宿没睡。

此时白袍军只有三条路。其一，逃跑。可是已经打到荣阳了，想撤出敌军的重重围困，是没有可能的。其二，和元天穆决战。七千白袍军和元天穆三十万大军在野外对阵，这只能让死亡来得更快。其三，攻下荣阳城，据城而守。这是个不是办法的办法，但也是最行之有效的做法。而接下来，陈庆之必须将士兵们的斗志重新点燃。

陈庆之突然想起了当初的涡阳之战，曹仲宗提出要撤军，大家都附议了。陈庆之手提"无尽之刃"，在营门前慷慨陈词，最终改变了大家的主意。此时陈庆之心中默念：是时候给手下上上爱国主义教育课了。

在躁动的人群中，陈庆之一身白衣便服，悠闲地给坐骑喂草料。大家都不知道将军这是怎么了，不会是被刺激傻了吧？就在众人以为陈庆之受刺激了之时，陈庆之说话了："吾至此以来，屠城略地，实为不少；君等杀人父兄，略人子女，又为无算。天穆之众，并是仇雠。我等才有七千，虏众三十余万，今日之事，义不图存。吾以虏骑不可争力平原，及未尽至前，须平其城垒，诸君无假狐疑，自贻屠脍。"

翻译成白话文就是：我们这一路杀过来，砍了的北虏不在少数。你们把人家的父母给杀了，又把人家的女儿抢来了，这都是一笔笔不共戴天之仇。当初让你们约束军纪，你们不听，现在你们觉得北虏能放过我们吗？元天穆那帮人，是不可能和我们和平谈判的，元天穆手握三十万大军，我

们才七千人。今天，你们都别给我怂，在平原上我们是不可能和敌人野战成功的。拿下荥阳才是硬道理，倘若你们还在犹豫，只能是死路一条！

陈庆之先是用一系列动作来平和士兵们躁动的情绪，随即又对他们一番慷慨陈词，将平静的情绪又调动了起来。在静默的一段时间中，演讲者的形象反而在人们心中被不断拔高。看来陈庆之很会调动气氛啊，就是搁到现在，那也是高考生"百日誓师大会"演讲的热门人物。

看到将士们的斗志被点燃，陈庆之亲自击鼓。只见这数千名白袍将士如同一片片雪花，飞洒着铺上了荥阳城头。荥阳城头被白袍覆盖，而鲜血又染红了战袍，那种视觉性的刺激带给人的感觉是震撼的。此时，荥阳城就像从地狱升到天堂的阶梯，只有拿下荥阳城，大家才有命活。

杨昱此时正想象着陈庆之跪在自己面前乞降的画面，谁知冷不丁地城头响起了震天响的厮杀声，紧接着东阳宋景休、义兴鱼天愍登上城楼，此二人也因此被载入史册。紧接着，一大波的白袍军跟着上了城头。只可惜，当年没有照相机，否则拍下来绝对可以和苏联红军攻占柏林以及人民解放军占领南京的照片相媲美，而对于当初那幅画面，我们也只能遐想了。

北魏的都督元恭，太守、西河王元悰此时得知城被破了，连忙往外逃，结果被白袍军给抓获了。杨昱则拉了几个爪牙躲在了门楼上。当然，这怎么能逃过细心的白袍军呢，不久，杨昱就被带去见了元灏。元灏看到杨昱说道："杨昱，当初我好言相劝，让你弃暗投明，结果你不听，今天我就算是宰了你，在道义上也说得过去了，是你负了我，而不是我负了你。"

杨昱一看要来真的，连忙磕头："元灏哥，你是我亲哥，我错了，但我真的不能死啊，我上有八十老母，下有三岁孩儿，我一死他们该怎么办呢？"

元灏说："不是还有你媳妇吗？"杨昱说："我要是死了，我老婆还不改嫁？"元灏听了也觉得在理，就饶了杨昱一条性命。

第二天正午，元天穆的先头军队就到了荥阳城下，也就是说，再晚一天，陈庆之和七千白袍军的人头就要挂在荥阳城上了。

大家对于杨昱，一定会很好奇，为什么元灏会如此开恩？倒不是元灏良心好，而是这个杨昱杀不得，一旦杀了他，元灏就真成过街老鼠了。为何？因为杨昱这个家族是汉家豪强的代表，而且他父兄还手握重兵，杀了杨昱，给元灏树敌不说，还相当于元灏自己把原本扛着的大旗给砍倒了。

我们知道，元灏是打着代表汉化鲜卑和汉人豪强的旗号来与孝庄帝争天下的，杨家又是汉家豪强中的代表，一旦杀了杨昱，汉家豪强就未必会继续支持元灏了。而失去汉家豪强的支持，光靠白袍军，能抗几时？当初打下考城之后，一路的降旗多半是汉人豪强所控制的地盘。所以，对于杨昱，真心杀不得。

但是在白袍军眼中，杨昱却是非杀不可，杨昱让白袍军尝到了有史以来的大挫折，在攻克荥阳的战役中，牺牲了五百位白袍军战士，这些战士大多是陈庆之从老家义兴带出来的热血男儿，他们的亲人或许还活在军中，所以对于亲人的离世自然满腔悲愤。陈庆之明白，元灏不杀杨昱的苦衷，但他更明白，军心可鼓不可泄，必须要给手下一个说法，否则接下来的战争都打不了。但是，现在杀不杀杨昱不是他说了算，于是乎，他把皮球踢给了元灏。

第二日，陈庆之便率领将士三百人伏于元颢帐下慷慨陈词："陛下渡江三千里，无遗镞之费，昨荥阳城下一朝杀伤五百余人，愿乞杨昱以快众意！"这架势大有不交出杨昱就对元灏不客气的势头。但谁让元灏演技一流呢，杨昱当然不能杀，但白袍军也不能抛弃，抛弃了白袍军，谁来对付元天穆。当然，元灏知道，陈庆之是明白人，但是陈庆之有自己的难处，现在陈庆之把皮球踢给了自己，那自己必须给出交代。这时，元灏灵机一动，又把皮球踢给了萧衍。

元灏语重心长地说道："我在江东闻梁主言，初举兵下都，袁昂为吴郡不降，每称其忠节。杨昱忠臣，奈何杀之！此外唯卿等所取。"这句话很巧妙，既为保全杨昱开脱，又表示白袍军的要求也当肯定。既然杨昱不能杀，那其他人就非死不可了。陈庆之也是明白人，既然元灏把话说到了这个程度，自己也该就坡下驴了，于是便带着手下去处理那些替罪羊了。

杨昱虽然没事，但杨昱以下的三十七名将士却倒了大霉——被陈庆之一干人马剖腹挖心，当场吞食。不过从侧面也能看出，白袍军此时对亲人离世的悲愤以及对敌人的仇视。而陈庆之之所以给士兵们讨要公道，是因为此时的城下，元天穆的先锋部队已经抵达了。

第三章 千军万马避白袍

　　陈庆之审视了一下敌人，立刻下了一项军事命令：出城进攻！许多人都认为陈庆之疯了，当初拼了命地要打进城来，但现在又急不可待地要杀出去，这么做是为何呢？事实上，陈庆之没疯，他现在是做了一项很清醒的决定。因为此时的荥阳城下，只有数千名契胡骑兵，所谓的三十万元天穆部队还不知道在哪里呢。更重要的是，长途奔袭已然将这支契胡部队累到体力快要透支的地步，此时正是迎头痛击的最好时机。

　　元天穆原本剿灭邢杲还想着封侯拜赏呢，可谁能想到，区区七千人竟然将近二十万的联军给消灭了。要说丘大千和元晖业失败情有可原，可是，杨昱的七万部队可是朝廷正规的中央军，荥阳又是一个重要的军事堡垒，居然说破就破。白袍军转战千里，如今距离洛阳只有百里之遥。这么滑稽的事情，自从北魏建国以来就没遇到过，想当初拓跋焘饮马长江，兵临瓜步山，只有北魏打到人家都城的份儿，现在居然七千人马就敢来攻打北魏都城，如此骇人听闻的事情，着实把元天穆惊出一身冷汗。

　　于是，元天穆让尔朱兆立刻带领数千骑兵前来，自己率大军随后赶到。因为元天穆知道，自己的部队既不是丘大千那种杂牌军，也不是元晖业和杨昱那种"老爷兵"，他的部队那是契胡骑兵，要搁在美国，也是"海豹突击队"的级别。陈庆之捏捏软柿子还行，和契胡部队较量，那只能用一句话来形容——你会死得很有节奏感！

　　与此同时，元天穆又让部将王罴领军一万增援虎牢关，自己则往大梁进发，隔断陈庆之的粮道，同时命崔晓芬进取梁国，将南部边界彻底封死，防止南梁的后续部队增援。这么一来，元天穆的谋划已经彻底安排好了。"占点——控线——封边"，步步紧逼，环环相扣，意图锁死陈庆之的白袍军。

　　而事实如何呢？荥阳城下的五千契胡骑兵虽然勇猛，但到了荥阳城下连休整都没来得及，陈庆之的三千白袍军就开了城门杀了出来。一来，尔朱兆不知道现在荥阳已经成了梁军的地盘。二来，他更想不到陈庆之会主动迎击。连个心理准备都没有，人家就锅碗瓢盆地砸了下来。尔朱兆虽然骁勇，部队也有战斗力，但连口气都没喘就被这么暴揍，也只能被动招架了。结果，的确是死得很有节奏，但不是白袍军，而是五千契胡骑兵。这次战役，史料记载尔朱兆单骑逃回。

《梁书》称元天穆也参与了这场战斗，但我认为不可考，因为此时元天穆正在完成他的"封边"行动呢，而且，倘若元天穆来了，那三十万人马也就全来了。事实证明，来的只有五千人，我想多少年来，大家将陈白袍贬低为"水神"，可能与这次荥阳阻击战到底有多少人马有直接关联。倘若这次城下有三十万，那再加后期所击败的部队，确实要有百万了。而事实上，陈庆之所遇到的部队不可能有百万。当然，《梁书》这么写确实有夸张的成分在，但我认为仅仅是人数上的扩大而已。

平心而论，就算是三千白袍军对战五千契胡骑兵，难道就不是以少胜多了，难道陈庆之水平就不高了？那有人又要说了，这不是契胡骑兵兵困马乏嘛，陈庆之是占了便宜。那再看看人数，契胡部队人数占优势，而且又是野战，这些或多或少可以弥补兵困马乏的劣势。再说之前的荥阳城攻陷战，城内杨昱的部队大于陈庆之部队数倍，这是不争的事实，荥阳城又是一座易守难攻的城池，但陈庆之还是把它打下来了，这里面的"水分"还会存在多少？

我们读史书，有时候的确会对一些事情感到惊奇，但是有些东西它让人惊奇并不一定是不可能，而是小概率。打个比方，一项手术的成功率只有万分之一，可它偏偏成功了，自然有人将其称为奇迹，引用到陈庆之身上也一样。理论上以少胜多是有概率的，只是比较小，但陈庆之正是赢得了一连串的小概率胜利，大家就觉得他太牛了，他是神仙，他缔造的是神话。事实上陈庆之也是凡人一个，只不过与我们相比，他显得更为优秀。

陈庆之的成功不得不说运气也的确占了一部分，但是，倘若一个人不具备过硬的实力，运气再好也砸不到他的头上，而是会被别人拿去。

综合《魏书》和《梁书》，我觉得《梁书》更为让人信服，梁书的错误最多是敌军人数上的虚大，有"浮夸"之嫌，但是《魏书》刻意遮丑，掩盖事实，就让此书在全面解读白袍军远征上显得不足为信了。删去《梁书》三成的水分，应该就是对这次战争的全方面还原。

继续回到战场，其实元天穆派来增援的除了尔朱兆的五千契胡骑兵，还有鲁安的九千部队，但是尔朱兆鲁莽下，竟把鲁安甩了下来，结果被陈庆之打了一个时间差，陈庆之迅速消灭了尔朱兆的部队。面对尔朱兆的瞬

间败亡，到达了荥阳城下的鲁安做了一个决策——倒戈投降。倒真不是鲁安胆小无能，而是他和元天穆以及尔朱荣压根儿就不是一路人，后来孝庄帝做了这两个国之蛀虫，鲁安也参与了。

此时摆在洛阳面前的只有最后一道屏障——虎牢关。虎牢关的守军本来并没有多少，但元天穆让王罴率领了新生部队驻扎进了虎牢关，此时白袍军的处境真可谓是"正入万山圈子里，一山放过一山拦"。本以为打下荥阳便再无大战，可谁料想计划赶不上变化。

王罴也算是梁军的老熟人了，曹义宗围了荆州三年，就是王罴扛的。当时，王罴为了鼓舞士气，还特意不穿铠甲在城头巡视，说："天要灭我，就让流矢把我射死，不然，我们定能灭贼。"后来东、西魏对立的时候，这个王罴更是不要命，东魏军偷袭，摸进了城内，王罴听到动静，立马从床上蹦起来，扛起一根杀威棒，衣服都不穿就杀了出去。结果东魏军不知道是平时圣贤书读多了还是被吓着了，看到这个王罴都惊呆了，在王罴及手下几个亲兵的打击下又逃出了城。

可就这么个莽夫，守卫虎牢关的表现太差劲了。首先，尔朱世隆开溜，把虎牢关留给了王罴和另一位将军守护，王罴一看尔朱世隆逃了，自己也就开溜了。谁能料想到，在荆州扛了三年的莽夫会在虎牢关扛了三天都不到就弃城逃命，能让王罴破胆，陈庆之是第一个，也是最后一个。当然，有人要问了，为何这个王罴不投降呢？问得好，王罴在荆州扛了梁军那么久，这在梁军内部早就被定性为"战犯级别"了，这要落在梁军手中，只能是死路一条，陈庆之铁定要为曹义宗出口气。

这两个人一前一后开溜，剩下的将领辛纂还想负隅顽抗，奈何自己那点道行比起丘大千、元晖业之流强不了多少，一战就被陈庆之擒获了。

现在，洛阳门户大开，孝庄帝已经感觉到陈庆之那恐怖的笑容了。没有部队可派了，现在的孝庄帝可真是到了"辛辛苦苦三十年，一输回到解放前"的地步。怎么办？只能逃了。这时有人建议道："陛下，要不咱们去长安吧。"而此时的长安早就经历了盗贼的劫掠，一片荒芜。大臣高道穆说道："关中残破，怎么是人待的地方呢？我看那元灏不过如此，能赢纯属侥幸，是手下将领无能，皇上你只要御驾亲征，必然能生擒元灏。"

大凡危急存亡之秋，总有些自说自话的人，他们说出来的话甚至都和当时形势脱节了。孝庄帝暗想：朕可不想做那种"天子守国门，君王死社稷"的天子。活着才是硬道理，不说别的，王罴在荆州扛了三年，连他都吓得开溜了，朕还敢去和陈庆之叫板？

当然，高道穆不是脑袋不灵光，此人可谓左右逢源，尔朱荣、孝庄帝都信任他，大有双面间谍的感觉。他虽然不会说话，但懂得看人脸色，一看孝庄帝那刷白的脸色，便知道不能这么说话了。于是乎，他又说道："如果陛下觉得打不过，要不咱们实行战略转移吧。留下个空城给元灏，等到了黄河北边，找来了尔朱荣，会合了元天穆，再来打陈庆之。"这句话说到孝庄帝心坎里去了，孝庄帝立马同意了。

但孝庄帝这一招绝对是一步臭棋，如果他逃亡长安，尚且可以占据关中之地，将关东的土地让出来，作为尔朱荣和元灏的斗兽场，日后一旦有机会再出兵东向。可是他跑去河北，整个北魏的地盘都等同于送给尔朱荣了。因为没过多久，打败陈庆之后，尔朱荣就派出手下的贺拔岳入关经营关中平原了。后来，孝武帝倒是逃去了长安，但只可惜为时已晚，那边早就是宇文泰的领土了。

想当初，我们伟大的领袖毛主席让出延安，转战陕北，一下子改变了整个军事态势，并为最终新中国的建立开辟了道路。而反观这孝庄帝出逃河北，纯粹是无脑行为，他送给尔朱荣的是整个北魏江山。

要说跑，孝庄帝绝对是高手，一日跑了两百多里地。等过了黄河，孝庄帝才发觉，自己都没和大臣说一声，这跑得有点太不厚道了。于是他便让高大人就着昏暗的烛光连夜写圣旨传遍四方，号召别人来勤王。写完觉得还不安全，又继续开溜。

而洛阳这边，孝庄帝的妻妾，大臣们都不知道皇帝竟然撇下他们逃走了。当他们得知这一消息时，元灏的部队也来了。这群大臣的觉悟还是蛮高的，既然皇帝要去关外找尔朱荣，那便是自绝于华夏，他就是孝文帝改革以来的叛逆者，就是自绝于北魏人民，群臣就不认这个皇帝了，反正他也不是合法的（孝庄帝系尔朱荣扶立）。紧接着大臣们立刻笑着迎接元灏入城。

百官在临淮王元彧、安丰王元延明这些王爷的带领下，又开始准备车

马迎接元颢登基了。而之前孝庄帝入洛阳到现在连两年都没到，话说这两位王爷也都是白袍将军陈庆之的老朋友了，可谓不打不相识。

此时的元灏，相当于进了天堂一般，"芙蓉帐里度春宵，君王从此不早朝"，心里直夸孝庄帝实在太厚道了，留给自己享不完的荣华富贵。

而作为对陈庆之的奖赏，此时的陈庆之已然在北魏被加封为侍中、车骑大将军、武都公。谁能想到，就是这么一个梁朝小小的直阁将军，竟然成了洛阳城内家喻户晓的将星。

"名师大将莫自牢，千军万马避白袍"，这首童谣此刻已经传遍了大江南北。如此盛名，即使是当年檀道济和韦睿，在北魏人眼中的评价都未必能达到。即使在此时，陈庆之的头脑依然保持高度清醒，元灏可以放纵自己，手下的将士可以放纵，但他不能被洛阳城的"糖衣炮弹"击垮，眼下北魏王朝最强大的势力尔朱荣，陈庆之还没与他较量过，而陈庆之一路所控制的城市，也在元天穆部队的打击下随时有崩溃的风险，一点都不容乐观。一旦败了，这些墙头草可能没事，但这支白袍军必死无疑！

而打下洛阳后，局面非但没好转，反而呈现一种恶化的趋势。一方面，受到奴化的汉人对于梁军的前来，非但没有表现出欢迎，反而表现出一种敌视的态度。譬如齐州刺史元欣本欲归降元颢，但被军司崔光韶所厉声喝止："元颢受制于梁，引寇仇之兵以覆宗国，此魏之乱臣贼子也。何但大王家事，所宜切齿。等荷朝眷，未敢仰从！"意思是元灏是外来入侵者，是汉奸，是狗腿子，咱们不能听他的。

很显然，在这群奴化的汉人眼中，承系东晋正统的南朝反倒成了唾弃的对象，而由索虏构建的北魏在实行了汉化之后，反倒显得鸠占鹊巢，成了华夏正统，甚至得到一大批北地汉人的认可。这是什么？这是奴性，是一种被奴化的表现！当初清军入关之时，汉人纷纷抵抗，可随着"扬州十日，嘉定三屠"的血腥镇压，清朝廷对汉人实行奴化统治，到了清末，竟然有汉人为了割辫子而自杀的。试想下，这是何等的可笑！鲁迅先生就对国人的奴性进行了辛辣的讽刺和批判！

同样，在刘裕、刘义隆时代，北伐的部队尚且可以见到"箪食壶浆，以迎王师"的壮观场面，可是，陈庆之北伐千里，看不到一个端茶送水的，几万、几十万的汉人"伪军"倒是遍地都是。汉人打汉人，还打得这么用心带劲儿，不得不说此时的北方已经受到高度的奴化了。

或许有人会说，汉化之后的北魏已然是汉人了，他们不再是鲜卑，那么，当北齐扛起胡化、反汉化的大旗之时，北齐的皇帝可曾拿自己当过汉人，可是王僧辩、王琳之流，却对北齐俯首系颈，甘当鹰犬。太建年间三次北伐，所遇到的依旧是数以万计的汉人部队的阻挡，这难道不是一种悲哀吗？

除了奴化之后的一些地方官员对于元灏政府的抵触，元天穆大军的破坏行动也是不容小觑的。元天穆攻占大梁，费穆杀向虎牢，崔孝芬接手梁国。守卫梁国的元灏的心腹侯暄，撑了五天便弃城逃跑，被崔孝芬追上砍了脑袋。逃跑都逃不掉，这样的人是有多悲哀啊。更要命的是，进入洛阳城的白袍军扛不住"糖衣炮弹"的侵蚀，竟然开始腐化和堕落起来。

陈庆之虽然看在眼里，但不想过多干预，毕竟九死一生的人，对于自己能活多久，未来能走多远，实在没有一个数，在大决战来临前，只能让他们先放纵下自己了。但是在放纵前，还得杀一个回马枪。陈庆之带着手下重新上马，准备把元天穆的"囚笼政策"捣个粉碎。

费穆正在前方打得火热，结果得知上党王元天穆逃走了，渡过黄河去见尔朱荣了。崔孝芬也失去了联系，陈庆之的白袍军正往自己这边杀来。眼见自己是孤军了，费穆把心一横，投降了。不过费穆显然还没有莽夫王罴脑子好使，他还没搞清楚自己的处境。

如果准备一副尔朱荣党羽的扑克牌，那么尔朱荣和元天穆分别是大小王，费穆、贺拔胜、贺拔岳、慕容绍宗是四个K，高欢、尔朱兆、侯景、独孤信就是四个Q。想想大小王不在，接下来可不就是老K最大嘛。费穆很显然就成了这么一张红桃K。更何况，费穆撺掇尔朱荣搞了个"河阴之难"，然后又在荆州阻击战中大破梁军，擒拿了曹义宗，可以说费穆是陈庆之和元灏两头都要通缉的甲级战犯。

假如说费穆有杨昱那么厉害的家世，说不定看在家族面上能留一条正路，可这人是三无人员，这样的人要是不死，是可忍，孰不可忍。结果，元灏毫不留情地把他脑袋剁了下来。

陈庆之高唱凯歌，一路回扫，被元天穆余党夺回的地盘又被陈庆之再

次抢了回来。原本以为"占住了点，控住了线，封住了边"就可以锁死陈庆之，哪想白袍军轻轻松松又把这些地方挨个收复了，元天穆这下子真傻眼了。白袍军两次横扫洛阳，一时间成了战无不胜的神话，就连萧衍都惊叹了，逢人就吹："看，陈庆之，我带出来的，厉害吧？"

然而，在洛阳城内的陈庆之却遇到了思想上的大震荡。原来，陈庆之打小受到爱国主义的熏陶，在他的眼中，北魏帝国主义亡我之心不死。而他们政府黑暗，人民困苦，胡人是上等贵族，下层的汉人受到非人的奴役，活在水深火热当中，他们的孩子，比小说《雾都孤儿》中描述的还要困苦一百倍。而陈庆之此次远征的一个附加目的，就是拯救黎民于水火之中。

可是，随着在洛阳的长期逗留，陈庆之发觉洛阳的繁华是建康城的百倍，这边并没有衣冠涂地，人们也在研习孔孟之道，也在学习儒家经典。而抛去这些不说，光论一个佛教建筑，梁武帝信佛是出了名的，"南朝四百八十寺"是他的得意之作。可是，来了北魏才发觉，一山更比一山高。北魏的佛教之盛，简直是陈庆之无法想象的。《洛阳珈蓝记》则如实地记载了当初僧人争相拿出钱财修建寺庙的空前盛况。就连菩提达摩后来到了洛阳也惊叹永宁寺的巧夺天工。而达摩在南梁时，梁武帝给他吹嘘佛寺，达摩都是不屑一顾的，由此可见一斑。

可以想象，当一切东西和我们小时候讲的都不同了，这思想冲击会极大地震荡我们的三观，我们会反问自己，之前一直追求的东西到底是不是对的，坚持的道义是不是正确的，如果是正确的，为何我们所看到的、听到的会是完全不同的情况？而接下来的一件事情更是给了陈庆之一次深深的洗礼。

张景仁宴请陈庆之，到会的多半是江南降将，张景仁则是跟随萧宝夤北上的。当然，宴席中还邀请了北方大户。酒喝多了，大家说话就无遮拦了，陈庆之在这么一个宴会上，也喝高了，笑着说道："魏国确实牛，有钱，但说到底不就是五胡之一吗？鲜卑主义猖獗，华夏的正统应该是江左南朝，别忘了，秦始皇的传国玉玺在我梁朝呢！"

陈庆之是南朝来的，自然要宣扬梁朝的国威，再加上一路来，过关斩将，立下赫赫战功，所以他才敢在大庭广众之下尊南朝为正统。但偏

偏有人不买账，杨元慎仗着自己家族在北方是个大族，便开始训斥陈庆之。

具体是这么说的：说我们索虏，你们那南方全是岛夷，文化落后，人和禽兽没区别。我大魏国文化开明，哪像你们一样？你们这些虾蟊，吃我们的，喝我们的，怎么还敢在我们大殿之上耀武扬威，还有没有规矩了？

陈庆之文化程度不高，但脸是要的，姓杨的这么揭南人的短，自然让陈庆之闭嘴了。可要说白袍将军脸皮也太薄了，他完全可以回击杨元慎：的确，北边人不是江河湖海里游的，难道不是从放羊娃过来的？说山阴公主（宋武帝刘骏之女刘楚玉）养面首（美男子）招摇，那北魏冯太后、胡太后没有养？山阴公主再不济也不会养养面首搞出六镇起义吧？说南朝刘劭杀爹在前，刘骏淫母在后。那北魏子立母死野蛮不野蛮？拓跋珪参合破一战坑杀五万慕容鲜卑军，野蛮不野蛮，还有拓跋珪是怎么死的？我陈庆之一路打来，像元天穆那种号称军事强人的都不敢和我死磕，你一个北朝的狗腿子，还敢这么嚣张！

当然，陈庆之是有教养的，或多或少接受了礼仪熏陶，这也是在姓杨的揭了南朝的底之后陈庆之保持沉默的原因，这是一种不屑以及对己方过失的反思。当然，这则故事是《洛阳珈蓝记》里记载的，不能全信，但也不是百分百的全错。杨家是北方的大门阀，他能站出来为北朝扛着，一方面是孝文帝汉化的功劳，另一方面也是北方人不断被奴化的惯性。更重要的是，他自身家族利益的驱使。

当人们的思想受到冲击后，原本的价值观就有可能产生偏差，久而久之就会与自己原先的理想背道而驰。谁能料想到，当初那个口口声声扬言要"杀尽满洲狗"的吴三桂，日后会开山海关引清兵入关。也没人料到，孙中山先生最忠实的追随者汪兆铭后来会投靠日本人，做起汉奸。他们都是因为思想的冲击，未能守住最初的信念。那陈庆之会吗？

答案是不会，陈庆之忠于南朝，从他酒后为国争尊严便能看出一二。事实上他本人更是把"苟利国家生死以，岂因祸福避趋之"发挥到了淋漓尽致。不管是这次北伐还是北伐前后，他都是这么做的，这次的思想冲击让陈庆之的价值观得到了升华，他不再盲目地贬低北人，但是正因为他重新正视了北方人，才让他真正明白南方人与之争斗，无法占上风的根本原因。

要想和敌人长期斗争，肆意抹黑和矮化敌人是不可取的。这次洛阳之旅让陈庆之见识到了真正的北朝是什么样子。虽然心态上可以藐视敌人，但要在行动上重视敌人！然而能像陈庆之那样守住最初的自己是非常难的，曾被国人一度寄予厚望的王僧辩，就是因为无法坚守自己的操守，最终被钉上了耻辱柱！

而时间已经不允许陈庆之做大思想家了，孝庄帝、尔朱荣、元天穆三支部队已经会师，接下来白袍军即将面临最危险的境遇，其险恶程度远远胜于荥阳之战！

昙花一梦

尔朱荣的部队号称有百万之众，而此时陈庆之和元灏有多少呢？虽然元灏号称有十万部众了，但陈庆之知道，那些人就只能当"伪军"，在战场上是起不了作用的，而自己这边已经不够七千人马了。梁军无法即时配给，这是最要命的，此时陈庆之建议将北魏这边的南人全部交给他，同时要求元灏写信给梁武帝，请求加派梁军来固守战果。

元灏虽然日日纵酒，夜夜笙歌，但对尔朱荣军队的到来还是非常害怕的，一旦尔朱荣来了，自己的好日子也快到头了，所以打算应允陈庆之。但这时北魏的宗室却极为清醒，他们明白，一旦梁兵继续北上，元灏就要完全沦为傀儡，北魏江山社稷将彻底不保。这时安丰王元延明忙劝元灏："你犯傻啊，陈白袍七千人就能打遍我北魏无敌手了，这要再来点人，这局面还控制得住？到时候萧衍只怕要趁机荡平河洛了，你可就真成傀儡了！"

元灏虽然怕尔朱荣，但他更怕自己的皇位没了，或许陈庆之的白袍军给他的威慑太大了，导致元灏现在认为，尔朱荣的百万大军来，自己的军队加陈庆之的或许能扛得住，但是要让陈庆之的部队从七千变成七万，那自己铁定扛不住。所以，打死不能让陈庆之拉救兵。元灏回绝了陈庆之，但又怕陈庆之私底下请救兵，于是提前给萧衍写了一封信，大致内容如下：像父亲一样伟大的陛下，现在河北、河南基本已经没有战事了，就尔朱荣的部队还窝在山西老家，不过您不用担心，有白袍兄弟和侄儿我，一切都是没有问题的。您倘若再派部队来，万一扰民了，那就不好了。所以，您就放心吧，我会解决的。

萧衍原本就没寄希望建立一个缓冲国，如今预期目标已达成，也就没有增兵的必要了。而且也没有收到陈庆之的求援信。或许是萧衍太过相信陈庆之的战斗力了，以为以目前的兵力，陈庆之完全可以镇压得住。就因为这一念之差，导致了一个能与宋武帝比肩的机会就此白白丧失。倘若萧衍大军跟进，荡平河洛将不再是梦！

这时，白袍军内部有人建议陈庆之杀掉元灏占领洛阳，然后让萧衍派军接管这边。但是陈庆之拒绝了，因为这有违道义。从陈庆之没有和杨元慎互相揭底就能看出，陈庆之是个有高尚节操的人。同时，这也是有违军令和时局的。萧衍让他来是辅助元灏的，不是让他来火并元灏的，杀了元灏怎么向萧衍交代。还有，元灏是大旗，现在尔朱荣大军当前，陈庆之若把元灏杀了，还能活着离开洛阳吗？

不过陈庆之脑子转得飞快，元灏不是加封他为徐州刺史吗，他就想，尔朱荣他是打不过了，回徐州吧，守住了徐州也算给梁朝争了一块土地。然而就这么合情合理的要求，到了元灏那儿又被压下来了。元灏说："庆之兄弟，你我这一路走来，同甘共苦，这份感情只有你心里明白，我肚里清楚。萧衍把我交给你，就是希望你能好好照顾我，如今你离我而去，那是多么惨绝人寰啊，不，我不让你走！"

这番话一说出口，陈庆之还真走不了了，倒不是因为元灏的话让陈庆之感动了，而是因为萧衍。陈庆之无条件地效忠于这位皇帝，所以即使再难，他都要听萧衍的话。而此时尔朱荣的军队已经攻破河内城了。

原来，河内城原本就是一座孤城，尔朱荣大军攻打，岂有不破之理。河内城的土崩瓦解导致元灏一下子慌了神，这时候只能再次派陈庆之去阻击了。

河内城的失守导致黄河成了防备尔朱荣的唯一屏障。只要守住了黄河，尔朱荣将无计可施，酷热之下必当退兵，元灏以后还可再图进取；而一旦尔朱荣的军队南渡成功，洛阳城将不可保，元灏必败无疑。所以，这次元灏把身家性命都押在黄河上了，他亲自坐镇河桥，并下令安丰王元延明

和自己的儿子元冠受在黄河沿岸层层设防，黄河俨然成了元灏的生命线。

那陈庆之去哪里了呢？镜头调转到黄河，在黄河北岸有个小小的孤城——北中城。这就是元灏安排给陈庆之的阵地，还给陈庆之下达了"誓与阵地共存亡"的指令。而此时如果能采访下陈庆之的心情，陈庆之肯定会对元灏破口大骂！因为北中城后便是河桥，陈庆之又接受元灏命令，把所有的渡船全部收了起来，这分明就是告诉尔朱荣，想渡河，从我陈庆之尸体上踏过去！

元灏的算盘打得很精明，让陈庆之的部队战斗在第一线，最好尔朱荣和陈庆之同归于尽，这样一来，他就圆满地完成了荡平宇内的丰功伟绩了。当然，这个几乎不可能，那退而求其次，即便一方败了，赢的一方也会损耗颇大，元灏就可以趁势搞定一切了，这个算盘打得也有点儿妙。那就剩第三种可能性了，双方打了一阵子，谁也吃不掉谁，然后各自罢兵。这样一来，孝庄帝和他元灏分河而治，也是皆大欢喜的一件事。最重要的一点是，什么麻烦都会砸在陈庆之头上，白袍军就算全死光，元灏又会损失什么呢？最终事实证明，元灏想得太过天真了。

尔朱荣来了，元天穆来了，不只如此，此时的尔朱荣帐下人才济济，后来东魏、西魏（北周、北齐）的开国元勋都在这儿出现了，包括贺拔胜、贺拔岳、尔朱兆、慕容绍宗、侯景、独孤信、李虎、宇文泰，真可谓将星闪耀。更重要的是，尔朱荣这次把老底儿都拿出来了，号称"百万之众"，除去水分，三十万精锐之师是肯定有的。然而，陈庆之只有区区几千人，而北中城不是荥阳，只是一个小小的孤城，似乎尔朱荣只要动动手指，北中城顷刻就会崩塌。

"巍巍北中城不倒，千里黄河水滔滔。江山秀丽，叠彩峰岭，看我白袍再创佳绩！"能支撑白袍军拼死作战的只有那股信念，想必此时的白袍军都如盖伦一样，高呼："人在塔在！"即使尔朱荣是只猛虎，白袍军也要虎口拔牙！

而当尔朱荣兴冲冲地赶到城下时，却被场面给惊呆了。不是白袍军阵容太强了，而是白袍军跟尔朱荣的部队压根儿就不是一个档次。尔朱荣这边相当于吃着牛肉罐头，全套美式装备，外加高强度的火力支援，而对面竟然只是区区数千人的简单装备。尔朱荣顿时火大，他感觉这是天大的羞耻。当初自己破葛荣百万之众的时候，只用了七千人，没想到，现在自己百万之众却要打敌军区区七千人，愤怒之心陡然升起，尔朱荣即刻下达了进攻命令！

然而，结果如何呢？战争极为惨烈，在炎热酷暑的夏日，尔朱荣三日内疯狂地发起十一次进攻，但即使是这样的狂攻，在陈庆之严密地防守之下，竟然显得毫无作用，白白在北中城留下了数以万计的尸体。继洛阳失陷之后，尔朱荣又在北魏的战争史上留下了一个大败仗。此时，如果将将星闪耀的尔朱荣集团比作萤烛之光，那陈庆之便是皓月之明！陈庆之的光芒一下子划破天际，使得同时期的许多名将都显得黯淡无光。

这是一场绝对真实的战役，甚至连《魏书》都提到了尔朱荣这次受挫。可以说，陈庆之的完美防御，让尔朱荣见识到了白袍军的真正实力。当初他从未曾正眼看过南朝的部队，直到这次失利。陈庆之是第一个让尔朱荣感到害怕的人，也是最后一个。虽然元天穆提前给尔朱荣打了预防针，但尔朱荣只是以为，这是元天穆为自己开脱的借口，并未放在心上，直到这次进攻的失败。此时尔朱荣只想说一句："陈庆之，你为何如此厉害！"虽然北中城近在咫尺，可尔朱荣却无论如何都拿不下来。此时，尔朱荣只能选择绕过陈庆之，抢渡黄河，因为陈庆之比黄河天堑更可怕！

可是，船只全让陈庆之藏起来了，尔朱荣找遍黄河边，都没有一艘船，怎么办？就在尔朱荣烦恼的时候，机会来了。元灏那边有内奸，这些内奸原本是契胡部队，投降后一直记得尔朱荣的好，于是他们通风报信，要为尔朱荣送船。尔朱荣高兴坏了，真是"久旱逢甘霖，他乡遇故知"，关键时刻还是本族人帮助了他。可就当尔朱荣带着部队赶到黄河边时，发觉桥已经被拆了，那群内奸做事太马虎了，竟然惊动了元灏，结果被元灏带来的人马杀得干干净净。元灏的部队还在河对岸笑着观摩尔朱荣气急败坏的样子。

撤军！尔朱荣刚提出这个建议，便在部队内引起一片哗然。尔朱荣撤军，莫不是怕了陈庆之？倘若是元天穆，这倒是真有可能。可是尔朱荣绝非单纯如此，因为尔朱荣心底还有其他想法。当初河阴之难，尔朱荣杀了

那么多鲜卑贵族和汉人豪强，已经将他推到了汉化的对立面，而他手下的六镇士兵，都是土生土长的鲜卑人，于是，尔朱荣的心中一直想建立一个由鲜卑武人控制的胡化北魏，将北魏的政治模式又一下子退回到孝文帝改革前，甚至是不如孝文帝改革前。这样的倒行逆施自然是成功不了的，所以尔朱荣后来死了。但不幸的是，贺六浑（高欢）和宇文泰这两个尔朱荣的忠实弟子倒真的建成了胡化国家，倘若尔朱荣泉下有知，也该瞑目了。

既然尔朱荣要建立一个胡化的国家，那洛阳肯定是不能待了。因为当初孝文帝就是为了更好地接受汉化才迁都洛阳的，所以尔朱荣一门心思地想着要迁都，事实上，河阴之变之后，尔朱荣也确实提过。好了，现在洛阳被占了，打又打不过去，怎么办？迁都吧。不过话不能说得这么明显，最终尔朱荣以天热为由准备撤兵回晋阳。迁都，尔朱荣当然开心了，可孝庄帝和那帮汉人大臣却急了。

杨侃（杨昱的兄弟）这时出来劝阻道："柱国大将军，我知道内奸事件给你的打击比较大。但是，这只是突发事件，我们原本就未曾料到能砸下这么个馅饼来，但即使这馅饼没掉我们嘴里，我们也并没有损失什么，因为我们压根儿就不知道天上什么时候会掉馅饼，得之何喜，失之何惜！更何况天下的百姓都盼望着柱国大将军您来拯救他们呢，您要是一撤，那元灏这小子就更嘚瑟了。而那群正在观望、首鼠两端的人会纷纷倒向元灏。到时候元灏稳固了政权，我们就只能缩在山西，成为人人喊打的割据政权了。当初慕容家的阿宝，不就是因为放弃了中原，逃到了辽东，我们大魏国才成了这中原新的主人吗？而他慕容家不久也灭亡了。"

杨侃能言善辩，几句话说得尔朱荣心里暖洋洋的：合着我还是救苦救难的活菩萨啊，天下人都看着我呢，那感情好。不过想归想，尔朱荣的理智终究是压过情感的。百姓再怎么期盼，打不过就是打不过，渡不了河就是渡不了河。杨侃看尔朱荣默不作声，又继续说道："柱国大将军，要不咱们去砍树木扎木筏，然后间杂着一些小舟，到时候一字排开，这偌大的黄河，我就不信他元灏能防备得过来，他人多还是我们人多！"

尔朱荣听得不耐烦，忙说："大秀才，你话这么多，能把陈庆之说死吗？能把元灏说投降吗？啥都搞不定，你倒是只会在这儿高谈阔论了。行了，

你这计策容后再议！"杨侃碰了钉子，高道穆这时也忍不住了，上前说："将军，我之前没求过你，但杨侃说得没错，这一次要是退了，那可是真把天下让给元灏了。"尔朱荣对这个江湖兄弟没什么好脸色，直接说："你说这些能解决问题吗？凭天断！"

怎么个凭天断呢？这时候，尔朱荣表现出了"不信苍生信鬼神"。他请来了占卜大师刘灵助。刘灵助依靠出神入化的占卜手段，深得尔朱荣之心。当初河阴之难后，尔朱荣想对北魏取而代之，便问手下如何？高欢说可，贺拔岳说不可，结果刘灵助一算，说尔朱荣命中没有当天子的福分。尔朱荣立马打消了念头，不良心思收得干干净净。

这时，刘灵助眯着眼睛，摇出卦象一看，淡定地说道："莫慌，莫慌，不出十日，河南必定！"

一下子六镇将士都沸腾了，搞得好像已经打赢了这场仗一般。和汉人豪强一样，六镇将领也想去洛阳。为何？塞北的风光哪里比得上洛阳的风华绝代。在洛阳过惯好日子的六镇将领，自然也不愿意再回到大草原上。事实证明，这支部队后来再也未能回到塞上，而是在后来北周、北齐的连年征战中被消磨殆尽。而尔朱荣，虽然进了洛阳，反倒送了性命。

尔朱荣手下有人说自己家族那边还有几艘小船，应该可以充当向导，这个消息给了尔朱荣鼓励，他立刻下令：拆房砍树，一切为渡黄河铺路。接下来就该挑选敢死队队长了。尔朱荣挑准了两个，一个是他的侄子尔朱兆，还有一个是贺拔胜，可以说算是比较核心的人物了。尔朱兆在尔朱荣死后，一度成为尔朱家的掌门人；而贺拔胜则是贺拔岳的兄弟，贺拔岳又是宇文泰的上司，而宇文泰就是跟高欢打了五次争霸战，同时也是西魏的实际掌权者，北周的奠基者。说到这儿，大家都知道尔朱荣派出的两个人背景不简单了吧。

头狼选得好，狼群就有战斗力。尔朱荣看清楚了，陈庆之的白袍军之所以能创造奇迹，除了白袍军队自身的战斗力过硬外，更重要的是，陈庆之是一个合格的头狼，他让这支部队的战斗力最大化了。

面对滔滔黄河，尔朱兆和贺拔胜重任在肩，他们只有抢渡黄河成功，才能顺利绕过陈庆之，实施"斩首计划"。尔朱兆等人非常幸运，又非常不幸。

因为他们虽穿越了黄河的巨浪，可一到对岸便被元颢军队发现。元颢的儿子元冠受率领五千士兵过来阻击。对南军而言，黄河是生命线，无论如何也不能让北军撕破。更为重要的是，元冠受的部队中有梁将陈思保，原来陈庆之居然还留了部分白袍军在这边帮忙防守，他料定元冠受一个人扛不住，所以安排了这一招。

诸葛亮尚且百密一疏，何况陈庆之。这事陈庆之是算到了，可惜他还是高估了元灏部队的战斗力，最终导致了局势的逆转。已经上了岸的贺拔胜和尔朱兆怎么能容忍自己被再次赶下河去，自然死命一战了。狭路相逢勇者胜，如果在这边防守的是陈庆之，那么尔朱兆和贺拔胜只有死的份儿了，再怎么拼死作战也不经陈庆之杀的。可惜此时的陈庆之正在北中城内呢。而这边的元冠受简直就是个无能之辈，五千余人竟然在一千多的契胡武士的打击下投降了，元冠受和陈思保都被俘虏了。

这时的尔朱兆终于扬眉吐气了，想当初在荥阳城下，被白袍军杀得一败涂地，单骑逃出，现在他却俘虏了白袍军的将士乃至将领。

尔朱兆心中别提多牛了，对着陈思保就来了一句"你的武功，一塌糊涂"。

"江淮子弟五千人，莫不解甲相泣，握手成列。"这句话描述了当时白袍军陈思保部的凄惨之景，但值得一说的是，陈思保手里绝对没有五千白袍军，否则陈庆之以不到两千人固守北中城，岂非逆天了？然而，或许他们这样稍微好一点，至少不会如同固守北中城的那批白袍军一般死不见尸……

而在南岸驻守的安丰王元延明听说元冠受被捉了，立马弃军而去。元灏手下的士兵一看首领都跑了，那还打什么呢？溃散和投降就像瘟疫一样，在元灏军中蔓延开来，成股成股的部队又重新打起了尔朱荣的旗帜。黄河南岸的防御体系顷刻崩塌，元灏一见大势已去，遂带领数百人马仓皇逃窜。

而陈庆之那边，当他得知自己辛辛苦苦在北中城支撑，而元灏却如此不堪一击，陈白袍只能仰天长叹：结束了，一切的一切都结束了。陈庆之对于战败没有过多地悔恨，他尽力了，七千人，从踏上江北那一天起，他手里一直是这七千人。而他的想法一直是如何保全自己的七千人，能把自己这群生死兄弟带回去，便已无憾。他无力回天，但他有责任把这群追随他的兄弟带出来！陈庆之从容地整顿好部队，渡过黄河，向东撤退。尔朱荣则一肚子恶气，亲自领兵尾随，但又怕盯得太紧，被陈庆之反杀。因此只能始终保持着一段距离，搞得像是给陈庆之送行一样。

"嵩水漫吞三千白，北辈吴钩终不在！"

上苍不给尔朱荣继续送行的机会了。白袍军行至嵩山，突然遇上山洪暴发，白袍军猝不及防，一向战无不胜的他们也抵抗不住天灾。洪水肆虐而下，白袍军死散殆尽。七千白袍军或生或死，终究都未能重回梁朝。可魏军搜遍山野，就是不见陈庆之，这陈庆之到底哪里去了呢？

原来，上天眷顾这位百世难遇的战将，不忍他就此死于非命，洪水过后，陈庆之顽强地活了下来，剃光了须发，扮成和尚，登上嵩山之巅，瞭望了一眼远方的洛阳，在那个地方，见证了他一生最光辉的时刻。如今他就要走了，他知道自己是自刘宋之后，第一个领军攻克洛阳的将领，但他不会知道，他之后，南朝的军队再也没有打进过洛阳，直到陈朝灭亡。

带着那无法复制的神话，披着那一身袈裟，陈庆之沿小路跑到了豫州，并在豫州人程道雍的帮助下，经汝阴最终回到了梁朝的都城建康。

元灏的运气就没这么好了，跑到临颍县的时候，他身边的人已作鸟兽散，他也被一个叫江丰的小卒砍了脑袋。尔朱荣则和元天穆策马并立，说道："今秋与兄并列嵩高，令贪腐朝臣入山搏虎，明年我率数千精骑南渡大江生擒萧衍。"不过此时的尔朱荣生命已经进入倒计时，时间根本就不可能给他机会南下渡江擒拿萧衍，倒是后来他的手下侯景完成了这件事，可惜侯景也没活着离开江南。

尘埃落定

短短百余之日，陈庆之的白袍军横扫了整个中原，从占据梁国起，到嵩山洪水终。陈庆之作战四十七次，攻取三十二城，无往不胜，战无不克，如同奔腾的浪花，荡涤着一切尘埃，如同灿烂的流星，划破了北方的长空。白袍军给北朝将领带来的震撼，足以令他们铭记一生，然而，尽管陈庆之

立下如此战功，但却终究如昙花一般，刹那芳华之后，便只能凋零。

他是一位堪与卫霍比肩的不世名将，连我们伟大的毛主席也曾给予高度评价："再度此传，为之神往。"白袍飒飒，马踏洛阳。陈庆之与他的白袍军书写了一段永远无法复制的神话，仅凭数千人，深入敌境，破敌百万，转战千里，直取敌国首都，千载之下唯陈庆之一人！

陈庆之入洛的战绩不久便被萧衍忘得一干二净，但洛阳衣冠的繁华却在陈庆之每每宴请北客之时被忆起。遥想当年七千甲士入洛，尽如隔世一梦……

陈庆之的故事并没有因为这次北伐而告终，之后陈庆之又打了两次漂亮的战役，为这次北伐锦上添花。

第一场仗是当时出了个和尚，自称是天子，当地的土豪蔡伯龙也出钱资助他，这两个人凑在一块还聚兵三万，攻陷了北徐州。济阴太守弃城而逃，钟离太守直接被砍了脑袋。梁武帝再次慌了神，于是派陈庆之去平乱。结果，短短十二天，陈庆之便砍了这两个人的脑袋，并将他们的首级送到了建康。梁武帝看到二人首级，龙颜大悦，大大地赞扬了陈庆之。

第二场仗是多年后的大同二年（公元536年）十月，刚刚和西魏打完第一次大战后的贺六浑（高欢），派遣侯景，提兵七万，意图席卷江淮。他们首先攻打楚州，楚州刺史桓和成了俘虏。接着侯景移军淮河沿岸，还牛气哄哄地致信陈庆之，要他投降。话说侯景铁定不长记性，如果他要能学学于禁牢记关二爷之勇，就应该知道，陈庆之当年可是把尔朱荣打得都差点儿退兵的。

梁武帝看清了东魏这次的庞大计划，便重视起来，于是派遣侯退、侯夔等将领前去增援，可部队刚刚到了黎浆，就听到了陈庆之已经击败侯景的消息。当时正好天降大雪，侯景跑得连装备都丢下了，陈庆之全部收缴带走了，陈庆之的手下都感激侯景这位"运输大队长"。同一年，豫州闹灾荒，陈白袍得了这些装备很开心，便大力开仓赈灾，相助百姓度过饥荒。事后百姓上表请求梁武帝给陈庆之树立功德碑，梁武帝很高兴地批准了。

而经历大败的东魏深知两线作战的弊端，于是单方面与梁朝媾和，希望集中力量对付西魏，萧衍也是得过且过了，于是欣然同意了。至此，双

方的和平一直持续到寒山之战前。

然而，有人以此次战争仅仅记载在《梁书》中，而对此次战争的真实性表示怀疑。同时，也有人以高欢从未给侯景如此大的军队授权为由，再次质疑了这场战争。

首先，关于侯景，高欢是一直保持怀疑的，所以，直到高欢与宇文泰争雄，后期心感无力，让侯景提兵十万节制河南之前，侯景一直未能掌控大军。

我们就以侯景节制河南为例，当时侯景虽然是河南大行台，河南战区的最高长官，但是，他反叛后，所能掌控的真实部队只有区区四万，根本没有十万。那么此次七万大军，我们掐去水分，只能以五万大军保守估计。那么其中可能只有两万是侯景的亲兵，其他三万是地方部队助阵，区区两万人马，高欢还是放心给侯景的吧。

另外我们可以换一种思维，侯景确实曾经向高欢请兵十万，西灭宇文泰，南平萧衍，但说此话的时间是在那次"或许"发生的江淮战役之后，那会不会因为侯景之前大败的原因，导致高欢不信任他而未曾给予他足够的兵权呢？当然，这种可能性较小。

综合以上分析，我个人觉得侯景南下江淮是真的，而这七万士兵，并不全是侯景直接控制的。大家可以考虑一下，毕竟，仁者见仁，智者见智嘛。

灭掉侯景之后，陈庆之心力已尽。三年后，陈庆之去世，时年五十六岁。梁武帝以其忠于职守、战功卓著、政绩斐然，追封他为散骑常侍、左卫将军，鼓吹一部，谥曰"武"，还诏令义兴郡发五百人为其会丧。

第四章
改变国运的战争

"四十年中，江表无事。"大梁承平日久，百姓对于战事早已疏远。然而，一个北方来的跛子，却将昔日的江南乐土变成了人间地狱。"白骨露于野，千里无鸡鸣。"南朝经历着刘宋代晋以来从未遭遇过的黑暗。而挑起这个战乱的人——侯景，曾经是东魏、西魏的臣子，而他又相继背叛了两国。

当尘埃落定，我们不禁要问：这个侯景真的是天生的反骨吗？然而为何他的投降又屡屡被接受，最终在江南演变成了一幕悲剧。侯景之乱究竟对江南造成了怎样的创伤，他对于江南的政治格局产生了怎样的冲击？要想解开这些谜团，我们就要了解下侯景其人。

反腐之祸

陈庆之的七千白袍军在北方写下一连串传奇后，便退出了北魏的舞台，很快被人们所淡忘。倒不是陈庆之徒有虚名，而是陈庆之一走，尔朱荣这个北魏的蛀虫，就让他的乖女婿孝庄帝给杀了。

随之而来的是北魏的风云变幻，那掌权人换得可是比日本换首相还勤。先是孝庄帝杀尔朱荣之后独掌大权，紧接着尔朱兆不服了，带着人马就把孝庄帝给控制了，不久孝庄帝稀里糊涂死了。再往后，贺六浑趁机跑到河北，学起了刘皇叔，逢人就吹自己有个厉害的汉人祖宗。这时候，别人不再叫他贺六浑了，都喊高欢。高欢觉得这么喊不尊敬他，人们也就只能喊欢爷了。

也该高欢发迹了，这位欢爷吹自己的祖宗不是别人，正是河北大户，渤海高家的同一祖上。两家一看有亲，立马一拍即合。没过多久，高欢依靠吹嘘，坐了河北老大这把交椅。要说高欢以武力取天下，或许很多人都信。

但是，高欢取河北，靠的不是武力，而是诈力。

这边高欢得势，那边尔朱家起内讧了。原来尔朱兆的叔父尔朱世隆看不下去了，要夺回尔朱家的领导权。尔朱兆可没有尊老爱幼的品德，一副老子天下第一的样子。双方这么一斗，"狼"来了。

高欢见尔朱家内讧，觉得自己机会来了，也该自己牛一把了，不能再给尔朱荣家当奴才了。高欢提兵十万来战尔朱家，经过一系列征战，高欢终于抢过了尔朱荣的大棒，开始操纵北魏的局势。然而放眼中国北方，还有一个人敢和高欢唱反调。谁呢？这个人就是贺拔岳。

相比贺拔岳，高欢在尔朱荣手下的级别还不够。贺拔岳当初是在尔朱荣击退了陈庆之之后，奉命进入关中扫匪的。等到扫完匪类之后，发觉老东家柱国大将军尔朱荣死了，关东成了一片大战场。贺拔岳是个谨慎的人，便按兵不动，观望形势。经过一番震荡，昔日贺拔岳最不屑的高欢居然成了北魏最有权势的人，接过了尔朱荣的权杖。

如果说给尔朱荣当手下，贺拔岳肯定二话不说。可现在要给他平日里最看不起的高欢当手下，下辈子吧。于是乎，贺拔岳便有了搞分裂的冲动。很显然，贺拔岳此时也有和高欢叫板的资本，他控制了关中，大西北的侯莫陈悦是他的兄弟，荆州还有他的亲哥贺拔胜和同乡独孤信助拳。贺拔岳觉得，以现在这资本，他完全有能力和高欢一决高下。

但是，最后的结果证明，贺拔岳想多了，高欢杀他甚至都没亲自动手。不久，爆炸性的消息在关中传开了——贺拔岳毙命，杀他的正是好友侯莫陈悦。这件事正应验了那句话：没有永远的朋友，只有永远的利益。贺拔岳死了，贺拔岳的部队群龙无首，高欢可是嘚瑟了，眼看自己一统天下已经是板上钉钉的事情，他自然心情倍爽。高欢找来了侯景，让他火速前去接管贺拔岳的部队。

侯景在路上遇到了未来的西魏之主——宇文泰。当然，此时的宇文泰只不过是个小角色，侯景压根儿没把他放在眼里。同样，宇文泰也不认识侯景，但是二人偏偏相遇在途中。宇文泰见到侯景，便问道："你们是何人，从何而来，去往何方？"侯景便一五一十和宇文泰说了。宇文泰听完勃然大怒，骂道："贺拔公虽死，宇文泰尚存！卿何为也？"言外之意已经说得

很清楚了：我大哥死了，我这个小弟还在，你有多远给我滚多远！

侯景不是莽夫，看到宇文泰手下人多，如果硬来，恐自己会被杀了，于是悻悻离去。第一次的见面，侯景表现得狼狈不堪，不过他也算是真正记住这个黑脸汉子了。而宇文泰也顺势认识了高欢最倚重的这个人。

宇文泰接过了贺拔岳的大旗，高欢叫苦不迭。关中由此正式成了独立王国。随后，孝武帝西去，高欢又立了一个皇帝，北魏正式一分为二，东魏和西魏并立。

再往后，高欢为了统一北方，与宇文泰发起了五次大战。经过这五次大战，高欢并吞北方的计划破产，只能默认自己与宇文泰平分天下的既定事实。玉璧之战后，高欢也郁郁而终了。

纵观高欢的一生，早年因为上门女婿的缘故，生活乐得滋润。中年因为好友的推荐，得以在尔朱荣帐下效力。壮年成了国家的最高掌权者。老年却因为五次中原鏖兵，郁郁而终。可以说，高欢的一生能如此幸运，也算值得了。但是为何高欢没能一统天下呢？这不是天意，而是人谋。

高欢一生都致力于将国家全盘胡化，以致他在歪路上越走越远。他如此倒行逆施，注定政权不能长久，更别说一统天下了。北魏孝文帝改革，使得北魏国力呈现几何倍数的增长，这是北齐乃至北周极盛时期都达不到的，洛阳的衣冠繁华是永远无法复制的。

可是以尔朱荣为首的六镇武人，无视北魏孝文帝改革所带来的空前发展，而将六镇起义都归结于孝文帝改革，打出了要"砸碎一切，全盘胡化"的旗号。然而，尔朱荣没能做到，宇文泰和高欢却沿着他的路子改造国家。东魏、西魏、北齐、北周前期，都是胡化非常严重的国家。逆天而行，却又想千秋永固，可能吗？

然而，东魏、北齐没有随着高欢的离世而拨乱反正，反而随着时间的推移，在胡化的道路上越走越远了。

时间转到了公元547年，这一年，以全面建设胡化王朝为己任的高欢终于病死了，高澄一下子成了东魏的实际统治者，而这一年高澄还不到三十岁。如果大家以为高澄是纨绔子弟，整天提笼架鸟，游手好闲，那便大错特错了，此人刚刚接班就干了一件事情：对父亲的去世秘不发丧。

古人讲究孝道，可高澄却秘不发丧，这是为什么呢？因为有人要反他，要造高澄反的人就是侯景。高澄这辈子一向目中无人，皇帝、叔叔、姑父、父亲的重臣，无论是谁，在高澄眼中他都能找出不尊敬的理由。但就是这么个少爷也有害怕的人，这个人就是侯景。

那么，高澄和侯景到底是为何结仇的呢？高澄又为何如此怕他呢？这事情还要从高澄反腐说起。高欢手下这帮人基本起于底层，主要是因为高欢这个人也是底层人物，暴发户一旦得势，贪是不可避免的。有人要问，那宇文泰的人不也是底层出来的吗？这点大家都误会了，虽然都是六镇出来的，但胡人之间也有阶级差异，贺拔家、独孤家本就是鲜卑人当中的大户，这也是贺拔岳看不起高欢的原因之一。

贺拔岳看不起高欢的原因有三点：一，贺拔岳是正宗鲜卑人，而高欢不是。二，贺拔岳出身大家族，而高欢是破落户，靠老婆发迹。三，贺拔岳一出来就投奔了尔朱荣，而高欢就不同了，曾经参与过六镇起义，是半路才投奔尔朱荣的，可以说是势穷来投。

不仅贺拔岳看不起高欢，宇文泰和贺拔岳的班子也看不起高欢那拨人。而宇文泰倚重的谋士苏绰在和宇文泰讲吏治的时候，就曾提过"俱贪"和"反贪"这两个基本点，并且制定了一些治国纲领，所以西魏开国之后，在贪污方面还是可控的，不至于让贪污问题影响国家正常运行。但高欢这边就不同了，贪官横行，吏治不整。

起初高欢以为贪污并不是大问题，自己的首要任务是扫平北方，打完了北方，再行解决内部问题。但是，随着与宇文泰的鏖兵，高欢发觉问题来了。一来，一时间自己怕是搞不定北方；二来，贪污已经影响到了赋税征收，国家的经济血脉被掐住了。于是，高欢借着让世子高澄历练的机会，让高澄当了反腐总指挥。

高澄反起腐来可真到了六亲不认的地步。孙腾、司马子如这些能当高澄叔叔的人都被他整得想死的心都有。高欢早年一直受到姐夫尉景的照顾，可高澄反腐却对尉景也不留情，抓起来就审。尉景一把老骨头了，气得骂道："小儿（阿惠郎）富贵了欲杀某！"要说高澄反腐铁面无私，那也的确该竖一竖大拇指。可惜啊，因为高澄有一次反腐动了私心，导致了东魏、西魏

的一场大战。

原来，高澄有个最大的特点，那就是风流，说不好听点儿，那就是下流，他早年曾与父亲高欢的小妾郑大车私通，因而差点儿被高欢打死。这次反腐期间，他看上了高仲密的后妻李昌仪，就开始查高仲密的底子，计划先把老高打成大老虎，然后再占他的财产和老婆。

高澄的如意算盘倒是打得漂亮，不过高仲密是谁啊？他是北齐汉家第一战将高傲曹的兄弟，正宗的渤海高家的代表人物，比高欢这个冒认的渤海高家可硬气得多。想当初，高欢为了笼络他们，还让高澄拉着高傲曹的手，叔叔爷爷的喊呢。

高仲密看到自己兄弟死了，高澄现在居然惦记起自己老婆，还想着人财一起吞。有道是兔子急了还咬人，这下子高仲密终于看清了高欢父子的真面目，狡兔还没死光，就要杀狗了。于是乎，高仲密脑子一热，直接拿了北豫州虎牢关之地投降了西魏，东西魏第四次大战——邙山之战，就因为一个女人而打响了。此战，宇文泰的军队几乎全军覆灭，高欢也差点被杀，可以说是最险象环生的一次战争。而高澄却是最大的赢家，因为他赢得了人妻。

可甭管高澄胆子再怎么大，反贪污打老虎再怎么猛，有一个人，借他十个胆子他都不敢动，这个人就是拥兵十万、节制河南的侯景。高澄可以不怕高仲密，不怕尉景，不怕司马子如，不怕孙腾，但是，侯景他不得不怕。因为侯景这人城府、谋略极深，再加上节制河南十多年，河南差不多都被打造成"侯氏王国"了。更重要的是，侯景还非常看不起高澄，侯景曾经对司马子如说过这样的话："高王在，吾不敢有异；王没，吾不能与鲜卑小儿共事。"言外之意很明确了，"高欢在，我肯定听话；高欢要死了，我还会听那阿惠郎的话？"

我们把镜头切换到侯景这边，侯景究竟是怎样一个人呢，他为何会把后三国——东魏、西魏、南梁，都搅得天翻地覆呢？此人究竟有何过人之处呢？要说高欢是泥腿子，那侯景只能比泥腿子更泥腿子，他是个只知道爹叫什么的人，对于祖父以上基本没什么概念。更重要的是，这厮还是个跛子。可就这么个身有残疾的泥腿子，在东、西魏和梁朝均游刃有余，还

最终称帝，称雄于乱世。我们不禁要问：他到底靠的是什么？如果让侯景来回答，他一定会说："我既没靠爹吃饭，又没靠拳头说话，唯独比那群舞刀弄棒，诸如高傲曹、彭乐之流多了那么一点点智慧。我有一句名言，'成功是百分之九十九的投机加百分之一的智慧，而那百分之一的智慧远比百分之九十九的投机要重要得多啊！'"

是的，"将不在勇而在谋"，侯景的一生很形象地诠释了这句话的意义。侯景第一次崭露头角是在尔朱荣破葛荣百万大军的滏口之战上，侯景在击败葛荣的战争中起了决定作用，自此名声大噪。后来高欢利用侯景去打荆州贺拔胜部，愣是把贺拔胜撵出了荆州。再往后，河桥之战中他又重创了宇文泰。最终，他的胜利换来了高欢给予的一份不算成正比的大礼——提兵十万，节制河南，侯景在一定程度上成了河南战区的最高指挥官。

高欢在，侯景一则顾忌当年兄弟义气，二则高欢确实御人有道，侯景还算服帖。现在传闻高欢已死，那侯景便觉得，自己不能再继续给高澄卖命了。因为就在不久前，高澄的反腐风波还曾波及侯景。一个人一旦让当权者惦记上了，那他可离死也不远了，现在高澄不敢动侯景，不代表以后也不敢动。

于是，侯景决心要彻底反一次了，前半辈子给他人卖命，后半辈子总得为自己搏一把吧。当然，侯景还有一条路：交出兵权，安享晚年。但是这条路绝对是死路，高欢父子是什么样的人，侯景比谁都清楚，那绝对是吃人不吐骨头的狼。高澄反贪污都可以六亲不认，更何况在他眼中，侯景不仅是贪污这等经济问题，更涉嫌谋反等政治问题，所以投降必死无疑！

但是造反不是凭一时意气的，那要综合考虑各方面因素。侯景分析了下，他不利的地方是妻儿老小都在邺城，造反，这几十口人肯定会死。如果对比兵力，说好听点，侯景节制河南，手上有河南十三州和十万雄兵，但侯景只是名义上的长官。这十万人马，他能控制的只有一部分，士兵的妻儿老小也都在邺城，要他们铁了心造反，难度比较大。

但侯景也有赢面，虽力量不足，但可以借力。高澄刚刚接班，他反贪时得罪了体制内部一大班子人，那些人肯定要和他闹，东魏那群保皇党也不甘寂寞，更重要的是除了内部的离心力，还有其他国家的打击力。此时的中国，东魏、西魏、南梁三足鼎立。要想和高澄抗争，只能借助其他两国的力量，而侯景手里的河南之地，可是一块肥肉。宇文泰当初为了个虎牢都能兴师动众，不信他不为河南动心。至于萧衍，这辈子做梦都想荡平河洛，还于旧都的美梦，河南，萧衍肯定也是志在必得。

而高澄那边，面对侯景可能采取的行动进行了种种推断，结果被吓得半死，高澄也料想到侯景有可能会投敌，一旦如此，东魏要想收回河南，势必会消耗很大国力。比较差点的情况：河南成了别国的版图，东魏缩水一半。最坏的情况：东魏彻底在版图上消失。

这时候侯景来了一出"清君侧"的伎俩，要杀崔暹。崔暹是谁呢？他正是给高澄提出"反腐倡廉"的排头兵。受到反腐之苦的大臣，一看机会来了，连忙跳出来说，都是姓崔的干的好事，人家侯将军平时多忠诚的一个人，竟然污蔑人家贪污，天杀的，现在把人家逼反了吧，此人该杀！大家你一言我一语，把原本踟蹰的高澄都吓得要杀崔暹了事。

高欢的亲信大臣，临死前留下来辅佐高澄的陈元康说话了。陈元康说了三点：老崔反腐没有错，该放；侯景早晚要反，该杀；大臣们为国操劳，该赏。陈元庚还举了汉景帝杀晁错的事情。陈元康这么一说，高澄坚定了杀侯景的决心：侯景，你不是要要猴戏吗，我就来看看你怎么耍！你是孙悟空，我高澄就是如来佛，看你怎么蹦出我的手掌心。

主意已定，高澄做了以下三件事：

第一，被打倒的大老虎又被重新启用了。此举的意义在于，安定了大臣之心，表示朝廷是不会对他们赶尽杀绝的，大家还是要继续团结在以我高澄为核心的领导班子周围。

第二，秘不发丧。高澄知道，自己的爹是民心的关键，只有隐瞒死讯，才能短期内稳住人心。

第三，掌控军队。高澄以高欢的命令，完成了对东魏内部所有军队的掌控，并将保皇党的亲兵也纳入了"杀侯行动"中来，使得他有了足以和侯景开战的军队作为保障。

一切准备就绪之后，高澄就准备和侯景大干一场了。

中原棋局

计划打定，侯景便决定走一局精妙绝伦的棋。当初上党之争，引发了秦赵这战国后期两大帝国的大决战，进而促使长平之战载入史册。而今，侯景也要以河南之地，挑起一场三国大混战，让自己彪炳千秋，成为时局的弄潮儿。

西边的宇文泰打小武力出身，高欢在的时候就与其打了五次大战，曾经创下了为虎牢关而掏出家底和高欢对峙，最终被高欢打得只剩一口气的"史上最牛傻子将领"的纪录。这次是整个河南，这宇文泰肯定眼馋，说不定会再次掏出家底大干一场。但是呢，由于此人习惯动武，不讲道德，搞得不好，侯景有被钱货一起吞的风险。所以，与宇人泰做买卖，头疼。

南边的萧衍，是出了名的慈善家加南方佛教的精神领袖。但是自从侯景横扫江淮失败后，便达成了魏、梁互不侵犯友好条约。再加上萧衍心善，十多年来都和高欢和和气气的，未必会为了侯景和高澄交战。不过，萧衍有一个缺点：贪。佛家讲究戒贪，可这萧衍别的清规戒律都守得好好的，唯这贪念怎么戒都戒不掉。上次元灏忽悠了他一把，他就派了陈庆之带领七千人打遍中原半边天。那时候尔朱荣手下人才济济，愣是没有一个敢跟陈白袍叫板的。就连侯景，也是吃尽了白袍将军的苦头，真是"此生不见陈白袍，能成英雄也寂寥"啊。不过几年前，陈白袍已死了，不知道南梁现在还有没有这等厉害人物。

侯景还知道，萧衍做梦都想荡平河洛，他拱手让出整个河南，萧衍肯定会心动的。那一道口头协定的友好条约，哪抵得上做了一辈子的梦即将实现来得实在。比起宇文泰，萧衍有基本的道德，也好蒙骗，不担心黑吃黑的问题，再加上朝中还有朱异这个佞臣，让梁朝出兵，可能性会比较大，可是这战斗力还如当年"白袍扫河南"那般爆表吗？侯景心里有疑问了。

这要搁别人，那肯定只找一家了，可侯景脑子灵活，他是"一女嫁二夫"。他一边派人去喊西魏助拳，一边又找人去南梁抱大腿。侯景这脑瓜子，要是搁到现在，那就是房子租多家，骗人钱财的一把手。现在意识到侯景这点儿智商的用处了吧，他最想看到的是，这三家狗咬狗，把中原这潭水

搞浑了，他就能浑水摸鱼了。侯景要做耍猴人，要在河南搭一个戏台，把三家忽悠着唱猴戏。

此时的高澄也是很郁闷的，因为那边侯景正磨刀霍霍，这边东魏却起了内讧。就在前不久，高澄刚刚平息了一场保皇党的叛乱。而他当初比较器重的荀老夫子竟然参与到了其中。高澄有时候挺看不懂这群满脑子孔孟之道的读书人的，他们甚至可以为了一个和自己没什么关系的皇帝去死。然而，荀老夫子的死也给高澄打了一剂预防针，汉化不是个好东西。读书读多了，人就傻了，没有鲜卑武人来得实在，他们只需要服从命令就好了。高澄也终于明白，当年父亲死命要胡化的决心了，在胡化和汉化中，高澄也做出了自己的选择。

当然，比高澄更郁闷的是东魏的傀儡皇帝元善见。高欢与元善见年纪相差无几，可元善见却被高澄当成傀儡，心中自然窝火。此次保皇党的叛乱，原本是想趁着高澄把注意力集中在侯景身上，无暇顾及身后之际，突然发动政变夺权的。没想到，这高澄好似脑后长眼，居然让保皇党的计划胎死腹中。

更让元善见忍受不了的是，高澄公然带兵进皇宫，对着元善见劈头盖脸一顿骂："陛下为何要造反？我父子对国家有重大贡献，哪里对不起您了？"但高澄转念一想，觉得自己这么说欠妥，于是又说："陛下，是哪个乱臣贼子给您出的主意，我把他剁了，这件事情就算一笔勾销了。"

元善见虽然是傀儡，但也不是无能，见高澄这么看不起自己，元善见也火了："我长这么大只听过臣子造反的，还没听说过君主造反的。你造反还这么理直气壮，真是贼喊捉贼。你就是国贼，我杀了你天下就安定了，不杀你天下迟早要乱。侯景不是要在河南反你吗？我连自己的命都不顾惜，更何况他。你早就想弑君自立了，只是时间早晚而已！"

被元善见劈头盖脸这么一骂，大殿之上的气氛一下子变得肃穆起来。高澄也不跪拜了，他站起身来，举起了宝剑。就在大家觉得高澄要铁了心篡位之时，他竟跪倒在地，哭着说："臣有罪，臣有罪。"

为了给皇帝压惊，高澄事后特地举办了一桌酒宴。两个人喝着喝着，高澄喝高了，对着元善见说道："我刚才对你不敬，我自罚一杯。"元善见看了高澄那张嘴脸真心想吐，但又不能这么做，只能正襟危坐。高澄喝完，看到元善见不喝，于是醉意醺醺地问道："你……你怎么不喝啊？"元善见不理，高澄也不识相，继续说道："你这不上路啊，快喝！"元善见又火了，说道："自古没有不亡之国，朕活着憋屈啊！"

高澄的怒火被撩起了，大骂："给你脸你还不要脸，是吧？"高澄对着一旁陪酒的崔季舒喊道："给我打，往死里打！"崔季舒怕皇帝，但他更怕高澄，只能象征性打了元善见三拳。高澄笑了，元善见哭了。当皇帝当得这么憋屈，还真是丢脸丢到家了。可他哪里又知道，西魏那边那个傀儡皇帝，也不比他好多少。想想祖先拓跋焘、拓跋宏时代，只有他们打别人的份儿，哪能让别人来打，自己如今这处境，丢脸啊！

然而，尽管高澄平定了保皇党叛乱，也在元善见身上出了一口恶气。但是，欺负弱者不叫能耐，有能耐应该去打侯景。眼下侯景这把悬在头上的利剑还没除去，高澄心中也有种想哭的感觉，但是他必须坚强起来！

侯景这时候刚刚打掉元柱的部队，给叛军长了脸。但是侯景也算真正认识到了自己的兵力：只有四万人。侯景辖区内除了几个人表示要跟着侯景大干一场，其他人都不认同，认为侯景这次要被朝廷镇压了。因为实力的对比实在过于悬殊，高澄这边光常备军就有十万以上，一旦开战，那么拿出二十万不在话下。侯景这边，十万是虚的，他自己所能控制的只有区区四万人。当然，侯景可以借力，那么借力的效果到底如何呢？

先来看西魏这边，为了确保西魏能出兵，侯景那是下足了血本——割让四个州！河南一共十三个州，这么一下子就拿出四分之一了。但宇文泰怎么做的呢？可以说，刚收到侯景的降表，宇文泰着实高兴了一把，但紧接着宇文泰警惕了起来。由于当时高澄对高欢死讯的封锁，宇文泰有了一丝顾虑，心想：侯景这家伙，当年是和高欢光屁股玩到大的，高欢是如此地信任他，这会不会是这哥俩儿唱的一出戏，故意闹矛盾，然后把我引出去，一股脑端了？退一步讲，假设真如探子打探到的以及侯景信中所说的那样，高欢已经死了，那这河南的讨要还是要慎之又慎啊。

宇文泰想起了当初在虎牢关的事情，那次真是让宇文泰刻骨铭心。为了虎牢关（最后又被侯景骗回去了），他像个傻子一样，带着所有手下和高

欢对峙，然后手下差不多全部被杀，自己也差点被杀。最后啥也没捞到，还白白被兄弟评为"史上最牛傻子将领"。这种出钱还不讨好的事情着实让宇文泰长了教训，所以对于此次侯景的归降，宇文泰摆出了一副"河南虽好，但我不能再傻第二次"的态度。宇文泰仅是口头上支持侯景，接受侯景投降，加封侯景为太傅、上谷公、河南大行台。但仔细一比较，侯景原本就是东魏的河南大行台，现在改了门庭，还是河南大行台，这让侯景很挫伤。

眼看宇文泰不上当，侯景只能忍痛割爱，真把军队撤出了东荆、北充、鲁阳和长社四座城池。当然，仔细分析一下，侯景这么做也是有道理的，一来，对付宇文泰，必须给以实际优惠；再者，自己兵力本来就少，收缩兵力才是关键。这下宇文泰不由得心动了，这可是货真价实的东西，天上掉了馅饼，自己不去捡就有点儿傻了。

于是，宇文泰召开了会议，命众人一起讨论这件事情。此次会议，八柱国全来了。其中资历最老的前辈于谨说话了："宇文泰，咱不能再犯傻了，上次虎牢关那事情，你差点被杀！现在侯景的河南不是块肥肉，而是一股祸水，咱们一旦陷了进去，只怕不掉点血本出不来啊。"宇文泰也觉得有理，侯景这家伙，他能反高家，日后保不齐也会反他宇文泰。为了这么个家伙带着人马去和别人拼命，这……还是继续给他加官吧，但是这兵万万不能派了。

当然，其实宇文泰召开这次会议也仅是是走走过场，他心中早有主意：不可派兵。但是为了让八柱国都知道自己心里有他们，让百姓知道这个制度是行之有效的，所以就演了这么一出戏。于谨是什么人，一眼就能看出主公的心思，立刻唱起了双簧。但是，就在西魏高层统一口径之时，却有一个人跳出来搅局了，此人正是荆州刺史——王思政。

王思政，西魏打防御战最优秀的将领，他本是北魏孝武帝的亲信，但入关之后便投靠了宇文泰。这个王思政有两个与宇文泰的手下亲信截然不同的地方：一，他并非起自六镇；二，他是个地地道道的汉人，无论是文化上还是血统上。这两个特点使得王思政在很长一段时间内都不受宇文泰的赏识。但是"是金子就总会发光的"，一次赌博让他赢得了宇文泰的信任。之后，在宇文泰的任用下，王思政屡创佳绩，在多次坚城防御战中大破东魏部队。他曾预见到高欢日后西来必会进攻玉璧城，并且慧眼识人，举荐了韦孝宽守卫玉璧城，果然把高欢耗死了。

如今身为荆州刺史的王思政却管了一个支离破碎的荆州，心里自然是委屈万分。原来，多年前北魏和南梁就曾争夺过这个地方。还记得曹义宗围城三年最终被活捉的事情吧，后来北魏分裂，荆州被南梁、西魏、东魏三家瓜分了。而王思政表面上是荆州刺史，很风光，实际上仅执掌着巴掌大的地方，很无奈。正好侯景是他"邻居"，送来的几块地方又正好是荆州原本的一部分，王思政岂能不动心？也不管宇文泰答不答应，王思政就带着人马跑去接受了。

宇文泰在得知这一消息后，那叫一个火大：你王思政就一万人马，还去作死？当下就开骂。但是骂归骂，王思政对宇文泰忠心耿耿，而且此人会守城，荆州要没他守着，迟早得被东魏或者南梁占了去。因此，王思政不可以死。随后，宇文泰便命令李弼和赵贵这两位柱国大将军领了一万人马去接应王思政。

有人要问了，一万人，有没有搞错，加上王思政的军队也就两万人，两万人能做什么？两万人守住四座城池或许比较难，但是搭上一万人，救出王思政还是可以的。宇文泰此举也是在向王思政说："老王，拿出一万人救你已经是我的底线了，你要知道，城池没有命重要。"而从这次出兵也能看出，邙山一战，西魏真是差点儿亡国，还未完全恢复元气。

这时候的河南，东魏方面的韩轨军团把侯景给围住了，但是韩轨却不敢轻举妄动，因为西魏的部队正注视着他。当时的局面好比是钉子钉住了木头，锤子又吃定了钉子，这三方都等着看谁先出招。而侯景此时对西魏的到来很满意，可南边萧衍呢，这个老和尚到底是来不来呢？

此时的南方，萧衍已经在皇位上坐了四十多个年头。萧衍的一生，见证了北魏从巅峰滑落到谷底。他出生的时候，孝文帝的汉化还在起步阶段，而他撒手西归之时，北魏已经快从版图上消失了。前半辈子，萧衍和拓跋宏比试谁更有资格一统天下；而后半辈子，他又与北魏诸君比试着谁更信佛。此时的南朝，就是一个佛国，佛教在一定意义上都可以算作南梁的国教了。

面对侯景的求援，朝廷内外的大臣都表示反对，因为他们清楚自己的能耐：我们早已经告别了那个以武力震慑北方的时代，如今的我们根本就没有能力入主中原。我们的人民是能被马鸣给吓坏的人，又如何去和那群刀尖舔血的鲜卑人逐鹿中原呢？

对于朝臣的态度，萧衍只能暗恨这群鼠目寸光的家伙。使者说了，"若齐、宋一平，则徐事燕、赵"，这不正是萧衍做了多年的"荡平河洛"的美梦吗？但是萧衍面对这群愚民，只吐出了四个字：机会难得。

和朝堂上的这帮愚民说不通，萧衍心中很是不悦，但还好有一个懂他的人，这个人叫朱异。下了朝，萧衍对朱异说："朱异，我前几天做梦，梦到中原各地的官吏纷纷投诚。我很少做梦，当时你说这是一统天下的征兆。现在，果然有人要来投诚了，这显然是佛祖的意思，佛祖的法旨不可违背，可我内心仍然有些忧虑。你说我把江南治理得这么好，万一接受了侯景，引来鲜卑人，弄出祸患可怎么办？"

眼前这个老皇帝虽然嘴上这么说，但朱异心里清楚，老皇帝早就下定了决心，如果他连老皇帝的心思都猜不准，那又如何能称得上是皇帝身边的红人呢？于是，朱异顺着萧衍的心思说道："陛下贤德，既然是佛祖的旨意，那天意不可违，今日若拒绝了侯景，他日还有谁肯投降陛下呢？"萧衍会意地笑了，朱异永远懂萧衍的心思。

在外人眼中，朱异是个贪官，而且是巨贪，可是在萧衍眼中，朱异却是一个彻头彻尾的忠臣，因为朱异的想法都是按照他萧衍的想法来的，朱异甚至比萧衍还了解他自己。朱异从未自己做过决定，他做的任何决定的背后都能看出萧衍的影子。就像宇文泰拉着于谨唱双簧一样，朱异也时时刻刻和萧衍唱着双簧。

萧衍终于做出了一个导致他凄惨而死的决定：接纳侯景，逐鹿中原！

萧衍虽有雄心，可他的手下却不干了。为何？国家无将啊！陈庆之之后，再无陈庆之，如今的南梁将才匮乏，再也找不到能打大仗的人了。临战却无良将，这是萧衍最心痛的。想想也正常，萧衍今年已经八十三岁了，那群将领就算和他同岁，也没几个能活到八十三岁，就算活到八十三岁，还能让一把老骨头的人去打仗？

萧衍出手了，加封侯景河南王、大将军，都督河南北诸军事。这个称呼暗示了萧衍不仅仅觊觎河南，如果可能的话，他要打到河北去，照单全收整个东魏。我们从这儿可以看出，萧衍不只要与刘裕比肩，他甚至要超越刘裕，完成一统天下的宏图大业！河南之地代表了华夏，占据了中原，便有资格称正统。

但是萧衍自家的将领没了，收留的北方将领却有不少。他们毕竟不是在梁朝土生土长的，这忠诚度就有疑问。可是，如今既然要开战，只能硬着头皮上了。萧衍让羊鸦仁统率三万部队，而他现在负责全权指挥北方战事。想当初羊鸦仁在北朝只是一个小小的主簿，现在却被萧衍破格提升到这等高官，自然要尽心竭力了。

但是，接下来的事情，却让梁朝很不满意。原来，西魏的人动作非常快，也不打声招呼，就把侯景割出去的四个州统统占领了，这下梁朝就只有名义上的九个州了。可萧衍不死心，决定掏出老本儿来个虎口夺食，可能的话，他要连西魏、东魏一块收拾。萧衍让鄱阳王萧范陆路进攻穰城，羊鸦仁通过水路逼近王思政，进行军事上的威胁。同时，萧衍还让人带话给西魏方面：河南一家交易给南梁了，让西魏早点儿撤军。

现在的局势是，韩轨吃住了侯景，西魏盯死了韩轨，而梁朝部队又围住了西魏军，环环相扣，甚是精彩。侯景看到，该来的都来了，很是高兴。但是此时韩轨松口了，因为他压根儿就没预料到西魏要插手。单打独斗，侯景尚且无法对付，如今关陇军事集团又插了一手，两家联合，韩轨必死无疑，更何况萧衍的梁军也来了。这局势已经不是他可控的，得回去让高澄找能撑得住场子的人来。

赵贵和李弼前脚刚送走韩轨，侯景后脚就送来书信一封。侯景要请客吃饭，要是别的人，看了这封信肯定要去了，可李弼和赵贵是何许人，能混到八柱国，那级别是准一线的领导人，自然看出了侯景摆了一道鸿门宴。他们去了侯景那儿，侯景把门一关，"咔嚓"，第二天他们二人的脑袋就会挂在侯景军营的旗杆上了，他们的这两支部队也会成了侯景的部队。

赵贵觉得可以将计就计，于是建议："饭咱得吃，不过客应该我们来请！"李弼一眼就看出了赵贵的心思，这是要设宴杀侯景。李弼只说了三点："一，

你请侯景，他确定会来？二，这宴会上确定能杀得死他？刘邦、刘秀、刘备，不都是鸿门宴里逃掉的吗？万一咱没杀得了狗子，狗子报复起来，四万人马打我们一万，你觉得我们有命回去不？三，这地方毕竟是人家的地头，咱们现在还被梁朝盯上了，真要闹出点儿事情，把战火烧到关中，可就……"

赵贵和李弼的起家截然不同，赵贵是当初跟随贺拔岳的老前辈了。贺拔岳死后，赵贵又力挺宇文泰接班，属于老革命。而李弼的崛起则是全靠战场上的勇猛，沾了五次东、西魏大战的光，属于青壮派。单单从真本事上，李弼确实是没得说。所以对于李弼的分析，赵贵表示认同，放弃了"猎侯计划"。

而就在这时，梁军已经逼向赵贵和李弼这边，退路也已经被切断。此次梁军出动的部队保守估计都在十万以上，如果不趁着梁军合围之前撤军，那么，这两位柱国大将军只能提前去见贺拔岳了。撤军的计划拟定好了，赵贵问："咱们能撤，可王思政这个老顽固还死守着四个城呢，他只有一万军队，却要分摊到四个城中，面对东魏、南梁任何一方都超过十万的大规模集团军作战，这一万人马够吗？"

李弼也早有此担心，不过他知道，王思政是不会撤的，城就是他的命，"人在城在"被这个汉人叫了半辈子！可是李弼不是救世主，他只能先走了，剩下的只能祝老王好运了。赵贵始终觉得汉人的思维难以理解，为了那么几个破城，值得吗？

在鲜卑人眼中，城池永远不会对他们产生吸引力，他们的道武帝拓跋珪在参合陂重创后燕国部队，却在进入中原后，在燕国的堡垒中损失惨重。拓跋焘曾经推进到长江边，却在盱眙城下折戟沉沙。尔朱荣能大破葛荣百万大军，却在北中城下望而却步。再往后的高洋，劫掠江淮，两挫王僧辨，却在建康城下被陈霸先狠狠扇了两耳刮子。

胡人能在平原上所向披靡，却被汉人修筑的一座座城市困顿不前，汉人运用他们的指挥，将两军相搏的战争引发为一场场攻坚战，用一道道防御关隘，守住了脆弱的农耕文明。就像李弼和赵贵永远不理解王思政为何对城池这么执着，但他们却不得不服，王思政成功地用城池拖住了高欢，而换作他们二人，却是永远也无法做到的。

李弼和赵贵走了，侯景的鸿门宴没能等来他们，侯景对于未能杀掉这两位柱国大将军而深表遗憾。他不需要王思政的汉军，因为即使接管了，他也不屑于那群汉军的战斗力，在侯景眼中，武川兵团的鲜卑男儿的战斗力远高于汉军。而侯景一生当中，只看得起两支汉军部队。一支是高敖曹的汉军，他们曾经是高欢军队中的一支常胜军，曾在窦泰阵亡后，仅仅作为一支偏师杀进了关中；另一支则是陈庆之的白袍军，这支部队是侯景心中永远的阴影，也是六镇出来的尔朱荣集团所有成员的阴影。

但是侯景还对宇文泰抱有一丝幻想，便写信要求宇文泰再派军队来，因为他不甘心就这样让西魏白白拿走四座城池，好歹他也得挖点东西出来。宇文泰见到了侯景的信，开始还真想派军再去，结果大臣王悦劝阻了他。宇文泰转念一想：是啊，兵马不能再派了，但是侯景可以来。

宇文泰的意思很明显：你侯景不是求保护吗？来我这儿，我护着你。于是宇文泰就修书一封请侯景来长安。接到宇文泰要他入朝为官的书信，侯景当下就洞察了宇文泰要把他抓入牢笼的心思，自己怎么可能会去长安呢？于是侯景这么答复："吾耻与高澄雁行，安能比肩大弟！"意思很明显了：我连高澄都瞧不起，你老兄弟也能驱驰我？是啊，当初侯景在尔朱荣帐下备受倚重的时候，这宇文泰还仅是个名不见经传的小人物，侯景当然有资格瞧不起他。

不过既然话都说死了，那路也就断了，宇文泰这时也对侯景不抱希望了，而侯景现在只能彻底和南梁抱团了。此时，原本扑朔迷离的中原棋局，一下子变得明朗起来，西魏军除了王思政一部死死撑着四座城池外，已经悉数撤出战争。现在的黑白双方是高澄的东魏军和南梁与侯景的联军，人数上南梁这边略占优势。宇文泰为了表彰王思政，把赐给侯景的官职一下子全加到了王思政头上，一个连八柱国都未能入列的汉将，居然一跃成为能和宇文泰一字平肩的地方大员。虽然王思政多番推辞，但是最终拗不过宇文泰，只能接受下来。

宇文泰心里清楚，如果王思政能仅仅依靠他那一万人马坐收河南，那么，这个河南王实至名归；但如果王思政守不住，那这一系列的头衔就当作送给老王的陪葬品吧，也不枉君臣一场了。对于兵马，宇文泰是不能给了，

他能给的只是这一系列虚衔：王思政，愿佛祖与你同在吧。

这时候的东魏，高欢的死讯再也瞒不住了。东魏在高欢死了半年后，高调地为其举行了葬礼。侯景放心了，萧衍也放心了，因为以前虽然都称高欢已死，但大家心里也没底，这样一来，侯景觉得他要闹一闹东魏这个"天宫"了。这时萧衍的主力部队正式出动了，十万大军浩浩荡荡直指彭城，向着羊鸦仁军团和侯景军团靠拢，先平河南，再收河北。

但是究竟让谁作为这次主力部队的主帅呢？在不得已的情况下只能启用北方的降将，而鹰爪王——羊侃是首要人选。可是，十多万的部队，主帅绝不可以是他。为了避免东晋时皇室无权的情况再次上演，南朝自刘宋开始便一直延续着皇家垄断军队的传统。也就是说，大规模的行动，必须由皇室成员直接或是间接领导。这虽然确保了南朝不再像东晋那样依赖王谢家族导致权臣当道，却也因为领军皇室或是才智平庸，或是膏粱子弟，又或是残暴寡仁，而导致军事行动频频出错。萧衍此次行动也不例外，在羊侃之上，必须要从皇族中挑出一位来镇住场子。找谁呢？萧衍想起早先执行任务的鄱阳王——萧范。

鄱阳王萧范何许人也？他是萧衍九弟萧恢的儿子。兰陵萧家，文采斐然，尤其是萧衍的几个儿子，个个都是一流的文人雅士。但是如果要打仗，他的儿子都不是最佳人选，而恰恰是鄱阳王，最适合这一任务。然而，朱异这个萧衍平时最为信任的人，却对萧衍的这一人选提出了质疑。朱异只用了一件事情，便打消了萧衍的这一想法，"陛下昔日登北固亭，可说过'江右有反气'？"

萧衍是一位全能型人才，其个人修为较之千年后自称"十全老人"的乾隆皇帝有过之而无不及。如果古代帝王要比文化造诣的话，那么萧衍肯定即便不是第一，也能进前三。会下棋的人，诗文写得没他好；诗文写得比他好的人，却不懂佛学；懂佛学的人，军事上又是个盲区；会军事的人，也肯定不能通晓音乐。而萧衍是无所不会，无所不精。而风水学，萧衍更是非常在行，他曾多次预知过大事。而江右之地指的是长江以西，此时萧范正是在所谓的"江右"当职，作为雍州刺史，治所襄阳。

萧衍被朱异一提醒，便打消了用萧范的念头，转而启用萧会理。萧会

理是萧衍的第四子萧绩的儿子，他控制了江北一带的军事，治所在广陵（今江苏扬州），由他领兵最合适。更何况，他是正儿八经的嫡系皇孙。

那么，我们不禁要问了，为何这次朱异要提醒萧衍临阵换将，难道真的仅仅是一句"江右有反气"吗？当然不是，一个长伴君侧这么多年的人，当真会将战场选帅当作一次戏谑之举吗？显然不是，有人认为，朱异是个目光短浅的小人，那就是大错特错了。实际上，萧衍晚年时期，朝廷的一些举措都是朱异在拿捏的。朱异的政治手段和战略目光绝非常人可比，但为何这次会做出如此举动？

首先我们要比较下萧会理和萧范的个人才能。萧范是朝堂内外公认的萧衍子侄辈中最有谋略的人。而萧会理呢？时年二十六岁，幼年丧父，有个非常显著的特点——胆小如鼠。胆小到什么地步呢？自己的轿子要用牛皮包裹，生怕有人暗杀他，然而萧衍却对此表示爱怜。沙场征伐那是以命相搏的凶险之地，主帅如此懦弱无能，将士们还会有战心？所以，从战局出发，只有萧范领军才能保障利益最大化。

但事实上，军事上的派遣，有时候不会是谁最能打就派谁去，而是谁最合适便派谁去。萧范的治所在襄阳，萧会理的治所在广陵，大家对这两个地方是否熟悉？没错，"荆扬之争"，这恰恰是本书第一章最后所提到的吴楚之争，荆州的楚子集团和扬州军事集团的斗争，他们双方代表的就是这两派势力。一旦萧范领军取胜，则萧范会挟北伐的余威，成为楚子集团新的领军人！可是萧范却不是萧衍的嫡亲子孙，一旦让他建立了此等功勋，那将会是又一个萧鸾，还是又一个梁武帝自己呢？雍州刺史，治所襄阳，这么熟悉的称号，当初拥有者不正是萧衍本人吗？而这个萧范，会不会因为这次的战役成了另一个萧衍呢？

萧衍活着，当然镇得住萧范，可如今萧衍已经八十三岁了，他还能再活几年？一旦萧衍撒手西去，他的嫡亲子孙真能挡得住萧范吗？萧衍心中一阵惶恐，建康城位于吴地，自然希望扬州集团能做大，成为护佑国都最坚实的部队。从东晋开始，但凡权臣乱政或者是中央政权迭变，都与荆州脱不了干系。王敦、桓温、桓玄，再往后刘骏入建康等，包括萧衍自己都是从荆州走出来的。所以，萧衍必须树立起扬州集团的权威。

当初刘裕重组北府兵，一段时间内，军政大权都在扬州集团手里，也因此诞生了南朝历史上唯一一个清明的盛世——元嘉之治。可是随着刘骏的入京，扬州集团掌控军队的时代一去不复返，而南朝也陷入了皇室内斗、无休止的内耗当中，再也没有消停过。萧衍能将这股内斗暂时压制下去，全靠了他过人的手腕。事实证明，压制得越久，反弹就越厉害。

萧衍老了，不得不考虑身后大事，如果因为要夺取河南、河北，而导致萧范做大，最后威胁自己的嫡亲子孙，那么他宁可不要这么一个丰功伟绩。在萧衍的心中，一统江山和千秋万世缺一不可，所以他决定任用萧会理。因为他相信，以羊侃的辅佐加上南梁部队的优势兵力，拿下河南不成问题，而萧会理赢得声望，自己也不用忧虑了。朱异是何等精明之人，萧衍因为年迈一时糊涂，他朱异可是把其中的玄机看得清清楚楚、明明白白，所以才忤逆了萧衍的本意，给他提了个醒。结果，这果真引起了萧衍内心的恐慌，从而导致他打消了这个主意。可是话说回来，以萧衍自家的利益为重，而将一统天下之伟业放在次要位置，这么做真的没有问题吗？

寒山之败

如果说此次行动的总指挥是萧会理，那么以他谨慎的性格必然会听从羊侃的劝导，不会傲慢怠下，也不会贪功冒进。虽然谨慎的性格无法捕捉住战机，但也能避免贪功冒进而导致全军覆没。而后来事情的发展，恰恰证明，贪功冒进毁了整个计划，导致十万大军尽灭。

萧会理一如既往地躲在他的牛皮战车里，可是他坐得住，手下的人却坐不住了。在十万大军中，萧会理的副手萧渊明也来自皇室，他是萧衍大哥萧懿的儿子，比萧会理还要高一辈。萧渊明心里不乐意了：你不见人也就算了，可我好歹能让你喊一声"大伯"，你就这么尊老的？萧会理不懂尊老，那只能栽跟头了。

很快萧衍便收到了自己大侄子弹劾自己乖孙子的信：叔啊，小理实在太不像话了，整天就窝在牛皮车里不出来见人，你说这样和将领都不熟悉，还怎么打仗？萧衍何许人，一眼就看出了自己这个大侄子是要窝里斗了，萧会理有错在先，而且从这封信已然能看出内斗是客观存在了。为确保内部的团结，只能牺牲下自己的孙子了，毕竟萧渊明和萧会理两人能力都差不多，就算萧渊明完成了这次奇功，也不似萧范那般危险。可是，有时候两个能力差不多的人，不同的性格在特定的条件下也会产生两种截然不同的结果。而萧衍怎么也不会料到，自己这么一个简单得不能再简单的人事变动，会让自己的十万大军走进坟墓。

随着萧衍的御史到来，萧会理卸下了前线指挥权。萧会理看了一眼萧渊明的脸，一脸的喜气，不过却也是一脸的蠢气。萧会理瞥了萧渊明一眼便往广陵的方向去了。萧渊明不会想到，自己自以为是地抢了指挥权，却把自己送进了坟墓。萧会理无能归无能，但他能意识到自己是个无能之人，所以还有救。可萧渊明无能至极，居然还无法认清自己的无能，那他只能是认栽了。

南梁的主力部队到达彭城，与羊鸦仁、侯景的人马连成了一线，高澄看着心中真不是滋味。好在他还有最后一把刀，而盛放这把刀的匣子的钥匙在陈元康手中。

陈元康问道："您想好南下大军的领军人选了吗？"

高澄目光凝重地说道："我已命了叔父高岳为大都督统帅三军，除了斛律金老将军守北疆，段韶留守晋阳，能派的将领我都用在这次战斗中了。"

陈元康摇了摇头说："勇将虽然已经齐全，可是还缺少一名智囊。"

高澄转身问道："你说的是……"

陈元康说道："您还记得高王弥留之际说了什么吗？"

徐州，慕容绍宗望着高澄的来使，心中似乎已经明白了什么，问道："高王临终之前嘱咐大将军要杀我？"

来使摇了摇头，慕容绍宗又问："高王临终之前是要用我？"来使又摇了摇头，毕竟这样的军国大事不是他所能知晓的，因此他只说："大将军有命，令大人速回。"

送走了使者，慕容绍宗开始思索起来，自己这个慕容恪的嫡系后人，年少之时便崭露锋芒，在尔朱荣帐下出谋划策。尔朱荣能操纵北魏军政大权，慕容绍宗的妙计必不可少，若不是后来政治斗争站错队伍，跟了尔朱

兆，如今就算封侯拜相也是轻而易举的事情。但是，慕容绍宗想不通，高欢不是那种不识人才的人。可是，东、西魏五次大战，高欢几次陷入困局，却没有想到要起用他，慕容绍宗实在不明白。不过，使者的到来解开了慕容绍宗的疑惑，原来高欢雪藏他这么多年是为了给儿子一份大礼，一份平灭侯景的大礼。

倘若高欢及早任用慕容绍宗，那如今的慕容绍宗早已是赏无可赏，而高澄又不曾对他施加恩德，到时如何使唤得了他呢。雪藏慕容绍宗，再等到高澄提拔，这样慕容绍宗必将对高澄感激不已，死心塌地地卖命。想到这里，慕容绍宗叹了一口气："高王，你果然心思缜密啊。"这样的情形，后来唐太宗为儿子李治铺路也曾起用。唐太宗临终前贬谪徐世绩，李治不解，唐太宗便说道："你对徐世绩并无功德，朕将他贬去外边，你登基后再将他召回，你便对他施加恩德了，此人也会为此尽心竭力地辅佐你。如果说朕的诏书下了，徐世绩却没有去上任，而在长安踌躇不前，那朕就要杀了他，这样的人留不得。"后来徐世绩果然识相，刚接了诏书就急急忙忙去封地了。李治后来也如约起用了他。只可惜，徐世绩的后人徐敬业最后还是走上了造反这条路，徐世绩一生堆砌的富贵最后也烟消云散了。

此时的慕容绍宗其实还有另外一丝忧虑，此前由于叛乱事件，高澄在京城大杀保皇党，这次如果不是要起用他，那很有可能便是把他当成保皇党一并诛杀，这种可能性不是没有，来使毕竟什么都没说。可是，与其这样碌碌无为而死，倒不如为自己的功名搏一把。慕容绍宗永远不会忘记他曾经对广固城说的那句话："大丈夫有复先业理否？"（广固城曾为南燕国的都城）主意打定，慕容绍宗整理了一番便前去京城见高澄了。

事实证明，慕容绍宗的决定是正确的。慕容绍宗刚刚到达京城，就看到了东魏各个地方的部队云集京城，除了斛律金镇守北疆外，东魏能喊得上名字的将军都来了，连驻守晋阳防止西魏东进的段韶也被秘密调了回来。看来，慕容绍容建功立业的机会到了。

高澄此次拿出十万大军南下破敌，高岳任大都督，慕容绍宗任东南行台（相当于东魏东南战区总司令），杜弼为军司。表面上高岳是老大，其实慕容绍宗才是掌管全局的。因为高岳仅仅统帅中央军（六镇鲜卑人），参与这次战役也只是因为行动很大，必须要有高家人坐镇，做做样子，仅此而已。因而慕容绍宗成了这次行动的核心人物。

有人会问：慕容绍宗有何本领，一定就能搞定侯景？如果大家调一下侯景的档案就会发现，原来，侯景早年就是拜了慕容绍宗为师学习兵法的。那又有人问了：那慕容绍宗一来，肯定能搞定了？其实也不然，因为慕容绍宗虽然教过侯景兵法，奈何侯景思维敏捷，能举一反三，很快就出师了。如今这么多年过去了，侯景一直在外带兵实战，而慕容绍宗则是长期脱离战事，此消彼长，这次战争对慕容绍宗来说，未必是十拿九稳的事情。

然而除此之外，还有一件事情更加让慕容绍宗头疼。因为慕容绍宗是破格提拔，空降到军中的，而他所要指挥的这群人都是军龄比他高出数倍的人。段韶——驻守晋阳，东魏的西线总指挥；韩轨——高欢的妹夫，先前曾率主力军与侯景交锋；斛律光——北疆总指挥斛律金之子，未来北齐王朝最为倚重的将领，被尊为"东国明月"。斛律光虽然现在没有骄人的战绩，但是人家那个牛气的爹已经可以让他在这个时代高人一等了。

慕容绍宗凝视着地图，发布了受命以来的第一条命令："彭城是要地，我们必须占领彭城，一下子将梁军和侯景部队切割开来，先破梁军，再击侯景。为确保我们能从容击败梁军，我会派一支部队进驻谯城，截断侯景部队的东援。"

慕容绍宗的大战略很明显，以徐州为据点，和侯景加南梁部队打一场"淮海战役"，在江淮肃清敌人。这样一来可以减少对河南之地的破坏，以保证战后能火速恢复经济；二来能震慑大江以南的梁朝政权！

慕容绍宗进攻的第一目标——橐驼岘。进攻途中，慕容绍宗忧心忡忡，因为据说梁军保守估计有十三万人马，而他满打满算只有十万。如果梁军已经占据了橐驼岘，那么，慕容绍宗的大军就会完全失去地利，陷入被动挨打的境地。然而事实证明，慕容绍宗想多了，当他到达橐驼岘的时候，竟然不见梁军一人。

梁军去哪儿了？原来，此时的梁军主帅萧渊明还在彭城南边的寒山饮酒呢。此时羊侃说话了："主帅，早些时候我就曾和你提议，筑坝水攻彭城，你却说打仗不能认死理，要因时制宜。好了，现在鲜卑人来了，正儿八经

的骑兵，平原交兵是我们的弱项，是他们的强项，我看为今之计，只有趁着他们立足未稳攻过去，否则……"

萧渊明没理他，借着酒劲儿耍起酒疯来，并且开始高歌。

羊侃简直不敢想象，即将上演一场大会战的情况下，身系十三万军士身家性命的主帅竟然在这儿耍酒疯，羊侃真是无语了。但为了大局，羊侃只能再次规劝。结果萧渊明嘿嘿一笑，说道："我叔是皇上，你也想支配我去做事？"

话已至此，羊侃心中也凉了一截，此时的羊侃犹如黄河决战前夕的陈白袍陈庆之，他所做的只能是守一隅，而不是谋全局。就算他想谋全局也没有那个资格，因为此时谋全局的人正喝得兴高采烈呢。

羊侃终于明白了陈庆之当日的心境，他都懂了。萧渊明如何处事是萧渊明的事情，羊侃现在的任务就是守好自己的阵地，保证跟随他出生入死的这群兄弟活着。"我无法掌控全局，但却要跟随我的这群兄弟，能安然无恙地回到江南，与家人团聚。"这便是羊侃内心的想法。出了萧渊明的营帐，羊侃便带着自己的部队前往河堰了，而帐内，萧渊明依旧醉生梦死……

此时的侯景部队正马不停蹄地从悬瓠赶往彭城。原本侯景准备等梁军和东魏军交火之后，自己作为生力部队参与战事，奈何当他得知高澄派了慕容绍宗领军，瞬时脸色就变了，竟然在马上大呼："谁教鲜卑儿（指高澄）派遣绍宗来？若是如此，高王一定未死！"想当初韩轨前来，把侯景围住，侯景也只是微微一叹，很鄙夷地说道："整天啃臭烘烘的猪大肠的小子能有什么能耐？"但是现在的慕容绍宗却让侯景情绪紧张，误以为高欢没死。但惊愕过后，侯景便镇定下来了。此时只有快速赶到彭城，与梁军合军才是上策，一支兵力达到二十万的集团军，会害怕慕容绍宗那十万兵马？

然而慕容绍宗等不及了，刚刚稳定好部队，就带领先头部队对萧渊明的南梁集团军发起了进攻。要知道，慕容绍宗谋略还行，但是拿大砍刀上阵砍人头，那是相当狼狈，传说中的"战五渣"就是形容他的。可是，为何这次文弱之人竟然要冒险当前锋呢？要知道，他身系整个军团的重任，如此轻率，是头脑不清楚吗？慕容绍宗当然不傻，因为他被越级空降到这边，做了很多久经沙场的战将的头儿，已然是让手下很多人颇有意见了。

所以，他必须拿出点实际行动来证明，他慕容绍宗有能力镇住他们，这首胜必须由他缔造！

梁军郭凤的阵营首先受到了进攻，其他将领慌了神，去萧渊明大帐请求教诲，而此时的萧渊明醉得如同一摊烂泥，怎么还能给他们教诲呢？而在这之前，萧渊明的一举一动都是按照萧衍发出的一道道诏书进行的，现在萧衍诏书还没来，敌人就开打了，这太不符合规矩了。此时面对这群手下，萧渊明就算没醉，也只能装醉了。

就在这时，侯景的使者也来了，进帐一看，这瘫在帅案上的不是萧渊明吗？走近一看，还真是萧渊明。回首再看这群将领，这是哪一出，慕容绍宗突袭，萧渊明猝死了？手下将领在开追悼会？好在旁边有人提醒，主帅萧渊明只是醉了，使者才定了定心，转达了侯景的意思："大家追击北军的时候千万不能超过两里之距。"使者说完，萧渊明仍瘫在帅案上，使者只能暗自叫苦：这么个人是来打仗的还是来送死的！反正话已带到，你们自求多福吧。

使者前脚走，一群将士后脚也出了营帐，登上了高地，看着前方慕容绍宗和郭凤的军队正在酣战，他们不是考虑火速去营救，而是边看戏边聊天。有人说："原来老郭这么牛，慕容绍宗亲自前来，老郭还能苦苦支撑这么久！"又有人说："来，我赌一壶酒，老郭扛不住半个时辰。"还有人说："我赌一坛，老郭这次肯定被慕容绍宗阵斩！"大家你一言我一语地说着，把"作壁上观"演绎得淋漓尽致。我想，此时的郭凤要知道身后这帮同僚是在看自己笑话，定会恨得牙痒痒。

这时候，胡贵孙这个人血性上来了，对着身边的赵伯超说道："我们来此不就是大战的吗？敌人现在主动送死，我们还按兵不动干什么？"说完，这家伙便带着手下部队猛地冲了过去，东魏军没想到梁军之中还有不怕死的，没有防备，被杀伤数百人之后开始后撤。大家一看，胡贵孙都能立功，我为何不可？原来鲜卑人也不过如此啊，我也要去。

赵伯超铁了心地要将怯懦进行到底，对着手下将士说道："这索虏是不可战胜的，我们与之争斗，只能死路一条，不如早点儿回去，你们说对不对？"手下将士不愧是赵伯超带出来的兵，异口同声地说道："说得好！说得太对

了！"而这时，大帐内喝得不省人事的萧渊明不知道怎么地突然醒了过来，好像打了鸡血一般下令全线出击！

其实，慕容绍宗早有后手，他来之前就安排好了伏兵在路上，只说自己是诱敌，原本杀得老郭部队起劲儿，以为诱敌用不到了，没想到，胡贵孙的突然杀入导致了计划又按照原定的样子进行。更令慕容绍宗意想不到的是，这次还进来一条大鱼。

侯景之所以让人提醒，说"追击北军不能超过两里"，这是由南军的军种决定的。梁军多为步兵，步兵只有依靠阵形才能对付骑兵的侵扰。可是，一旦追击超过两里，再好的阵营，不管你是正步走、踏步走还是跑步走，都维持不了原有状态。而一旦阵形不复，那么步兵就成了骑兵待宰的羔羊。

倘若此时领军的是萧会理，依他谨慎的性格，势必不会头脑发热到如此地步，而萧渊明却能做出如此荒唐的事情来，北伐大计，功亏一篑啊。悲剧发生了，二十万大军没想到竟然会败得如此迅速。继萧宏和萧综之后，萧渊明再次给了兰陵萧家一记全军覆没的败笔。胡贵孙想学陈庆之鼓舞士气创造奇迹，却反倒带来了军队的提前覆灭。

在鲜卑伏兵肆意的屠戮和虐杀之下，梁军哀鸿遍野，死伤无数。大量士兵选择了投降，而逃跑的梁军为了抢夺船只，起了内讧，又死了一大群，砍下的手指都能装满船舱。而萧渊明和那个按兵不动的赵伯超都未能逃脱，而成了阶下囚。

而就在全军覆没的情况下，依然有漏网之鱼。当东魏军向着河堰进发的时候，恰巧遇到了一支部队军容整齐地向南撤退，原来这支部队正是羊侃的部队。当得知主力被歼之后，羊侃并没有慌乱，而是和当年陈庆之的白袍军一样，从容撤军。东魏军也如当初尔朱荣部队追击陈庆之一般，只能尾随，目送着羊侃的军队消失在了视野中，这就是名将的力量！虽然羊侃已经离开多年，可是东魏的士兵看到羊侃的大旗，依旧是闻风丧胆！时隔多年，羊侃在北方的名气依旧有增无减！而值得庆幸的是，这次羊侃比陈庆之幸运得多，手下的子弟都完整地带了回去，也不负他内心的承诺了。

寒山之战败了，萧渊明也被作为战俘带回了东魏国都，作为高澄炫耀自己武功的筹码，百姓纷纷前来，想目睹一眼这位出身南朝高门兰陵萧家的贞阳侯到底长什么样子。萧渊明命不错，遇到的是元善见这么一个傀儡，若是换成了刘裕，那早和慕容超、姚弘一般下场——悬首京城。可是，如果这时候被杀，反倒还能成全萧渊明的一点名声，因为后来恰恰是这个家伙的南归，使得江南再次陷入了万劫不复的境地！

萧衍收到寒山失利的消息时还在睡午觉，听到了这个消息，差点儿从御座上跌落下来，过了良久才说道："吾得无复为晋家乎？"意思是，自己要遭遇司马家北伐失利、苻坚挥军南下那种情况了吗？然而，当初淝水之战中，北府将士尚且可以背水一战，而此时萧衍的大梁还具备和北朝实打实再干一场的军队吗？

事实证明，萧衍的预见很正确，因为，马上到来的大动乱不仅毁了整个萧梁皇朝，更使整个南朝进入了倒计时阶段，江南也彻底失去了与北方对峙的机会。

十万大军的覆灭，荡平河洛真的只能在梦中才能见到了。更重要的是，此次的十万大军大部分取自吴地和中央军，扬州集团被彻底削弱，中央的控制力也无法保持下去了。萧衍的几个儿子坐镇地方，手中的军队成了国家最大的威胁。外藩再次入主建康只是时间问题了，北方兵戎未靖，而南边诸子又是磨刀霍霍，时刻准备夺嫡，萧衍能料定生前，可他死后，大梁必然会重演八王之乱的覆辙啊！登上建康城之上，面对北方，萧衍只能蓦然而泣。

灭侯摧王

侯景并不甘心就此失败，他意图退而求其次，灭不了东魏，搞出一个缓冲国还是可以的。于是侯景便派了他的心腹王伟做说客，去游说梁武帝，委派曾经在河阴之难后逃亡过来的北魏宗室来此地，以此为金字招牌，打造一个河南加江淮的"侯氏王朝"。然而，正当萧衍指派人员护送元贞前往北边做傀儡皇帝之时，慕容绍宗的大拳已经朝着侯景的脑门挥了过来。

面对慕容绍宗的大军，侯景只得把兵力收缩到涡阳一线。这时候，侯景扛不住了，准备像昔日的恩师求饶，于是他派出一骑兵前往慕容绍宗的营帐问道："公等为欲送客，为欲定雌雄邪？"意思是，你是来送我出国还是来砍我交差的？慕容绍宗趾高气扬地说道："欲与公决胜负（我就是来杀你的）。"得了，没得谈，那就只能打了呗。

与自己昔日的师父对阵，要想取胜，就得出奇招。侯景想出了一个奇招：命手下皆身穿短甲，手执短刀，杀入绍宗军营。侯景搞出这么一出让大家都看不懂了，按理说，一寸长，一寸强，一寸厚，一寸肉。武器长了可以更快杀敌，皮厚了别人就很难刺杀了。但是，此时侯景这么做才是最正确的。

重骑兵有一个缺点，就是机动性差，说白了就是灵活性不够。侯景常年在军中服役，对于东魏的各支部队自然了如指掌，所以他才想出此招破敌！短刀短甲，士兵们则更为灵活，这么一支部队杀到慕容绍宗军中，也不杀人，只管砍马脚。由于重骑兵的死穴全在马脚上，这么一来，慕容绍宗的部队很快出现混乱。侯景一看计策得逞，则趁势掩杀。东魏大败，慕容绍宗坠于马下，不过还好跑得快，否则真就成了侯景的刀下之鬼了。慕容绍宗想起祖先慕容恪曾以此重骑兵大破冉闵，而自己则被曾经的徒弟给打败了，重骑兵阵也被破了，真是辱没祖先！

多年后的两宋之交，岳家军大破金兀术的铁浮屠和拐子马也是用了砍马腿这一招。

看着主帅碰了一鼻子灰，按理说手下应该很失落，可东魏军却并非如此，因为慕容绍宗的手下早就按捺不住要看这个"空降"主帅的笑话了，如此大好机会，岂能放过？这时候，两名将军按捺不住心中的不满，上前请战了。

斛律光，少年英雄，十七岁便在西征中擒获宇文泰手下莫孝晖，曾经荣获"东魏国射雕大赛"总冠军，他所创造的纪录，当时无人能及，并且得到军中老前辈彭乐的器重。彭乐曾当众对高敖曹说："斛律家这小子可不能小视，日后他崛起之日，名声必在你我之上！""落雕都督"的称号也被广泛流传。其父斛律金是东魏北疆集团军的总指挥。

很明显，这是一个既有背景，也有拿得出手的业绩的主儿。

另一个人是段韶，东魏西北边防军的首脑，此时年纪也不大，却已然可以独当一面了，连高欢也曾赞誉他"智勇双全"。

很明显，这人也是要来头有来头、要拳头有拳头的主儿。他此次站出来只想证明这么一句话：慕容老儿，我忍你很久了！

可偏偏慕容绍宗不识时务，被打败之后居然回营说道："我征战这么多年了，还没遇到侯景这么难缠的，你们别给我惹事。"这么一说，斛律金和段韶忍不住了，表示要请战。慕容绍宗看出了两个人眼中对自己的不屑："也罢，你们不听劝就去碰碰钉子吧。"说完又提醒道："勿渡涡水。"

他们二人哪还听得进这话，一溜烟儿地便跑了。侯景的大军很快与斛律光的部队隔河对峙。斛律光直接下令开射，箭雨压制得侯景的部队抬不起头。这时侯景摆出长辈的姿态问话了："斛律光，我的儿，你竟然敢开弓射你的侯爷爷，你这小子怎么知道不能渡涡水，是不是慕容绍宗教你的？"

就在斛律光要收弓与侯景对话之际，侯景部队中一支冷箭射来，斛律光的坐骑顿时就被射穿了胸口。正所谓"外行看热闹，内行看门道"，隔河远射，还能有洞穿马匹胸膛的力道，斛律光也是射箭出身的，今天知道自己遇到高人了。他连忙换了一匹马躲在了大树后头，没想到这匹马又被射死了。现在斛律光明白了，对面这个肯定是职业狙击手，盲狙也能射中目标。

斛律光吓得差点尿了裤子，再也不顾大将风度了，自己先打马撤回了军中。侯景那边号角响起，大军渡过涡水就朝着斛律光的大营杀来。此时早已吓破胆的斛律光哪还敢恋战，自己先撤了。而随后赶到的段韶正好遇到狼狈逃窜的斛律光，便放了一把大火，以火势阻拦了侯景部队的追击，带着张皇失措的斛律光一起回了大营。

斛律光逃了，可苦了在斛律光军中的张恃显将军，他成了侯景的阶下囚。侯景看了眼这个张恃显，满脸鄙夷地说道："杀你都脏了我的手。"随即便释放了他。侯景这么做是有道理的，"情缘留一线，日后好相见"。从侯景最初问慕容绍宗那句"公等为欲送客，为欲定雌雄邪"就可以看出，侯景不想把事情做绝，背上那么多人命有意义吗？所以他不仅没有射死斛律光，还释放了张恃显。杀了他们无法让他们放弃，反而会把仇怨积得更深。

释放他们虽然不能让他们感恩戴德，但能让他们回去告诉军中人士：我侯景不是杀不了你们，而是懒得杀你们，所以你们别苦苦相逼了。

侯景现在只有自己的四万大军，梁朝这个靠山没了，西魏也指望不上了，要想依靠这四万大军灭了东魏，只能是痴人说梦。而依靠这四万人马建立一个缓冲国还是可以的。南梁虽然不会再出兵帮侯景，但是从王伟带来的消息来看，侯景在河南、江淮一带建立一个亲南梁的"南魏政府"与东、西魏并立是有可能实现的。要确保这一目标的实现，必须先迫使慕容绍宗退兵，所以对于被俘人员，侯景必须宽大处理。

斛律光、段韶和张恃显三人灰头土脸地来到帐内，慕容绍宗得意地问道："怎么样，三位将军大获全胜了？"斛律光连忙请罪。慕容绍宗看到自己权威已树，也就没必要再和斛律光斤斤计较，便赦免了他。斛律光和段韶也在这次战斗中学到了不少东西，日后他们能成为北齐的双璧，自然与这次的败绩有着不可分割的联系。

不过大家都败了，那还有谁能打得过侯景呢？慕容绍宗不急，他就一个字：耗！侯景早晚有粮食吃完的一天，到时候看他怎么嘚瑟。侯景怎么也料不到，自己昔日的师父现在给自己耍起了无赖。侯景当初为了集中兵力，可是把地盘都让出来了，现在西魏王思政拿了七个州，梁朝接管了两个州，剩下四个州被东魏收复了，没有了地盘便意味着没有了人民，没有了人民也就意味着粮食无法自行补给了。这样一来，粮食就全靠梁朝提供了。可是，寒山大败，梁朝丢失了大批粮食和辎重，一时间无法为侯景提供及时援助，时间一长，侯景只有坐吃山空了。

没有粮食，再怎么厉害的军队都形同虚设。不久，侯景内部出现了叛逃者，叛军中的司马世云率众向慕容绍宗投降了。不过侯景还有最后一招——仇恨，侯景在军中大肆散布士兵亲人已被高澄杀死的谣言，怒火在士兵们心中陡然而生。报仇，成了支撑士兵们继续坚持下去的动力。

马克思曾说过，物质决定意识。连肚子都吃不饱了，信念再坚定也扛不了多久。慕容绍宗捏准了这点，趁势发起了进攻。在两军对阵之际，慕容绍宗高呼："士兵们，朝廷没有忘记你们，朝廷正好吃好喝地招待着你们的家人呢，他们并没有死。侯景这个十恶不赦的奸贼欺骗了你们，他要把你们都绑在他造反的战车上。你们好好想想，你们的家人还在等着你们，你们难道舍得把命搭在这里吗？放下武器，这是你们唯一的出路，朝廷会对你们宽大处理的！"

不得不说，慕容绍宗的演讲起了作用，侯景的军队开始动摇了。这时慕容绍宗来了一招更狠的，他摘下头盔，披头散发，指着北极星起誓道："汝辈家属皆为平安。若来归降，官爵如故。"这毒誓都发了，士兵们再也不犹豫了，纷纷放下武器投降。而慕容绍宗一看机会来了，立刻发令让他的重骑兵进攻。士兵们生怕慕容绍宗杀起来不认人，纷纷像涡水挤去，结果大规模踩踏事件发生，被涡水淹死的士兵不计其数。

侯景一看这架势，喃喃地叹了一声："天意，天意啊。"之后，侯景便率八百残军南撤。这位带甲十万、节制河南十余载的河南王，居然就这么狼狈地离开了他经营已久的地盘。而慕容绍宗则大有"痛打落水狗"之风，紧紧追赶。此时的侯景心情跌落到了谷底，罢了，到了南方或许还能安度晚年吧。

然而，侯景不会料到，就是这八百人，成了他大乱南梁的资本。他也不会料到，自己竟然会将原本三国中最强的南梁一下子搞垮，并改变了整个后三国的格局，也为南北一统创造了契机。他更不会料到，自己在北方做不成的皇帝梦，在南方却做了一把，但是，这仅仅是皇帝梦，梦醒之后，就是迎接审判的时候了……

侯景南来

有道是"掉毛的凤凰不如鸡"，此时正率军南撤的侯景也成了被人奚落的对象。在淮河沿岸，魏梁交界处的一个小城上，一个打扮类似"新三国许攸"的人，正趴在城上大骂："侯景，你也有今天，你活该，叫你嘚瑟。"侯景本来心情就差，听到城楼上的人敢骂他，顿时怒火中烧，也不管身后有追兵，当即就令手下攻城，破城之后一刀宰了那个羞辱他的人。

侯景这一连串动作下来，真是让人瞠目结舌。逃命过程中还去杀人，侯景还真拿自己当战神了。但是侯景也琢磨过，这样下去不是办法，必须要让慕容绍宗撤军。但是，慕容绍宗肯撤军吗？

就在侯景彷徨之时，传来了慕容绍宗撤军的消息。残兵败将们喜极而泣，是的，撤军了，慕容绍宗撤军了。众将士为自己逃出生天而庆幸，但只有侯景知道，慕容绍宗撤军的真实原因。

"侯景若被擒，你慕容绍宗还有何用？"这是侯景的使者对慕容绍宗说的话。就是这么一句话，打消了慕容绍宗继续追击的念头。是啊，毕竟慕容绍宗不是高王提拔的人，始终无法与东魏的将领打成一片，这是非常危险的。他之所以被高澄破格提拔，只是因为侯景的缘故，一旦侯景不在了，那么，"鸟尽弓藏"的日子离他也就不远了。但是撤兵必须要有正当理由，慕容绍宗给出的理由是，侯景已成残军，逃入梁朝境内，我方此时不应该因为继续追击侯景而导致东魏和南梁的全面开战。此时应该回军击败梁将羊鸦仁和西魏将领王思政，重新收回河南的控制权。

慕容绍宗的撤军，惊呆了羊鸦仁：你不追狗了，来赶羊了。羊鸦仁是见识过寒山大战的惨败的，也见识了侯景是如何被慕容绍宗追着打的，自己之前一直缩着不出城，就是怕慕容绍宗顺手把自己给杀了，现在好了，慕容绍宗回军了，自己又没有王思政那种守城的本事，那就只能走为上计了。羊鸦仁放弃了悬瓠，羊思达放弃了项城，从侯景手里得来的两个州一枪没放就重新吐给了东魏。消息传到建康，萧衍愤怒至极，勒令羊鸦仁驻军淮北，不准过淮河，羊鸦仁只得照办。

慕容绍宗甚是得意，狗跑了，羊溜了，就剩下王思政了。然而，慕容绍宗未曾料到的是，王思政居然那么难收拾。王思政守城，高欢都破不了，何况是慕容绍宗呢？但是，王思政毕竟只有一万人，为了确保河南不失，王思政再次给宇文泰发了求援信："我守颍川，敌军水攻一年之内，陆攻三年之内，无须派救兵，过期之后，请朝廷斟酌。"不到逼不得已，王思政从来不服软，当初他在玉璧与高欢开战的时候都没求援，这次如此确实是无能为力了。

这时候颍川已经被东魏军团团围住，慕容绍宗这个老狐狸也确实聪明，用了最高明的决策：水攻。然而，这次颍川之战前后持续了一年零六个月，大大超出了王思政的预期，他甚至还在此战中杀死了东魏军王帅——慕容绍宗。可是在此期间，宇文泰从未派一兵一卒，除了实力还未恢复之外，

更重要的一点是，王思政的身份。虽然王思政曾经用生命为赌注，换得了宇文泰的信任，但宇文泰从骨子里就无法相信这个汉将会和自己的鲜卑部将成一路人。正如高欢之于高敖曹，宇文泰之于王思政也是利用关系罢了。

赏无可赏之时赐死，封无可封之时封杀。高欢利用渤海高家的声望坐稳河北之后，高乾、高敖曹之流就成为祸患了。"一钱汉"这句话虽然是刘贵说的，可谁又能保证，这不是高欢的心声呢？高欢注定要走一条胡化的道路，而这条道路上，渤海高家这个汉人家族的存在，只能成为绊脚石，所以，高欢用阳谋杀了高乾，用阴谋杀了高敖曹，借儿子的刀又赶走了高仲密，除掉了这些绊脚石。

而宇文泰呢？他虽然没有高欢胡化彻底，但事实上也是在走一条胡化的道路，而北魏孝武帝曾经的心腹汉将王思政，则更是成了武川集团中一个不和谐的音符。我们可以查一查当时宇文泰手下的六位柱国、十二大将军的辖区，没有一个人的辖区是在河南之地的。河南在宇文泰眼中是一枚弃子，是一块废地，在这片土地上，宇文泰遭受了两次大的挫败。而王思政却被安排做了西魏河南部分疆土的最高长官，成了体制外的核心人物。

再来看宇文泰给王思政的官职，河南王都加上去了，这个称号已经和宇文泰一字平肩了。倘若赢了这场战争，王思政就真的接受了这一连串的头衔，和宇文泰平起平坐了，到时候王思政要是再创功劳，还拿什么封赏他？事实上，此时王思政手里如果有五万人马，那么他是可以守住河南的，这个宇文泰心里也清楚，而西魏国就算国力还未恢复，五万人马还是拿得出的。可正因为宇文泰清楚王思政的实力，所以才不能给他过多的兵权。在三国博弈的这局棋中，王思政必须死，为了武川军团的整体利益考虑，王思政的政治生涯和军事生涯也必须到此结束。借高澄的刀杀王思政，是宇文泰想到的最高明的方法。

面对东南的颍川，宇文泰撕碎了王思政的来信，微微地叹了一声："别了，王思政，这次战争你必须死，因为，你和我们注定不是一路人！"

慕容绍宗的死，不得不说也是冥冥中自有天意。当时，慕容绍宗和刘丰生去视察水攻效果，突然之间黄沙漫天，二人一看，不妙，赶快躲开，便直接钻进了船舱，结果大风把船系在岸边的绳子扯断了，转眼间这艘大

第四章 改变国运的战争

船就往王思政这边的长社城开来。西魏兵高兴坏了，甩出长钩钩住了慕容绍宗的大船，西魏军立马放箭。慕容绍宗一看慌了：咱们又不是来草船借箭的，这么射还不被射成刺猬，于是他带着刘丰生就往水里跳。从船上跳下来的慕容绍宗也是命里难逃此劫，因不识水性，加上罪孽深重，慕容绍宗当时就去见了他的老东家尔朱荣。

想当初，慕容绍宗的祖先慕容恪，用计擒杀了冉闵这个汉人；如今，慕容绍宗反被王思政这个汉人用计给弄死了，莫不是真印证了"报应"一说？纵横五胡十六国中后期的慕容家族，随着慕容绍宗的离去，正式成为历史。正所谓：风流总被雨打风吹去……

刘丰生就更惨了，他水性不错，没被淹死，但是西魏的弓箭手也不含糊，直接把他射成了刺猬。慕容绍宗的死，在东魏这边引起了轩然大波，高澄震怒，此时已身居齐王、官拜相国的他亲自领军十万，再次杀往河南。加上之前慕容绍宗的部队，此时东魏已经出动了二十万大军，史书记载"倾国之师"。

高澄这么激动的原因，除了慕容绍宗被西魏杀死外，更重要的是，他要向世人证明，自己不是一个"内战内行，外战外行"的人，毕竟侯景作乱只能算内战，如今剿灭王思政，意义上等同于与西魏开战了。同时，他也要向世人证明，他绝对比慕容绍宗更厉害，慕容绍宗解决不了的事情，他高澄能解决。此时高澄急需这场战争的胜利来打响自己的名气。

高澄都倾国之师了，宇文泰也必须作作秀，来表示自己对下属的宽容，自己是少有的英主。于是，他派了赵贵从南阳盆地北上支援。不久就传来赵贵因道路泥泞、河水泛滥只能停军的消息。事实上，明眼人都看得出，真要想支援王思政何必走这条路呢？好路多得是，之所以这么做，无非是宇文泰又一次和手下唱双簧给世人看：不是宇文泰不肯救王思政，实在是天意如此。当初宇文泰和于谨一唱一和，表达了自己不愿接受侯景抛过来的河南之地。如今，宇文泰再次和手下一唱一和，掩盖了自己不愿意援助王思政的真实意图，狡黠之相，跃然纸上。

此时的王思政，七千人马打得只剩下三千了，能够杀掉慕容绍宗已然是奇迹。他不是陈庆之，已经创造了一个奇迹，就不可能创造第二个。面对高澄十万生力军，王思政再也撑不住了，最终被东魏军包围在了城内的土山上。这时候，高澄突然觉得，自己该作作秀了，他想起来曹孟德收降关羽的事情来。高澄向着城里喊道："有送王大将军投降者封侯，若王大将军有半点损伤，左右亲信皆斩。"这么一说，王思政要是死了，士兵也活不了了。城破之日，王思政对着西边跪拜，随即要挥刀自刎，愣是被一众手下给拦住了。

王思政没有死掉，手下也受到了高澄的特赦。高澄对王思政很客气，手下卢潜看不惯了，说道："像王思政这种不能死节的人，齐王何必给他脸呢？"高澄也是一笑置之。归降之后的王思政受到很高待遇，于北齐天保年间去世。

如果王思政当初南下投靠萧衍，或许他的后半生会活得很悠然自得，以他和羊侃之力，也能有效抑制侯景之乱的发生。然而，历史不容许假设。纵观王思政的一生，未遇明主是他的人生大憾。早年的孝武帝庸而无谋，后来的宇文泰又猜忌他，而王思政也代表了同时期北方很多汉人将领的际遇，在胡化之风盛行的北方，一个汉人武将出身，本身就是一个劣势。

此时我们把目光放到南边，侯景这时正在寿阳好吃好喝。有人会问了，侯景怎么又跑去寿阳了？要说此事，还得从一个叫刘神茂的小人物说起。刘神茂当时的官职只是梁朝南豫州辖下马头戍的戍主，但是此人可是典型的投机分子，极其会看时势。他一眼就瞄上了侯景这个人能带给自己飞黄腾达的机会，于是一个人跑去接应侯景。

侯景在异乡遇到了对自己如此欢迎的人，内心非常感动，问道："寿阳城离着不远，我想去那儿投奔，不知道能否收留我？"这句话正中刘神茂的下怀，他本来就与韦黯有矛盾，而韦黯又是临时监管寿阳城的长官，刘神茂正想借着侯景这尊"斗战胜佛"驱逐韦黯呢。于是他大声说道："您是皇上亲封的河南王，韦黯算个什么东西，只要您到了城下，让韦黯出来相迎，趁势拿下，再上报朝廷，朝廷是不会怪罪的。"锦上添花远远比不上雪中送炭来得温暖，当时西魏、南梁分别出兵帮侯景造势，侯景都没感动，但此时的侯景却真真地被感动了。侯景拍着刘神茂的肩膀，连声说："你的出现帮助了我，这是天意，天意不可违。"

然而事实证明，刘神茂想得太多，侯景也想得太多，韦黯没有开大门，而是上了城楼！侯景看韦黯貌似不欢迎自己，便说道："河南王战败来投，愿速开门。"韦黯拒绝得很干脆："皇上没下令，不能把门开。"侯景一想到自己堂堂河南王竟然要和一个韦黯周旋，心中便升起怒火，可是人总得进去吧，于是对刘神茂说："事情不妙啊。"

刘神茂很自信地说道："韦黯是个没有头脑之人，你得找人唬他。"侯景考虑是不是自己语言不同的问题，便找了军队中一个叫徐思玉的寿阳人和韦黯对话。徐思玉作为侯景的"辩护律师"理直气壮地问道："河南王是皇上亲封的，皇上重视河南王也是天下皆知的事情，如今河南王战败了，你为何不开门？"

韦黯的回答让我们觉得很傻很天真："我是来守城的，河南王失败又不是我导致的，和我有什么关系？"

从韦黯的回答，徐思玉知道今天真遇到"对手"了，于是喝道："当然有关！你不开门，魏军追杀过来，在你寿阳城下把河南王给杀了，你怎么对陛下交代呢？"

韦黯果然很傻很天真，被这么一唬，立刻怂了，放侯景入城了。而放侯景入寿阳这一举动无疑是打开了潘多拉之盒，江南的浩劫由此而生。

侯景让手下火速控制了城的四门，然后对着韦黯劈头盖脸就是一顿骂，还吆喝出刀斧手要把韦黯拖出去砍了。韦黯哪见过这种阵势，好心给侯景开门，可侯景进了城就要他脑袋？就在韦黯自以为死路一条之际，侯景又拍手大笑，摆出酒席给韦黯压惊，还说道："贤弟莫要惊慌，之前都是哥哥戏弄你的，哈哈哈。"如果韦睿泉下有知，知道侯景这么调戏自己的儿子，会不会气得活过来呢？

韦黯心里很郁闷，但更郁闷的人在建康。

对于侯景的突然到来，梁朝君臣在朝堂上展开了激烈的讨论。首先，萧衍表示很不爽：你来我南边投诚，不来我建康城报到，却占了寿阳，有这个道理吗？想当初独孤信、贺拔胜，哪个出身没你好？他们有你这么没规没矩吗？你一个代北破落户，真不知道自己身份了？更何况之前我已经容忍你找来西魏搅局，还为了你把我大侄子和十万兵马都搭进去了。再说，当初你起码还有十万大军，坐拥河南，你现在有个啥？八百残兵就想要我寿阳？

萧衍不爽，底下也不闲着，傅岐主张接纳，萧介主张杀之，其他人也都是选边站。萧介上了一道表章，表章中明确指出，侯景就是一个彻头彻尾的三姓家奴，他就是东汉时候的贼吕布，东晋时候的江北虎（刘牢之），这种反骨之人必须杀！萧衍称赞萧介为忠臣，可称赞归称赞，萧衍内心是很纠结的。如果现在杀了侯景，那无异于让臣民们以为，皇帝是个佛口蛇心之人。更重要的是，这么做等同于向世人承认，萧衍之前做的都是错的，这么一来，萧衍身为帝王的权威何在？作为帝王，知错改错但不认错，此时的萧衍知错也不能认错，至于改错……

很快，侯景收到了朝廷的诏书，萧衍封侯景为南豫州牧，等同默认侯景坐镇寿阳的事实了。但是侯景却觉得这么个官职有点奇怪。此时，侯景的头上有两顶帽子：河南王和南豫州牧。可是实际情况如何呢，挂着河南王的帽子却没了河南，而所谓的州牧这一官职也在魏晋之时就被废弃不用了。侯景不懂，梁武帝的用意何在，只觉得自己戴着这两个帽子是个笑话。但笑话归笑话，自己残疾都被笑了这么多年，也不在乎多两个笑话，人活着比什么都好，这是侯景当时最真实的想法。

如果事情真能如此平和发展，倒也不失为一件喜事，可接下来的变局，让侯景那颗平静的心又躁动起来。侯景到达南方不久，萧衍就收到了北边高澄的来信，信里这样写道："陛下，从我父亲开始就与您和平相处，魏、梁互不侵犯是陈庆之亲自见证的。可是，您公开支持我境内反革命势力——侯景，并且武装干涉我国内政，挑起战火，如今您大败，本大人有大量，也不想计较，我愿意与您重修旧好，再次缓和边境形势，我好歹也算半个汉人，而西边那个宇文泰，是正儿八经的索虏。我们此时应该同仇敌忾，一起消灭西魏，这才是该做的。"

萧衍多精明的一个人呢，想当年萧练儿加冠的时候，高欢还没出生，高澄一个黄口小儿，也想来诈萧衍？很明显，此时公开答应求和无疑是逼侯景作乱，即便不答应，高澄也未必敢大举南侵。虽然之前萧衍吃了败仗，但南梁的国力依然比东魏强，南梁和西魏没有矛盾，高澄一旦挑事，就要

考虑两线作战了。所以，萧衍把形势看得很清楚，现在的实力对比，也默认了两国边境不会大战的事实，既然无须声明就能做好的事情，何必多此一举，搞一个声明，刺激侯景呢？

很明显，冷处理是此时最佳的处置方法。事实上，萧衍也是这么做的。可高澄不满意，一计不成，再生一计。不久，萧衍收到了宝贝侄子萧渊明的信，信中说："我在这儿过得很好，高澄是大好人啊。侯景是恐怖分子，留不得，西魏和东魏都在通缉侯景，您怎么可以把他留下来呢？高澄向我保证了，只要您把侯景遣送回东魏，我便可以回去了。"

看完这封信，萧衍哭了。在朝堂上，一眼看穿萧衍心思的朱异竭力提议两国修好，送还侯景，迎回贞阳侯。群臣也一同附和。但仍有人固执己见，这个人就是之前提出要接纳侯景的傅岐。他劝阻道："陛下，这是反间计，高澄小儿的目的在于离间您和侯景。"

萧衍没有看出这是一招反间计？事实上，萧衍经历了这么多刀光剑影，还能没见识过反间计？早年他夺权之时，就曾多次用反间计戏耍对手，临老了却怎么会这么容易中计？很明显，萧衍看清了这是反间计，但他仍要这么做，因为被羁押的是他的侄子萧渊明。萧渊明在萧衍心中的地位，在一定程度上可以等同萧衍的几个儿子。因为萧渊明的父亲是萧懿——萧衍的大哥，萧衍和大哥关系最亲，而萧衍起兵的直接原因便是东昏侯杀了自己的大哥！

可以说，大哥的死是萧衍心中永远的隐痛，萧衍总觉得对大哥有所亏欠，所以对萧渊明也照顾有加，这也是为何萧衍用侄子代替亲孙子出任北伐总指挥的原因。帝王可以不认错，但帝王心中若有亏欠，就会左右决策的制定。后世的道光帝在立储的时候选择了优柔寡断的奕詝，而没有选择爱子奕訢，也是因为考虑到咸丰的母亲死得早，心中有所亏欠，所以才如此行事的。

萧衍心中有亏欠，这种话自然不能明说，但他知道该怎么做了。萧衍回了一封信，让夏侯僧辩带回去。夏侯僧辩没有直接回东魏国都邺城，而是跑去寿阳了，这一去就让侯景捉拿了。侯景一看信，吃惊了：不是说萧衍是活菩萨吗？怎么如此佛面蛇心？要不是今天捉住了夏侯僧辩，自己被萧衍卖了都不知道。于是，侯景决定先礼后兵，一方面写信告诉萧衍不要中了鲜卑小儿的反间计，另一方面又给朱异送去了三百金，因为他清楚朱异的作用。

朱异收了钱，却没办事，因为他知道，萧衍决定了的事情，那就没得商量。梁朝君臣不怕侯景造反，试想一下，一个只带了八百人的家伙，就算造了反，又能拿大梁如何？虽然这落井下石的名声不好，可为了萧衍心中的骨肉亲情，面子折损点又算得了什么？不久，侯景得到了回复：梁朝已经派出使臣出使东魏，其任务就是，促使魏、梁关系重修旧好。

身在寿阳的侯景得知这一消息如同晴天霹雳，朱异这厮太不厚道了，收了钱不办事！于是侯景再次上书抗议："陛下，要是和鲜卑小儿关系缓和了，我又该如何处置？"萧衍回复他说："朕与公大义已定，决不会成而相纳，败而相弃。"大致意思是，既然和你说好了，那自然不会让你成为议和的牺牲品。侯景还不满意，又叫嚣："我现在招兵买马早晚会打回去的，不要议和，议和我肯定要死。"

萧衍为了让侯景相信自己，拍胸脯说道："我一个万乘之君，会逗你玩吗？"为了防止侯景再来骚扰自己，萧衍又补了一句，"你给我闭嘴（不劳复启）"。对于萧衍口头承诺的那句"不抛弃，不放弃"，侯景自然不会信，侯景准备试探一下萧衍。很快，萧衍就收到了高澄的"国书"，其中就提到，送回侯景，两国恢复邦交，萧渊明也可以平安回来。萧衍很高兴，"刷刷刷"写了八个大字：贞阳旦至，侯景夕返。尽管傅岐仍坚持己见，认为"弃侯景不义，逼反侯景不祥"，然而这样的声音在朝堂上显得毫无影响力。以朱异为首的百官都认为，对付侯景只要委派一名官吏就可以了。

当然，这封"国书"最终又到了侯景手里。侯景一看，顿时就气得冷汗直冒，对左右说道："我固知萧老公薄心肠！"侯景原以为自己就够不厚道了，没想到萧衍比他还不厚道，简直佛口蛇心，前几天还人模狗样地发誓，现在立马看出什么德行了！侯景决定要造反了！

说干就干，尽管这里不是河南，可只要侯景想造反，甭管河南、淮南都一样！有条件要反，没条件创造条件也要反！更何况侯景的军师王伟也起哄道："我们等着被梁国送去东魏是一死，造反失败也是一死，等死，死

第
四
章

改
变
国
运
的
战
争

国可乎！"王伟不愧是军师，一下子把侯景的造反就拔高到了除暴安良的起义上来。这侯景又不是南梁的百姓，就算起义也不该由他带头！

侯景开始大肆煽动百姓，说自己要带着百姓"均贫富"。南朝土豪多，天下百姓应该均他们的贫富，平均地权，做到人人都有田！侯景说这话的时候竟然不觉得自己滑稽，南梁就算土豪猖獗，那也是南梁内部矛盾，你一个外来者打着"均贫富"的旗号在人家地界上造反，还提出平均地权……侯景也就骗骗一些愚昧无知的百姓罢了。不过，值得一提的是，侯景确实还有点小手段：男子全部从军，女子全部充军，这倒是真给寿阳城的百姓解决了"剩男剩女"的问题，而且赋税一律免除，土豪确实已经被搜刮光了，到目前为止，侯景已经征召到了八千士兵。

侯景壮怀激烈，他要带着这八千士兵去建康城里打土豪。侯景给朝廷写了一封信，说自己已经有了八千人了，这八千好歹也是梁朝的编制，怎么着也得派发装备吧？萧衍倒是很大方，要多少装备，朝廷一律提供。朱异这时候就耍了小聪明。侯景的一万匹锦成了青布，武器也都是武库里淘汰多年的。侯景感觉自己的智商被人看轻了，于是就开口要工匠，表示要自己造兵器，萧衍也痛快地答应了，可侯景等这工匠却等得望眼欲穿。

侯景又提出了第三个要求：要老婆，而且必须是从王谢的族人里来挑。"王谢"是什么？南朝四大家族分别是王、谢、袁、萧。"王谢"居前列。门阀制度是东晋以及宋齐梁赖以生存的制度，也是南朝的根本政治制度，尤其是东晋和齐梁，世家大族一直是与政治高层有着密不可分的联系，左右着决策。而这一制度就讲究门当户对，梁山伯配不上祝英台，焦仲卿也配不上秦罗敷。同样，侯景这个代北的破落户也想娶王谢家的女人？歇歇吧，这要是真娶了，不仅是扇梁朝的耳刮子，更是对梁朝政治制度的一种践踏！所以萧衍这次很不客气地拒绝了：王、谢门高非偶，可于朱、张以下访之。说白了，就是侯景配不上王谢，找个比姓朱的或者姓张的再次一点的姓就差不多了。

这下可深深地刺激了侯景，合着他娶的老婆，家族居然要比朱、张还低。朱异这厮算是暴发户了，可见姓朱的在南梁并不是大姓，比姓朱的还差，那姓什么？难不成要和陈庆之这种寒门陈姓联姻？侯景立马如丧考妣地开

始声讨萧衍的罪行了！永远不要和贪婪的人讨价还价，谈判桌是不应该留给整天想着战争、讹诈的人的。萧衍的纵容，让侯景变得有恃无恐。此时的侯景就像是"萨拉热窝"事件后的奥匈帝国的皇帝，在唯独一条未能满意的情况下，便以此为借口，挑起了蓄谋已久的战争。

正当侯景准备以萧衍不答应自己条件为由，挑起战争之时，他造反的事情却被举报到了萧衍那里。事情的泄密缘于两个人的告发。第一个人是元贞，就是侯景让王伟到建康找北魏皇室子弟做傀儡，另立朝廷的人。这人整天听侯景在耳边说要"造反"，心中一边惦记着萧衍的好，一边又因为侯景上次的忽悠，让他差点被慕容绍宗追上砍杀而对侯景满肚子意见，趁着侯景没注意，便化装出城报信了。

萧衍摆出了一副息事宁人的态度，打发元贞去广东上任了。不久之后，羊鸦仁又送来一个人和一封信。原来，侯景觉得羊鸦仁和自己都是北方来的，也算寄人篱下，想拉他入伙。可羊鸦仁觉得萧衍对自己有知遇之恩，自己在梁朝是刺史，而在北方这辈子都不可能做到这个官位。主动撤军是自己的错，萧衍骂得应该，侯景是反政府武装，自己绝不能上侯景的贼船。于是，羊鸦仁把送信的人和信都送到了萧衍这边。

造反最忌自己的行动提前暴露，黄巾之乱和方腊起义都是因为叛徒出卖，只能提前起义，结果最后都被镇压了。侯景也深知这一点，因此密切关注着朝廷的态度。可是从建康城传来消息，萧衍的宠臣朱异在朝堂上放话了："侯景只有数百残兵败将，怎么可能谋反？"

萧衍这么做不仅让揭发侯景的人云里雾里，连侯景也看不懂了：现在傻子都知道我要造反了，你萧衍不知道？侯景再次上书萧衍："如果羊鸦仁说的真的，那我该受国法制裁；如果他说的是假的，那就该治羊鸦仁的罪！"侯景这么一招投石问路就是想问出萧衍的态度，杀我还是杀羊鸦仁，你给个话。侯景这做贼喊抓贼的胆子还真不是一般大，就为了让手下知道，是萧衍逼他造反的，因为为了个女人造反，说出去太荒唐了。但萧衍不吃他这一套，依旧冷处理。侯景急了，再次牛气哄哄地扬言："我看你和鲜卑小儿议和就是个笑话，我要报仇！但是报仇没地盘，我看上江西了，你把江西割让我吧，不然，到时候我就率兵直捣江东，你还有命吃饭？"

威胁！赤裸裸的威胁！但是，即使这样，萧衍也还是忍了，客客气气地说道："寒门人家尚且能养得起五个十个客人，朕就你这么一个客人，却让你诸多怨言，朕的错误啊。"然后萧衍表示，要钱可以，要江西不行，于是萧衍源源不断地从建康往寿阳送财物。

侯景感觉这萧衍是不是得了老年痴呆了，怎么不像是正常人，这还是那个年轻时和孝文帝一较高下，比试谁能统一中国的梁武帝吗？这还是那个创造了钟离之战这一空前胜利的梁武帝吗？这还是那个指挥陈庆之横扫中原、占据洛阳的梁武帝吗？费解、诧异，侯景感觉自己三观受到猛烈冲击。

然而，事实上萧衍不是老年痴呆了，相反，他比任何人都聪明。中国人最讲究道义，与人争斗，必须用尽一切办法把对手置于道义的对立面，而把自己树立成替天行道的楷模，那么到时候，只要对方先行不义，自己便有足够的理由杀他，而且所有人都会觉得是理所应当的，这就是阳谋。如果萧衍使小动作弄侯景，那就成了阴谋了，到时候虽然杀了侯景，却输了道义。尤其是萧衍这个百姓心中的佛心皇帝，更不能丢了道义，所以，萧衍必须用阳谋杀侯景。

萧衍不是白痴，而是一个非常厉害的权术高手，所以对付侯景用起了阳谋。我们假设下，如果说萧衍后来没有失败，而是成功了，那么世人会毫不掩饰地大赞萧衍的处事方法，而不会像今天这般觉得萧衍做了个非常愚蠢的决定。而萧衍之所以失误，错不在他，而是他很清楚地算准了对方，却无法清楚地算准自己。真正导致侯景之乱失控的绝不是来自侯景本人，而是萧衍内部……

第五章
侯景之乱

侯景这个名字注定与江南的黑暗时代紧密联系。他出身代北，跟过尔朱荣，后来又成了高欢的臣子。高欢死后，他投降了西魏宇文泰。但不久，他又再次反叛，倒向了南梁，而后又在南方竖起反叛的大旗，兵围台城，先后使得萧衍和萧纲父子二人死于非命，并最终篡位，在江南称帝。

直捣江东

侯景反了！这次不是谣言，是事实。有了钱，有了武器，有了军队，要是再不干那么一票，反倒是对不起萧衍对他的栽培了。可侯景造反最开心的不是他本人，而是萧衍，现在的萧衍终于有足够的理由来杀侯景了。八十多岁的萧衍一改沉沉暮气，激动地说道："是何能为！吾折箠笞之。"这话就是说：有什么大不了的，侯景能成事？我折根木条都能狠狠抽他一顿！

根据萧衍的部署，梁军五路齐发，兵围寿阳。南路军是合州刺史萧范，北路军是北徐州刺史萧正表，西路军是司州刺史柳仲礼，东路军是西豫州刺史裴之高，总指挥是邵陵王萧纶。五路大军共计十万，如此铁索合围也能看出，萧衍早就谋划好对付侯景造反的高招了，就等他造反呢！一旦围剿成功，侯景的脑袋会被传至建康，供世人观瞻。然而，就在大军合围之际，侯景却不见了！

侯景去哪儿了？一时间，这成了五路大军议论的焦点。就当大家寻找侯景的时候，侯景居然出现在了长江边！原来，侯景利用各个部队不协调的空子，发挥运动战优势，溜出了包围圈，直接奔着建康城来了。侯景

是要干什么？打建康？他难道疯了吗？！很明显，侯景没疯，这恰恰是此时他所能选择的最正确的一条道路！因为当初他出道的成名战就是尔朱荣七千人马破葛荣百万的战役，那次战争的核心思想就是，快速冲击，就地斩首！直接拿下主帅，贼军必然瘫痪。这时候的侯景决定故技重施，与其在这寿阳和十万大军耗着，不如杀往建康，直接擒获萧衍！这是侯景在兵力不足的情况下唯一能做的。可萧衍不比葛荣，有高大的建康城墙护卫，侯景这次能成功吗？

萧正德，让我们记住这个名字。正所谓"没有家贼引不来外鬼"，萧衍家也出家贼了，这个家贼就是萧正德！萧正德可以说是萧衍的儿子，也可以说是萧衍的侄子。为什么这么说呢？原来，萧衍的原配郗徽一直无法给他生儿子，生了三胎都是女娃。"不孝有三，无后为大"，这样的女人在古代不应该被休了吗？事实上，那时候萧衍还没发迹，而郗徽的母亲却是公主，郗姓也算是东晋时代的名门。严格意义上来说，萧衍那时候也算是倒插门，哪还敢休妻。但是，一直没儿子却是个大问题，刘裕四十多才有的儿子，萧衍可不想像他那样，于是萧衍从弟弟那儿过继了一个儿子，这个儿子就是萧正德。

而萧正德的爹就是萧衍的六弟萧宏。"龙生龙，凤生凤，老鼠的儿子掘地洞。"这句魏晋南北朝默认的法则如果强行推广确实有失偏颇，但是用在萧正德父子身上却是至理名言，萧宏当初要造反，如今儿子也要造反。只可惜郗徽没做国母的命，萧衍登基的时候她倒死了。可不巧的是，萧衍收了萧正德做儿子四五年后，丁令光给萧衍生下个胖小子，就是我们熟知的昭明太子——萧统。

皇位是个好东西，既然有亲生儿子了，自然要让亲生儿子来坐，要是没昭明太子，萧正德不就是准太子吗？那可是皇位，这么换人萧正德真心不甘。人一旦想不通了，就会做出蠢事。萧正德竟然出逃到了北边，好端端的王爷世子不做，跑去北魏当流亡人员，着实令人费解。

而在北方，萧正德遇到了两个老熟人——萧宝夤和萧综。萧宝夤是萧宝卷的亲弟弟，萧综虽然当过萧衍的儿子，但根据其本人的验证，他是萧宝卷的儿子。可萧正德虽然不是萧衍的儿子，但是萧衍弟弟的儿子这是确凿无疑的。那么这么一来，仇人相见分外眼红，两个人对萧正德的排挤也是少不了的。萧正德觉得憋屈，于是又跑回南方去了。

然而，萧衍也不降罪，只是不住痛哭流涕地规劝。可萧正德压根儿不领情，在京城胡作非为。后来其他人因为背景不过硬，统统见了阎王，唯独萧正德逍遥法外，因为人家上头有人，百姓们也见怪不怪了。更厉害的是，萧正德还和"妹妹"私通，还生了俩娃，弄得满城皆知。

私下里说归私下里说，真正把这事情拿到台面上说还要归功于一个叫张准的黄门郎。他在朝堂上当着王公大臣和萧正德的面，列数萧正德的罪行。当时萧正德发火了，当着这么多人的面揭他的底能不发火吗？好在群臣劝住了双方，没让两个人动起手来。事后，萧纪仗着自己是梁武帝最宠爱的幺儿，压下了这件事，并让萧正德向张准道歉。

就这么一个品行极差的人，却碰巧和侯景这个野心家勾搭上了。起初萧正德奉命去给侯景送东西，侯景一眼就看出萧正德肯定有故事，于是调查了解对方。双方勾结，萧正德当即就表示愿意给侯景做内应，前提是保他做皇帝。这下我们就不难理解侯景为何敢放手一搏进攻建康城了，原来是朝中有人。

但是侯景这时候又想出一招，这一招着实是他忽悠了梁朝大军。侯景到了长江边却放出话来，要打合肥。合肥是哪里，那是南路军萧范的大本营。萧范听到这个消息，也不追赶侯景了，而是回自己大本营等侯景来攻，而其他几路大军也改道到合肥去了。就在这群人傻兮兮地去合肥布口袋阵的时候，传来了侯景攻克谯州的消息，这时大家才意识到自己又一次被侯景要了。其实这也不能怪他们，既然侯景能跳出寿阳这个包围圈，那么他肯定也有杀回合肥来一个回马枪的可能。兵法有云："虚则实之，实则虚之。"侯景就是在这虚虚实实之中将梁朝的诸将忽悠了一次又一次。

紧接着，侯景再破历阳。历阳在长江北岸，与长江南岸的采石（今安徽马鞍山）仅仅一江之隔。当初北朝第一次打到江北的时候，还是北魏时期的拓跋焘时代，距今已经有百余年了。侯景能否突破拓跋焘的极限，渡过长江呢？

我们先来看看，梁朝的长江防线的兵力配置。由于近五十年未曾打仗

了，长江上的水军只有三千人，而采石作为军事据点竟然未曾设防，更别说是全面封锁长江了。当然，此时的梁军已经有人提出布防长江，在长江边歼灭侯景的设想，此人便是羊侃。羊侃建议："两千人马立即接管采石，同时命令邵陵王所部直接进攻寿阳，打掉侯景的据点。只要封住侯景渡江，再端了侯景老巢，侯景必然如同丧家之犬一般。"

可惜这时候朱异再次代表萧衍发言了："侯景必无渡江之志！"满座哗然，后世很多人根据朱异的这一句话，无端地把他定义为侯景的同谋。可朱异确实冤。事实上，朱异之前是说了很多帮侯景的话，但都是为了迎合萧衍的心思，从侯景讨要锦袍而朱异给侯景青衣来看，朱异和侯景压根儿就不是穿一条裤子的。那么朱异这次为何又帮侯景说话呢？这次还真不是朱异帮侯景说话，而是朱异在陈述事实。为何？侯景既然要渡江，那他肯定要船，没船难道游泳过去吗？真当侯景的部队是蛙人部队了，畅游大海无压力？所以，根据实际情况分析，侯景确实没有渡江的条件。

但是事情发展到这地步，已经无法用常规逻辑来看侯景了，用常规逻辑思考判断，确实是显得愚昧了，朱异这时候的常规逻辑得出的结论，再一次使得梁军错失良机。萧衍就思考得过于缜密了，他觉得，既然侯景能放出话说打合肥让大家扑个空，那这次到长江边会不会也是耍各路部队呢？到时候让各路部队疲于奔命，而侯景则可以运用运动战歼灭梁军。事实证明，想太多不可取，想得太过简单也要出事。正如前文评价萧衍的那样，萧衍算准了侯景，却没算准自己这边。

侯景虽然没有船只，但是萧正德有。蒙在鼓里的梁朝君臣自然不知道萧正德会在这个时候雪中送炭，用船只护送侯景过江。同时，长江边的三千守军也被调离了。原来，白袍战神陈庆之最得意的儿子陈昕觉得驻守长江的王质不足以担当重任，于是毛遂自荐，自己去守长江，梁武帝同意了。要说这个陈昕是陈庆之诸子当中最像父亲的，不是说长得像，而是各方面水平像。陈昕武艺高超，曾单骑擒杀北朝勇将，十二岁就参军了，曾参与过白袍军北伐战役的前半段，是真正的上阵父子兵，只是途中生病被迫提前回到了江南。这次是听闻侯景到达了长江边，于是朝廷紧急把他从前线调了回来。

可是这个王质是个无能之人，一看到有人愿意接手烂摊子，立马跑人，还未等到陈昕到来，长江边的三千守军就没影了。而侯景渡江恰恰是打了这个时间差！当侯景准备渡江的时候，侦察兵说长江水军已撤，侯景还不敢相信。直到侦察兵带回了江对岸的树枝，侯景才真正相信可以渡江了。

此时的羊侃仿佛已经看到侯景大摇大摆地渡江而来了，联想到当初寒山之战时萧渊明拒绝了自己的意见，这时再看殿上的君臣，羊侃只能仰天长叹："今日败矣！"

再看萧正德的任务，我们不由会笑，朝廷任命萧正德坐镇丹阳郡，负责建康及长江防务。这样一来，侯景渡江之后将毫无压力地推进到建康城下。

侯景渡江而来的消息很快传到了建康城。"四十年中，江表无事"，大梁四十多年的太平日子即将一去不复返了，取而代之的是侯景羯胡的兵临城下！

侯景渡江的消息像瘟疫一样开始蔓延，萧衍大为震惊。没理由啊，一艘船都没有，侯景的部队难道是从天上来的吗？倘若萧衍知道萧正德的底细，一切疑问就都有答案了。然而，萧衍在臣民心中高大的形象一下子土崩瓦解。此时的萧衍成了金兵南下时的宋徽宗，传位东宫成了他唯一的想法。四十七年的皇帝，坐得够久了，在此之前，也就汉武帝在位时间破了五十。而萧衍的寿命此时已经破了汉武帝的记录，奔着赵佗的岁数去了。

面对太子萧纲，萧衍说出了内心想法："以后军国大事无须问我了，内外的全部军队都交给你了。"萧衍老了，想问题考虑太多，既要想如何用阳谋杀侯景杀得有理有据，又要谋算侯景在长江边是否又是虚晃一枪，想多了确实累，或许换一个不把问题复杂化的人会好一些，萧衍如是想到。然而萧衍的提前让位恰恰是最错的一步，因为太子萧纲除了会写写诗文，在政治掌控上毫无头脑，甚至连他七弟梁元帝萧绎的一半都达不到。

在台城被围期间，萧纲做了两个重大决定，而这两个重大决定直接导致梁军惨败，就这么个玩意儿来掌控局势，比萧衍控局更差，梁军输得更惨！这时侯景那边来人了，来的正是徐思玉。据他所说他是弃暗投明过来的，请求见皇帝。大家都认为徐思玉是刺客，可朱异却很自信地说道："姓

— 137 —

徐的能干什么，还刺客，胡乱猜测。"但是朱异替徐思玉说话，老徐却不买账。徐思玉带来了侯景的文告，侯景起兵的原因不外乎三个字：清君侧。朝中有奸臣，奸臣就是朱异。这下可把朱异气个半死，心里嘀咕道："早知如此，我管你是不是刺客，一刀了事，还能容你这么疯狗乱咬吗？"

梁朝这边挺滑稽的，不能让徐思玉空口说白话，居然派了一个考察团去侯景那边证实情况，好像现在侯景不是入侵，而是不小心引起了边境摩擦，只要考察团把事情说清楚，就可以避免双方的大战，实在佩服梁朝方面此时还希望将战事用外交手段搞定的决心。而当考察团问起侯景起兵原因时，侯景笑道："欲为帝。"王伟则在一旁立马打圆场："口误，口误。河南王是说朱异这个奸臣乱国，河南王是来平乱的。"考察团不是傻子，侯景那三个字足以证明，这事情没得谈。

大战将至，建康城周围局势紧张，大批民众涌入建康城，盗贼横生，家家闭户。平日里的京城卫戍部队纷纷去武库抢兵器自卫，仿佛有把刀在手里，侯景就不敢杀他们了。歌舞升平的胜景不在，大乱将至的惨象却浮现在眼前。

我们来看看双方对比。建康城此时是一个人口规模超过百万的大都市，拿出十万大军不是什么问题。但是，缺乏优秀将领是梁朝的症结所在，五十年的太平盛世，让江南人民安逸的骨头都酥了，畏马如虎，是当时最真实的写照。虽然赶不上八旗子弟那样游手好闲，提笼架鸟，白天琉璃厂，晚上八大胡同，但是让他们上战场杀敌、刀尖舔血却是难以做到的。当然，这也不能怪他们，萧衍的皇帝做得太好了，在位四十七年，在江淮和北魏打拉锯战，境内一直没有战事发生，甚至连大规模造反都没有。刘宋时期建康多次被围的景象是梁朝百姓不曾见到的。宋、齐两朝暴动频发的三吴之地，此时更是成了安稳的大后方。

不要讥笑梁朝军民的这副状态。试想一下，哪天战争爆发，在和平年代成长的我们，表现得又会比他们好多少呢？

而当时的建康城，将领又是怎样一个情况呢？史书评价"宿将已尽，后进少年在外"。早期的曹景宗、韦睿不复存在，中期的陈庆之、兰钦也驾鹤西去，剩下的青年将领则不堪大用，陈庆之的儿子陈昕是这群"军二代"

中最拿得出手的。可是，这些人此时却不在建康城内，除了陈昕是被紧急召回的，其他都在边境历练呢。而东晋宋齐梁引以为重的军事大棒——"楚子集团"也早已消磨殆尽，萧衍成了"楚子集团"的收山之人。侯景那边则一眼把建康城内部看到底，扬言："城中非无菜，但无酱（将）耳！"就是说：城里不是没兵，而是没拿得出手的将领。

再来看侯景这边，虽然要补给没补给，要兵员没兵员，但是他有一个秘密武器——守卫朱雀门的萧正德。有他作为内应，足以胜过雄兵十万。更重要的是，侯景此时已经将围堵他的部队远远甩在了后边，兵锋直抵秦淮河，可以说，他已经到达了南京城下。

而梁朝这边万般无奈，请出了羊侃坐镇。值得玩味的是，羊侃竟是个地地道道的北朝人。侯景没能想到，最后保卫南朝都城的居然是一个北朝人。而这时，羊侃名义上是给萧纲的儿子萧大器做副手的。可萧纲无能但也能认清时势，这时候他完全放权，因为他深信，只有羊侃才能挡得住侯景，若是连羊侃都扛不住了，那么一切就都完了。

由于萧正德的放水，侯景此时已经到了秦淮河边，准备渡江。梁朝时代的秦淮河没有秦淮八艳，没有"隔江犹唱后庭花"的商女，香艳事、脂粉气毫无，只有萧瑟的西风，吹动着平静的湖面，不时泛起一点点涟漪。

负责守卫秦淮河的是东宫学士庾信，庾信是《哀江南赋》的作者，梁朝非常有名的文学家，他厉害到何种程度呢？凡是要研究六朝文学的，都绕不开此人，连唐代的杜甫都把他当成偶像。梁朝败亡之际，庾信到了西魏，当时便被尊为宗师，一直到西魏被北周取代，北周又被隋取代，他在文学界的泰斗地位都未曾被撼动。

不过，依据"史家不幸诗家幸"的原则，庾信能有质的飞跃，全靠"侯景之乱"。正是因为这场动乱，庾信才一改淫词艳曲之风，不再写宫体诗了，而是研究经典。从庾信后期的作品中都能看出那种感慨家国离乱的内心情感，貌似和李后主倒有几分相似了。

言归正传，此时的庾信正在啃甘蔗，手下三千人正在桥边琢磨着拆桥还是不拆呢。其实这并不是严格意义上的桥，而是由船只打造的所谓的"浮桥"。本来萧纲已经下令拆毁浮桥了，可是萧正德红口白牙地说道："不能拆，这一拆就会人心浮动。侯景还没来，咱们这就要乱套了。你说到时候要是有人再造谣一声'砍人啦'，百姓一个不小心狂奔造成个踩踏事件，这乱糟糟的局面怎么控制？"萧纲一听觉得在理，竟然又下令不拆了。

这一会儿拆，一会儿不拆，让庾信很郁闷，于是他让人在桥边准备着，说不定又要拆了。可不巧的是，拆桥的命令没等到，侯景的部队却来了，庾信吓得连忙让人拆桥，这桥要是再不拆，那"砍人啦"就不是随口说说了。然而，接下来这一幕惊呆了士兵，侯景前军竟然都是人马披甲——传说中的重骑兵来了。

重骑兵这个概念庾信只在书上和孩提时代有所了解。江南的百姓只见过重骑兵一次，就是当初刘裕从南燕国带来的数千重骑兵防卫建康城，随后檀道济指挥这支部队大破卢循的时候见过。拓跋焘虽然也有重骑兵，可毕竟没打到江南来，隔着长江自然看不见对方的重骑兵。当初在江南见过重骑兵的人都死了一代接一代了。重骑兵的再次出现，等同于我们现在发现的史前文明一般新鲜，我们现在怎么看复活节岛石像，庾信等人就怎么看重骑兵。只是我们看的时候多半觉得新鲜，而庾信等人只怕是恐惧远大于新鲜了。

面对这么恐怖的敌人，手下哪还有心情去拆桥，庾信首先做了逃兵。一阵阵的箭雨往这边招呼过来，从火力上压住对方，这点侯景是懂的。"嗖"的一声，一支冷箭钉在大才子身旁的城门柱上，这下庾信吓得灵魂出窍，撒腿狂奔。浮桥仅仅被拆了一只船，这时候萧正德再也不伪装了，直接带队跑去修补好浮桥，与侯景会师。

殊不知，萧纲此时已经派了三千人马帮助庾信一起防守秦淮河，可惜又是一个时间差，如果庾信不临阵脱逃，局势很可能会有转机。可是，一切都因为庾信的怯懦而失败了。其实，怯懦的又何止他一人，之前萧纲在台城外围做了这样的布置：五子萧大春守石头城，谢禧、萧元贞守白下城。而带了三千人马去驰援庾信的则是长江水军军长王质，之前长江换防他就坑了友军一把，现在他再次表现出"文能挂机骂队友，武能越塔送人头"的高超坑友军水平。这次他的三千人遇到叛军，连遭遇战都没打就全队逃跑，离开了战场。想必这支部队很可能是当初长江上的那支原班人马吧，

难怪陈昕说他是个废物，一点都没说错。而石头城、白下城的部队此时也跑了个干净。

萧纲所谓的精心安排一下子就全面崩溃了，只剩下台城还在政府军手中。而叛军萧正德所部与侯景所部成功会师，声势大为一振。在宣阳门下，两支反政府武装成功欢庆侯、萧会师。为了统一着装，萧正德命令部下反穿军服，露出里面的青色里子。

行事如此顺利简直让侯景不敢相信，尤其是政府军撤出了石头城，等于把一座粮仓送给了侯景——石头城平时用来储备粮食。此时，萧衍父子也都躲进了皇宫，皇帝都跑了，那宫女大臣也纷纷跟着跑，小小的皇城内竟然聚集了十万人口，还有四十万斛趁乱运进来的粮食。侯景面对政府军的全面败退，感觉自己突然之间高大上了，再也不是那个残疾人了，他已然可以比肩高欢，甚至比高欢更厉害。高欢只能占领一半北方，而侯景只要拿下萧衍，将控制整个南方……

台城旧梦

此时的情况很危急，皇宫就像是一个孤岛，而台城就是这孤岛上最伟岸的山巅，抗击着滔天巨浪，让这孤岛幸免被海水吞噬。全体人员都被动员起来，王侯将相放下身段，参与到台城保卫战当中来了，纷纷挖土堆山，就连萧纲都"模范性"地做了表率。

羊侃不愧是名将，此时虽然台城已经是孤城，但是他依然防守得很完美。侯景在台城下再也尝不到那种还没开战守军就溃逃的甜美果实了。然而，侯景知道，这是最后的堡垒了，拿下台城，他将坐拥天下。侯景派兵猛攻台城，进攻之余还蒙骗守城的将士，说他只想杀朱异，朱异一死，他立马退兵。

萧衍听闻了侯景的要求，如同宋徽宗处置蔡京一般，对着儿子萧纲说道："既然朱异贪赃枉法，扰乱朝纲，那么就杀他一人以谢天下吧！"其实萧衍心中很清楚，朱异没有错，朱异所做的一切都是萧衍的意思，萧衍也清楚，即使杀了朱异，侯景也绝不会退兵。但是，萧衍必须这么做。一来，平日里受朱异欺压的大臣不在少数，杀朱异，稳人心；二来，既然侯景场面话说得这么好听，那就遂了他的心愿，到时候侯景杀了朱异还不退兵，那么他就是失信于天下，让百姓看清楚这个所谓"革命者"的真实面目，看他还如何站得住道德的制高点！

不过萧纲怕这么一做，别人还真以为堂堂大梁的国君要受到侯景的威胁。这样一来，侯景要"蹬鼻子上脸"，继续要这要那，朝廷的公信力该往哪里搁。朱异因为萧纲的坚持挽回了一条性命，此时的朱异只怕恨死侯景了。侯景进攻的同时四面放火，既然打不进去，把大门烧了岂不妙哉？这时候羊侃就命人将大门钻孔，从孔里浇水灭火，同时还派出敢死队跑到城外浇水，这可真是豁出去了。

侯景觉得四面放火行不通了，那就只攻一面，于是命人用大斧去砍东掖门。侯景看到门被砍出一道道口子，心里很是得意，可他没想到，不久砍门的士兵就哀号着退了下来。原来羊侃利用这些口子刺出长矛，来不及躲避的人直接被刺成肉串了。萧纲很开心，在城门上不住夸赞士兵勇敢，还进行了嘉奖。

侯景这下急了，他急中生智，居然造出了几百个木驴，每个木驴里面藏四五个人，外面蒙上湿漉漉的牛皮，底上装上轮子，这么一来，"侯式坦克"就上了战场。可惜这第一批试验品情况很糟，虽然挡得住火，扛得住箭，但是在羊侃投石器的进攻下，一架架"侯式坦克"被砸得稀烂。看着自己的艺术品就这么毁了，侯景气得要吐血。

战争会推动科技的迅猛发展，这句话一点也不错。很快，"侯式坦克二号"成功出炉，这次侯景改良了木驴的背部，使其成为尖顶设计，这样一来，砸落的石头不会积压在木驴背上，而是会滑落下去。看看羊侃那边的投石器毫无作用，侯景得意地说道："羊侃，你不知道，我这改良后的'坦克'是你的'巨炮'打不穿的。"

梁军一时不知道该怎么办了，要是让这木驴进来了，那么"特洛伊木马屠城"可就要在建康城再上演一次了。

不过羊侃一点也不慌张，既然"巨炮"搞不定"侯式坦克二号"，那就来试试"羊老虎号榴弹"吧。城楼上扔下数千把火炬，一下子点燃了侯景的一架架木驴，侯景诧异道：不是做了防火设计了吗？的确，侯景用了湿牛皮，可羊侃的火把也不是一般的火，可谓"三昧真火"，引燃材料都是高效性燃烧物，同时火炬又加上了钩子，一旦砸中木驴，就会狠狠地钉死在木驴上。拥有"制导系统"的"羊老虎号榴弹"很快就把"侯式坦克二号"摧毁了，里面的人烧得那是连灰都不剩。

侯景命人在城外筑起了土山，羊侃则派人去挖地道。土山地基不稳，只能轰然倒塌。侯景一看，既然土山你可以搞定，那我就来楼车。转眼之间，两座高大的楼车拔地而起，侯景的叛军拥上楼车，准备居高临下对着城内射箭。

士兵们面对这庞然大物纷纷手足无措，唯独羊侃很镇定。羊侃微微一笑，说道："不急，不急。侯景这种战车造得仓促，属于三无产品，典型的'豆腐渣工程'，还偏偏拥挤了这么多人，加上地基不稳，这车迟早得坍塌。"果不其然，侯景的战车还没开到台城城门前就轰然倒塌了，这下梁军可是看了一个大大的笑话。

看来拼武器发明，侯景还真不是羊侃的对手，不过，明的不行可以来阴的。于是乎，侯景学起了"二战"时候德国人的招数。当时德国人捉住了斯大林的儿子雅科夫进行要挟，而此时侯景的手里也有羊侃的儿子羊鹥，而羊侃的态度比斯大林还坚决，居然在城头拉弓要射死儿子，并高声喊道："我当年南下投效，连宗族都不顾，今天岂会顾及一个儿子？"侯景一看羊侃来真的，连忙让人把羊鹥带走，以免丢了这个王牌。

侯景觉得得让人给羊侃摆道理了，于是派手下傅士哲问道："侯王不辞万里来觐见，朝廷为何把他拒之门外？"羊侃理直气壮地回应道："带着一群胡虏，打砸抢烧着掠过秦淮河，又来攻城，就是这样的觐见方式？"傅士哲又说："侯王本来就是行伍出身，带几个兵很正常，我们是来锄奸的。"羊侃说道："陛下做了四十几年的皇帝，海晏河清，哪里来的奸臣等着你们除？你们锄奸还是刺王杀驾？"傅士哲没话说了，竟然膜拜起了羊侃："我在北方就听过您的威名，今日希望您能脱下铠甲一见，也不枉此生了。"羊侃居然还真这么做了，傅士哲这么一看，再也没话说了，深深地被震撼到了，包括他手下这支贼兵也被羊侃的人格魅力所征服。

侯景怕手下被羊侃给忽悠过去，连忙把傅士哲喊了回来，也让聚集在城下的士兵都散了。现在侯景心里非常郁闷，他不明白，羊侃是北朝人，自己也是北朝人，为何这个北朝人会为了守住南朝的江山和自己拼命呢？想不明白，实在想不明白。由于侯景之前约束士兵，与百姓要秋毫无犯，时间久了，粮食被吃得差不多了，而侯景却不想因为抢粮而搞得形象大减，加上叛军又不会自产粮食，这么一来，开始出现逃兵了。

侯景先是拥立萧正德正式在城下登基，这下可把萧正德开心坏了，还把女儿嫁给了侯景。随后，侯景命令士兵们猛攻台城外唯一的堡垒东府城，并将降兵全部杀光。接着命人到处散播谣言，说萧衍死了，以此来瓦解城内士兵的斗志。萧衍都一把老骨头了，还得亲自上城头辟谣，侯景的诡计真是不少。

可是更绝的远不止这些，侯景决定撕毁伪装了多时的面具，来一场彻底的"大革命"。

大家知道，"九品中正制"是魏晋南北朝时期重要的选官制度。它从曹魏时期开始，到隋唐科举制的确立止，共存在了四百年之久。

在这个制度的催生下，形成了"世胄摄高位，英俊沉下僚"这一特殊社会现象，也可以通俗地理解为"上品无寒门，下品无世族"。这反映出寒门与士族的矛盾，暴露出门阀制度的腐朽与黑暗。

时间越久，士族地主与寒门百姓之间的矛盾就越突出。统治者为了维持其统治地位，便采用"分封藩王"的方法，将自己的子弟派出去，控制军队，维护皇权。但是，正因为有了军队，藩王才有了野心。刘宋时，孝武帝刘骏入主京师，拉拢自己的六叔和六弟一同反抗刘劭，此后刘宋王朝喋血不断，便是一例。

但是，刘宋王朝内讧时，却从未让北魏趁机捞便宜，这对比梁朝末年的王室内讧，而导致领土大幅度缩水，不得不说是一个奇迹。究其原因，有以下两点：其一，刘宋藩王人马较少，破坏性不足；其二，刘宋皇室在军事上的成就高过齐梁皇室不止一两个档次。

不过，北魏并不是没有趁火打劫的念头。就在刘骏平定刘诞叛乱的时候，北魏出兵南下，意图夺取山东。但无奈孝武帝刘骏在军事上太强悍了，有宋武遗风，青州一战打败北魏，打的北魏再也不敢南犯。

可是，内讧虽然没伤国体，却使得刘宋皇室子弟死了不少，最后让外戚萧道成捡了便宜。当时，刘宋皇室仅剩下了几个人。因此，可以说，刘宋的灭亡，在一定程度上是因为其皇室人员都过于强悍，能人多了而火并，最终"以强亡"。

而接下来的萧道成，鉴于刘宋内讧太严重，便大规模削弱皇室的实力。他委派到各地的皇子都是没有实权的，权力都被掌握在他们的监护人——典签手中。萧道成原本是想借此维持皇室内部的"和谐"，可没想到却最终害了自己的子孙。萧鸾篡权后，恰恰就依靠这些典签，把萧道成在各地的嫡系子孙杀得一干二净。

萧衍亲历了这一变故，因此在权衡利弊后，他只能再次分藩，而藩王的权力却远比刘宋时藩王的权力大得多，而统御能力却低于刘宋皇室几个档次。所以，萧家皇族一旦内讧，结果就是毁灭性的。萧衍不是不知这些，但是他认定只要自己还活着，就镇得住这些。可寒山之战的失利，却让萧衍担心起来。

但是，分藩却只能治标，而不能治本。士族地主阶级已经是烂到根儿了。除非一下子切除这毒瘤，否则小修小补根本不起作用。更何况，改革的人——萧衍，自己本身就是既得利益者。

既然无法根除这一矛盾，那么就试图将矛盾延缓爆发吧。这时候，萧衍想到了宗教。而当时的中国，佛教是最能平复人们心中不满的。佛教讲究行善事、积德，强调"报应"一说，劝人"放下屠刀，立地成佛"。老百姓认为，若想下辈子投胎到一户好人家（世族大家），那么就必须要做好事，作奸犯科都不行，更别说造反了。老百姓一做好事，那社会秩序也就稳定了。

我们可以清晰地发现，凡是战乱之时，统治阶层就会进一步强化宗教的作用。乱世中，百姓只得去佛门寻找寄托，而萧衍等人只是发现了这一现象并加以积极引导。

萧衍采取的是把自己切身打造为"佛"。萧衍像世人展示着自己的虔诚，他修了不少佛寺，又四次"舍身"，甚至还订立了"持斋"这一戒律。萧衍用自己的切身行动来像世人展示这么一个道理：佛就是我，我就是佛。

推行"佛教治国"确实延缓了社会矛盾的总爆发时间，不过，压抑得越久，爆发就越猛烈。早在汉末三国时代，北方的庶族地主就开始表现出对士族地主阶级的不满了。而南方的庶族地主阶级和士族地主阶级的矛盾则在东晋后期激化，期间爆发了"孙恩之乱"。萧道成上台后的倒行逆施更是激起了"唐寓之之乱"。如果不是萧衍的苦心经营，梁朝也早已动乱了。但是，之前的两次失败都是因为庶族地主阶级实力过于弱小，而陈庆之北伐，却一下子提高了江南本土庶族的政治地位，为江南本土庶族再一次的反抗提供了契机。士族和庶族这两大地主阶级的矛盾，最终却被侯景所利用，演化成了一场大动乱。

侯景是六镇起义的见证者，包括他手底下的很多人都是。他们造反不是因为吃不饱饭，而是因为贫富差距。而北魏贫富差距悬殊的原因就在于门阀制度，既然北魏因为门阀制度而如此，那么在世家大族横行的江南，情况就更不容乐观了。

此时的南梁不缺钱，梁武帝时期是南朝经济发展的鼎盛时期。但是，如果论政治清明和财富分配公平，梁武帝的统治却远远比不上刘宋的"元嘉之治"。要构建一个完全公平的社会，对萧衍来说只能是乌托邦，不过，要让和尚享受福利制度，萧衍倒是可以勉强做到的。

九品中正制下不缺富二代、富三代，甚至富十代。而萧衍自身的一些做法更是助长了这些，对于亲属过于宽容，对于百姓过于压制。侯景看清楚了这一点，所以他决定，在南朝的土地上来一场类似于"六镇起义"那样的动乱，发动起平日里受压迫的阶级，解放他们，把他们都武装起来，成为叛军的一部分。侯景认为光靠自己和萧正德这点儿人马肯定不够，可要是发动起建康城周围那些被压迫的奴隶、穷人，那么自己将有几万，甚至几十万人的部队。

然而，侯景的所作所为，并不是"革命"，而是"动乱"。何为革命，革命是要实现一群人的目标，而不是一个人的目标，侯景的所作所为美其名曰"领导穷人翻身"，但其实只是为了他自己做皇帝。他欺骗了人们，他只是让这数以万计的穷人去做炮灰。更可笑的是，侯景一不是汉人，二不是南人，却口口声声叫嚣着要维护江南汉人的利益，摆脱北来侨民的压迫，实在令人可笑。当然，此时的民众多半被侯景所蒙蔽，可是，在不久的将来，他们会看清侯景的真面目：侯景既不是革命，也不是在救江南。

魔王兽性

侯景为了征兵，颁布了"解放奴隶宣言"，表示不管是谁的奴隶，只要参加到"革命军"中来，你就是平民！侯景一下子招募了不少奴隶，其中有一个来自朱异府内。

台城下，一个穿着锦袍、骑着骏马的奴仆，对着台城上的朱异大骂道："你这个老贼，混了五十年了，还只是个中领军，我刚刚投靠侯王，就已经是开府仪同三司了。对了，你这辈子搜刮来的财富现在都是我的了。"

这一句话戳中了朱异的痛处，朱异虽然深受梁武帝宠幸，但毕竟出身低贱，权势滔天，可官位却依旧无法超越那些士族出身的人。而朱异为之奋斗一生的钱财，如今也都成了他人之物。听到这样的话，朱异能不痛心吗？家奴的话不仅刺激了朱异，更是刺激了台城内的奴仆，三天内，逃跑的人数以千计。

人多有好处也有坏处，比如粮食，石头城的粮食很快就被吃光了。于是侯景下令，没粮食就去抢，建康城一百多万人呢，跑进去也就十万，足够抢的。城内稍微好点，毕竟当初运了不少米进去，但是米有，没菜下饭怎么办呢？尤其是萧衍，是要吃素的，新鲜蔬菜没了，只能开小荤——吃鸡蛋了。

这时，城内、城外又开始建土山。城外用的是惩罚机制，叛军驱赶难民干活，干得不麻利，就得严惩。城内就人道多了，萧纲不断嘉奖士兵，可这出不去，要赏赐也没用。不过城内明显沾了人道的光，在土山上还造了高楼，比侯景的土山壮观多了，萧纲再次爆发文学气息，将高楼取名为"芙蓉楼"，将在土山和高楼上和叛军对射的士兵命名为"僧腾客"，大概是将这些军士幻想成腾云驾雾的高僧来拯救大梁吧。可这回轮到城内豆腐渣工程了，下了一夜雨后，土山和高楼就坍塌了。"芙蓉楼"没了，"僧腾客"也多半被压死，侯景则看得心花怒放，随即命令士兵出击。

　　侯景科技男转成技术男，利用土山和城墙的落差，命令士兵甩出钩子，玩起了溜索，不过羊侃很轻松地用扔火把将问题解决。

　　就在双方激烈胶着之时，侯景的内部也不稳定了，事情还得从侯景挺进建康城说起。

　　侯景行军途中，遇到一支白袍军，当时把侯景吓得差点尿了裤子，还以为陈庆之原地复活了。可他一想，不对，陈庆之死了十多年了。于是下令进攻，双方一交战，白袍军不敌，果然没有当年那般神勇，被侯景打垮了，侯景还俘虏了白袍军主帅——陈昕。

　　捉到了陈昕，侯景很开心，因为这辈子他就服三个人：高欢、尔朱荣、陈庆之。如今捉到了陈庆之最得意的一个儿子，当然开心了。侯景将陈昕带回大营好酒好肉地伺候着，一边喝一边说："贤侄，当年你爹入洛阳的时候，我、高王、宇文黑癞子等一批人还都是柱国大将军的手下。你爹当年很勇猛，我佩服，后来在淮南和你爹亲自打了一仗，大败而归，果然是'此生不见陈白袍，人称英雄也寂寥'啊。贤侄，我看好你，你的白袍军战斗力也不错，只是稍欠火候。这样，我帮你重组白袍军，你跟着我干，我认你做义子，如何？"

　　陈昕望着侯景说道："你要听我给你讲笑话，说说我爹的丰功伟绩，我肯定干；做义子，不干，我有爹；造反我也不干，我要脸。"侯景一看陈昕这态度，心想：不答应，我就不放你。

　　不放陈昕，陈昕倒也开心，于是开始了策反行动。当年陈庆之能激励士兵奋勇杀敌，陈昕也能说服叛将弃暗投明，这次被劝服的人叫范桃棒，手底下管了五百号人。陈昕在劝服他后，火速用溜索溜进台城城内。萧衍没想到还能看到陈昕活着回来，大喜过望，而陈昕又说劝降了范桃棒，萧衍更是开心得不得了。陈昕表示范桃棒要个物证，以示朝廷的态度。于是萧衍命人做了一个丹书铁券，写道："事成之后，范桃棒为河南王，统领侯景部众。"萧衍将其一分为二，准备将其中一半交给陈昕带回。

　　可萧纲一点儿都不信任这事，他想当初不就是接受了侯景的投降才惹出这么大的祸事吗？现在再收留个范桃棒，要再是诈降怎么办？很明显，萧纲铁了心地不信范桃棒。于是在范桃棒的归降问题上，萧纲做了他掌权以来的又一决定，他劝说萧衍不要招降对方。他实际掌权以来大决定只做过两个，但是从这两个决定的结果来看，足见萧纲毫无政治头脑。

陈昕无奈地回去和范桃棒说明了情况，范桃棒倒也很体谅萧纲的"苦心"，他说道："这样吧，我带着我的弟兄们今晚全部到城下脱盔甲，到时候就让皇帝开城纳降吧。只要给我们招安，我们保证戴罪立功，砍了侯景脑袋。"没想到这么一来，萧纲更不信了：小子，挺会装，是不是我一开门，你前脚进来，侯景的木驴后脚就进来了？

这时候朱异终于做了一回明白人，对萧纲说道："陛下，你要是还想保住你的江山，那就快快收降范桃棒，否则，就算诸王带兵前来，这天下只怕也不是你的了。"

朱异对于萧家的家族事看得比谁都清楚，他明白，如果是勤王之师来了，只怕前脚灭了侯景，后脚就要顺带逼迫萧纲让位了，而萧纲却痴痴地以为勤王之师是来救助他脱离苦海的。正是因为朱异对萧衍诸子之间的纠纷看得很透，所以当初他才会劝阻萧衍临阵换了萧会理。可惜，最应该看清楚形势的萧纲反而是最糊涂的一个人。望着愚蠢的萧纲，朱异恨恨地说了句"事去矣"！

萧纲的愚昧坑的不是他一个人，而是台城的十万军民，当然，也包括范桃棒和陈昕。由于范桃棒一厢情愿，得不到城内的接应而事发，侯景将范桃棒的四肢砍去，让其痛极而死。陈昕挺仗义的，带亲兵出城接应范桃棒，结果被侯景再次抓住。陈昕被抓住后，侯景决定将计就计，让陈昕写信给城里，说范桃棒愿意只带几十人进城。面对侯景的威逼利诱，陈昕大义凛然，痛斥了侯景的野蛮行径和无耻之心，拒不写信。侯景恼羞成怒，将陈昕残忍地杀害了，陈昕牺牲时年仅三十三岁。陈昕用自己的行动证明了自己无愧于父亲，他永远是白袍战神陈庆之最优秀的儿子，为国捐躯，死得光荣！

陈昕的死使得绝望再一次笼罩在了台城百姓的心中。然而，就在陈昕死后不久，久等的援军终于出现在了人们视野中。在钟山一带，邵陵王萧纶的部队最先抵达了建康外围。不仅如此，当初合围侯景的各路人马也在紧急赶来的途中，被外界最看好的萧绎统领着出发了。

侯景这时着急了，心里嘀咕道："不是说这萧家老六（萧纶）的部队在渡长江的时候，被大风刮得死在江水里不少吗？咋还有命来这儿，而且来的还不少啊，整三万呢！"侯景害怕了，原以为能奇袭建康，在援军到来之前搞定一切。可现在是，他被拖在了建康城下，援军也已经到了，萧纶来了，其他援军也快到了。现在的情形对侯景极为不利，他脑子转得飞快，立刻做了两手准备。一方面把抢来的美女财宝都装箱带上船，一旦情况不妙，立即开溜，能跑多远就跑多远。另一方面，准备随时和萧纶决战。

萧纶性子暴躁，年少之时是个混账，可是越长大越发成熟懂事了。尤其是这次勤王之师中，唯一真正想解围的也就是他了。即使在长江上遇到大风浪，他也没有耽搁多少时间，火速往建康城推进。当初侯景渡长江选择了采石，而这次萧纶则是选择了京口的瓜洲渡。为什么选择这个渡江地点，这与萧纶急躁的性格分不开，如果他从采石渡江，出现在侯景的叛军后方，容易会合其他联军，但是这就无法更快地与台城取得联系。此时，侯景拥立萧正德等于是另立朝廷，本身对于皇位有想法的萧纶更是无法容忍，所以他便选择了瓜洲渡，直接将军队拉到侯景的正前方，并可以与台城取得联系，萧纶希望自己能更快击破侯景的部队。

萧纶做出这么一个决策，抢皇位的心思有一部分，出于对父亲的孝心也算一部分，但客观上反而使得他的部队和大部队脱离开来，成了一支孤军，这也为萧纶部队的失败埋下了伏笔。

萧纶听从了部下"常跑将军"赵伯超（寒山之战中一直嚷嚷着退兵的那位将领）的意见，走小路顺利绕过侯景的截击部队。《资治通鉴》中曾记载，赵伯超在寒山之战中被俘，我在前文也引用了这一观点，但赵伯超此时又出现在这儿，只能说这可能是史书在记载过程中的一些失误吧。

萧纶的部队在蒋山成功地扛住了侯景的第一波进攻。初次得胜之后的萧纶，在玄武湖附近摆下阵营和侯景对峙，侯景在覆舟山等到了日落西山，还没发觉可乘之机，只得先行撤军，与萧纶改日再战。萧纶的手下萧骏一看侯景要溜，带着几十骑就追赶去了。侯景火了："等了一天不来打，现在来打了是吧，爷爷陪你玩玩！"说完就指挥部队回头一战，萧骏毕竟只有几十骑，这么一打，立马溃败，往回撤军。

赵伯超一看，"完了，完了，这不是又一个胡贵孙愣头青吗？跑吧，大家快跑吧，输了。""常跑将军"赵伯超这次又毫无疑问地做了逃兵。混战中，萧纶三万人马损失殆尽，仅仅带了一千人成功突围。

侯景牛气哄哄地压着被俘的萧纶手下的将领来到台城下耀武扬威。但是，此时军中还有不屈的头颅，霍骏高喊道："邵陵王只是稍微受挫，大军已经回京口整顿了，城中的人们放心，他还会杀回来的。"而侯景"回馈"这位勇士的是刀刃相加。

此时的城内相继发生了两件事情：朱异和羊侃一前一后都去阎王那儿报到了。朱异死后不久，羊侃也死了。与朱异不同的是，羊侃是城内所有百姓的精神支柱，大家都不敢相信，这个当年手能抓碎石板的羊老虎也会死。可是，羊侃不是神，他毕竟也是一个血肉之躯的人，是人就都会死！羊侃死的时候四十五岁，正值壮年，以他的体力他不可能就活这么短，可是，这一个月他是带病守城的。

守卫台城这么久，羊侃能做的都做了，他成功地阻挡了侯景各种各样的进攻，甚至不惜引弓射自己的儿子！可是，他累了，实在撑不住了，他多想再多活一天，多守卫台城一天啊。当初他义无反顾，突破索虏重重围困，就是为了能重归南朝，重回汉家天下，实践祖先的诺言。他做到了，他回到了南方，并且在南方最需要他的时候，义无反顾地奉献出自己的生命，无愧于一个汉家儿郎！

有心杀贼，无力回天！睁着那双不甘的浑浊双眼，羊侃倒下了，他再也无法继续守卫这片土地了，该做的都做了，剩下的只能期待后来人了……

萧墙之祸

在继续讲述台城战事之前，我们先把目光转向萧衍和他的孩子们，因为接下来的联军会在台城下上演一幕幕啼笑皆非的闹剧。倘若我们不先了解萧衍这个家庭状况，或许会对联军的做法而感到不解。但是，等了解清楚之后，再来看台城保卫战的后期，大家心中或许会升腾出一丝唏嘘和悲凉……

萧衍是个全能的皇帝，他的才能是公认的，他的《东飞伯劳歌》流传至今。如果不是遇上侯景之乱，萧衍的寿元会更长。萧衍还曾经著《通史》，只可惜这书后来未能流传于世，否则其价值或可盖过《资治通鉴》。

萧衍的多才多艺还体现在武功上，他可是正儿八经地亲自上战场杀过敌的，年轻时候萧衍名声在外，靠的是彪炳的战绩，北魏的王肃、刘昶十万人马南下，结果被萧衍杀得单骑逃回。连北魏"文治武功最盛"的太祖孝文帝都曾警告过手下："闻萧衍善用兵，勿与争锋，待我到来；若能擒拿此人，则江东便归我有。"

试想一下，连孝文帝这种眼睛长在天上的人都能如此高度评价萧衍，梁武帝早年的军威可见一斑。

按理说，像萧衍这样的全才应该一生没什么遗憾了吧，事实上却并非如此。萧衍外表光鲜，可内心却百般煎熬，这内心的忧郁来自他的几个儿子。

萧衍得子比较晚，前文提到过，原配郗徽一直未能给他生下一个儿子，他的大儿子萧统是在他夺下江山那一年生的。随后他又陆续有了几个，算上忤逆子萧综，萧衍一共有八个儿子。萧衍在取名时都给他们加了一个绞丝旁，依次为：萧统、萧综、萧纲、萧绩、萧续、萧纶、萧绎、萧纪。

萧统扬名于后世的是那部《昭明文选》，这部书是中国历史最早的一部诗文总集。萧统少年时代就是一个神童，三岁就读《孝经》《论语》，更重要的是他还孝顺。母亲去世的时候，他水米不进，把自己饿瘦了一圈。

萧统的命也不好，因为"腊鹅"事件而与父亲产生了嫌隙，紧接着又在赏荷戏水的时候落入水中，并因此染病，最后撒手西去了。

萧统的死让萧衍很悲哀，与失去儿子的伤痛相比，对于国家未来的忧郁更甚。因为萧统不单单是萧衍的儿子，他更具备了政治生命，他是当朝太子，太子一死，接下来围绕着太子之位的争夺就愈演愈烈了。

太子死了，该立谁？根据中国的嫡长子继承制来看，太子死了就应该立太孙了，朱允炆就是个很好的例子。当时萧统的大儿子萧欢也已经长大了，按理说被立为储君无可置疑。但是萧衍考虑再三，还是选择了三子萧纲成为太子。梁武帝将萧统的几个儿子都封为王，作为对他们的补偿。萧欢倒也没什么怨气，坦然受之。

可是萧欢的两个弟弟——河东郡王萧誉和岳阳郡王萧詧就不满了：凭什么原本传给我爹的位子让叔叔给夺了去，没天理啊！接受爵位的时候萧詧痛哭流涕，一连几天不吃饭。再到后来，这个萧詧引狼入室，带着鲜卑人攻下了梁朝的新都——江陵，着着实实地将梁朝原本可以中兴的希望掐得粉碎。而萧詧本人也在鲜卑人的帮助下建立了西梁政权，甘当北朝的傀儡！

说实在的，萧衍这么做也是有苦衷的。萧衍在萧统死的那一年也是半截入土的老人了，他绝对不会预见到自己日后会活那么久。南齐的时候，齐武帝萧赜正是因为太子萧长懋早逝，传位给了太孙萧昭业，才导致萧鸾趁机夺权，酿成了一出悲剧。前朝殷鉴不远，萧衍实在担心这样的事情会重演，才不得不传位给了儿子。而后，虽然萧衍发觉自己能活那么久，但也没有再动易储的念头，毕竟那个时候萧纲已经坐稳太子之位了。

那么问题来了，萧衍的孙子辈想争但实力不济争不了，可萧衍的几个儿子却个个有竞争的实力。既然长子死了，那就应该利益均沾，凭什么就选了老三。我们来看看萧衍的几个儿子，萧衍的二儿子萧综之前就说过，在这儿就不说了。

萧衍的四儿子萧绩，侯景之乱之前就死了，生前名声还行。据说，在镇江的句容市有萧绩陵墓的镇兽——辟邪兽，大家以后去镇江旅游可以一探究竟。

老五萧续，死得也比较早，但他属于典型的纨绔子弟，无恶不作。仗着自己和老大、老三是一母同胞，贪财好色。关于贪财，得提到他那个傻儿子。他的儿子萧应真心傻得可爱，在萧续死后，萧应打开了萧续的库房，望着一堆堆金银珠宝，问手下："这些东西能不能吃？"手下很老实地说道："不可以吃。"于是萧应乐呵呵地说道："那不能吃，就全送给你们吧。"萧续贪了一辈子的钱就这样被败家子儿散尽了。

至于萧续的好色，得提到他的七弟——萧绎。当时兄弟二人的矛盾来源于一个女人，此女名叫李桃儿。李桃儿不是美女，却是才女，南朝才女很多，如鲍令晖、苏小小都曾名动一时。萧绎在荆州任职的时候结识了这位才女，并把她带去了建康。结果被萧续告状了，萧绎只得遣返回荆州。

从那以后，这梁子就算结下了，萧绎就一个缺点：心胸狭窄。这次的事件导致萧绎记恨了萧续一辈子，以致萧续死后，萧绎一个激动，把鞋子都给撑破了。

老六萧纶，之前我们提到他最先率领援军返回，但没有详细说下他的生平，这里我们再来说下。作为萧纲之后，萧衍在世的几个儿子中最大的人，萧纶自然对帝位有着不少想法。年轻时的萧纶也不学好，在南徐州任职期间，去市场上瞎逛，问一个卖鱼的："本州刺史如何？"小贩子不乖，说了句坏话，就被要求吞鱼，结果被活活噎死。

如果说从这件事情可以看出萧纶的暴戾，那么接下来这件事则看出此人有点儿胡作非为了。一次外出，萧纶在路上看到了送葬队伍，竟然把人家孝子的衣服扒下，自己抢来高兴地穿上，而且扛着一根哭丧棒就号啕大哭，好像那棺材里是萧衍一般。我估摸着，萧衍原本能活一百岁，硬是被萧纶咒得少活了十几年。

可这小子还嫌玩得不过瘾，回到府内让人打造了一口棺材，把襄助自己的崔会意痛打一顿之后给钉在了棺材里，还找来一群人和他一块儿演哭丧戏，把崔会意在棺材里憋了个半死。老崔出来之后，一肚子火，当即就逃出去告御状了。萧衍知道后震怒，要将萧纶法办，可没料到，这家伙又唱了一出戏。他找来了一个和萧衍长得很像的老头儿，让他穿上萧衍的衣服正襟危坐，自己在下面哭着说"我没错，我冤枉"。结果把那老头儿吓得半死，哪里还敢吱声。可萧纶却觉得老头儿摆明了不配合，于是将他暴揍了一顿。

这下萧衍真火大了，那逆子打的不是老百姓，打的是"萧衍"，于是要将萧纶赐死。可最后这事情又不了了之了，萧纶活得好好的。不过，萧衍对儿子的宽容也收到了回报，毕竟在台城被围困期间，萧纶是唯一一个真心想救出父亲的。

接着来说萧衍的第七子——萧绎，他是萧衍几个儿子中最有政治头脑的人，也是他最终将四分五裂的梁朝又重新捏合到了一起。但是他有一个致命的弱点：心胸狭窄。也正是因为这狭窄的心胸，导致他中兴梁朝的理想化作了泡影。

萧绎是个残疾人，他瞎了一只眼睛，但这不是先天的。小时候他生了一场病，眼睛出了点问题，萧衍为了证明自己是个全才，亲自给儿子诊治，结果把眼睛给治瞎了。萧绎的文学造诣也深得其父真传，手里总要拿一本书，即使累了、困了，也让手下给他读书听。他还有一个非常厉害的本事，要是读书的人开小差，少读了一些内容，他也能立刻醒来，予以重罚。

萧绎曾经自诩为诸葛孔明，表示他对自己的谋略还是蛮自信的。事实上，萧绎的长处不是谋略，而是权谋。谋略和权谋不同，谋略是广义的，是博大的，是不分正邪的；而权谋则不可避免地要与政治博弈挂钩。萧绎是天生的文学家，也是天生的政治家，更是少有的权术高手。他手下的几员大将：陆法和、王僧辩、王琳、陈霸先，哪个不是当世枭雄，可萧绎在的时候，将他们控制得死死的，没有一个人敢生反心，如果没有足够的御人手腕，是不可能做到的。所以史书给予萧绎的评价是"性好矫饰，多猜忌"。

有一次，萧绎听闻琅琊王氏的王琳生了几个很有才气的儿子，心中愤愤不平，于是便将他的妻舅王子珩改名叫王琳，每当自己与王家人相遇，便称呼王子珩为王琳。王家人为此大为尴尬和愤怒，而萧绎对此则是心中暗笑。

最后说下萧衍的小儿子——萧纪。对于这个儿子，萧衍更是疼爱得不得了，将"天府之国"益州赐给他做了封地。可这个幺儿却不识好，觉得太远，哭闹着不去。萧衍无奈地说道："天下以后会大乱，你守好了益州，便能无忧了。"说这话的时候，或许萧衍已然预料到未来的悲剧了，给自己最钟爱的儿子一块最好的地方，这或许是一位老父亲所能做的最后一点事情。最后，萧衍伤感地说道："你说为父老了，可为父还想看你从益州回来的那天呢。"然而，萧纪既没有在他父亲最需要他的时候伸出援助之手，也没有听从父亲的话安分守己，最终在皇位争夺战中送了性命。

除此之外，萧衍最信任的弟弟——萧宏，甚至连萧衍的几个儿子都不如，临阵脱逃当成了家常便饭，北魏人送外号"萧娘"。不过这也就算了，此人还特别贪。至于萧宏那个宝贝儿子萧正德就更不用说了。

当然，萧家并不是没有能人，前文提到的萧范就是一个，可惜，他毕竟不是萧衍的亲儿子，只是一个侄子。萧衍不仅无法重用他，还得像防贼一般防着他。而且，萧范在侯景屯兵寿阳的时候就曾说过："侯景这崽子早晚要反，不如让我提前灭了他。"但是萧衍却阻止了他，他申请几次萧衍就拒绝几次。萧衍不是不相信他的实力，而是一来萧衍想用阳谋杀侯景，二来是怕萧范做大。其实，萧衍可以默许萧范如此行事，如刘裕借沈田子除去王镇恶一般，最后再降罪给萧范，不失为一石二鸟之计。

介绍完萧衍的家庭情况，大家也有所认识了。萧家的人不是无能就是心肠坏，好不容易心肠好点又有才干的，可惜又不是萧衍的亲儿子。面对这么一个家庭环境，萧衍只能暗暗叫苦。

生死搏杀

转回视角，来讲台城的战事。

萧纶的先锋失利以及朱异和羊侃的相继死去，使得台城内民众的斗志跌落到谷底。侯景这边则是士气高涨，这次侯景将毕生所研究出的装备全部用上来了，一时间，十几种战车在城外大显神威，而接替羊侃的柳津依旧沿用羊侃的老方法：掘地道，扔巨石，放火炮，和叛军相持不下。

逼不得已，侯景出了一个狠招，引玄武湖的湖水淹了台城，这下城内人没招了。不过经过这两个多月的激战，各地的勤王之师也到了一大部分，整整十万！十万人马在侯景面前一摆，侯景再次发懵了。

先来说之前的五路合围大军，继萧纶最先到达之后，东路军裴之高、西路军柳仲礼都已经到达城下，南路军萧范也派了先头部队前来勤王，还有萧纲的宝贝儿子——江州刺史萧大心也派了部队前来，其他各个地方的部队也来了一些。尤其是荆州的萧绎，一下子派出五万人马前来勤王，儿子萧方率一万步兵，大将王僧辩率一万水军，两万人马先开道，萧绎亲率三万大军紧随其后。不过声势很大，行军却很慢，无独有偶，昭明太子的二儿子萧誉也是走走停停，看看风景。

他们毕竟也来了，有俩人连来都来不了。一个是之前被萧渊明替换的萧会理，他走不开的原因是被叛军缠上了，有人会问："江北还有叛军呢？"没错，是叛军，叛军首脑是萧正德的弟弟萧正表，要说萧宏那几个儿子真

是好事不干，坏事干了一箩筐，连造反都带上兄弟一起干，这么一来，萧宏诸子和萧衍诸子孙就这么卯上了。另一个不来的那纯属是主观原因了，此人就是萧衍的小儿子萧纪，他以蜀地封闭为由，表示没收到消息。

既然援军到了，就该挑选一个盟主了，可惜萧衍的儿子孙子都不在，好不容易提前到来的萧纶却在战败之后不知去向，既然找不到皇族，那就只能从军界将领里面挑了。挑来挑去挑了柳仲礼做盟主，原因有三个。

其一，看祖宗。魏晋流行拼祖宗，这个必须作为一项考核指标，柳仲礼的祖宗很牛，刘宋名将柳元景，和宗悫、沈庆之并成为"平越三杰"。更重要的是他爹柳津是当时的台城总指挥，可谓上头有人。其二，看能力。作为武将得有拿得出手的业绩，很明显，柳仲礼也有，他曾战败过贺拔岳的哥哥贺拔胜。其三，看拥戴程度。柳仲礼在军中有韦粲这个表兄做支撑，这个盟主做得稳稳当当。

不过也有人反对，就是裴之高，老裴也列出了三条反对的原因：一，老夫我今年七十岁了，带兵打仗得讲点资历，你柳仲礼这么个黄毛小子能和我比？二，我手上还有萧范派出的军队，萧范的儿子还在我军中，我在一定程度上可以代表皇家，你行？三，当初你柳仲礼和我一起合围侯景，你是西路军，我是东路军，既然你能做，我为何做不得？

军队中最忌讳不和谐的声音，现在人人都拥戴柳仲礼，那么老裴的发言便成了不和谐的声音。韦粲也恼了，说道："要拼祖宗，韦睿是我爷爷，你们谁在我梁朝军界的影响力能比过我爷爷，老裴你要是在这么喋喋不休争盟主，耽误了救皇帝，我们就都成了千古罪人了！"话说到这份儿上了，再争下去就要被定义为"反革命分子"了，这点老裴还是懂的。

柳仲礼打开地图，细细揣摩，指着青塘说道："这个地方如果被我们夺取了，我们的水军在秦淮河就可以畅通无阻，而侯景的退路也将被切断，你们谁去帮我占领此地啊？"盟主发话了，可没人响应他。

柳仲礼朝着韦粲眨了眨眼睛，意思是，你来吧，我信得过你。韦粲也面有难色地望了望柳仲礼：不行，我打不过侯景，去了也是送人头。柳仲礼说道："想去夺取青塘的向前一步！"话音未落，众将士全体往后退了一步，就韦粲还在原地。柳仲礼哈哈大笑："好哥哥，不愧是我表哥，就你了。我把刘叔胤的水军也拨给你。"韦粲稀里糊涂成了送死鬼。

韦粲的举动当然逃不过侯景的眼睛，韦粲前脚跑去扎营，侯景后脚就发兵了。

"祸事了，祸事了！"一名小卒闯进了大帐，对着正在吃饭的柳仲礼就喊，"报将军，韦粲将军，韦粲将军立足未稳，被侯景部队进攻，韦氏父子四人全部为国捐躯，韦氏宗亲惨遭屠戮，死了有百人以上。"

柳仲礼一听，猛地把饭碗扣在了桌子上，大喊："拿爷爷的八十斤大槊来，我要活劈了侯狗子！"

仅仅带了几十个骑兵，柳仲礼就杀了过去，柳仲礼像项羽一般冲入敌阵，当时就砍了几百个人，把侯景吓得差点尿了裤子："哪来这么个狠人啊！"叛军吓得跌落水中淹死的就有千人以上，侯景还差点被柳仲礼抹了脖子。而柳仲礼毕竟是一个人单挑那么多人，又不是开了无双技能的吕布，一个不当心，就被人砍中了肩膀，跌在了泥坑里。眼看着叛军大刀长矛就要招呼上来，好在郭山石及时赶到，救了这个大盟主。

侯景一看形势不妙，果断撤军。这次的交锋双方互有胜负，但是青塘却被盟军夺下了。按理说盟军优势稍微好点，但事实并非如此，一方面，那一刀给柳仲礼造成了深深的恐惧，从鬼门关走了一圈的人更加懂得生命的可贵。没人有不怕死，只存在一时间不怕死的人，一旦经历了生死大劫，再能淡定面对死亡可就很难了。另一方面，柳仲礼心中有气，为了救皇帝，自己差点被人杀死，表哥韦粲则已经死了，可萧衍几个龟儿子连个影子都没见着，自己这么做到底值不值得啊？

真不凑巧，柳仲礼正生着气，萧纶带着残兵出现了，原本萧纶被打得只剩一千兵了，大家都以为他死了呢。萧纶的突然出现，让盟军大为震惊。柳仲礼现在看见萧纶的心情，就相当于当初萧斌看见王玄谟的心情，你丧师、失地还敢来！要不是顾及他是皇子，柳仲礼估计敢直接杀了萧纶泄愤！可萧纶还像个没事人一样，整天乐呵呵地去找柳仲礼问长问短。柳仲礼呢，压根儿就没给他好脸色看。

柳仲礼不发话，手下将领却按捺不住了，以萧纶的儿子为核心的青壮派人士组织了一次针对侯景的进攻。此次战役中，将领樊文皎战死，但值得庆幸的是，联军夺下了东府城。这个东府城不得了，里面积蓄了侯景到处搜刮来的粮食，这样一来等同于断了侯景的粮道，这下子他真要着急了。

不过这联军的军纪着实不佳，柳仲礼不进行决战，大家闲得没事干，就做起了扰民的勾当，开始来搜刮百姓了。老百姓那个气愤，好不容易把王师盼来了，结果和侯景是一丘之貉，到处奸淫掳掠，百姓对此大失所望。事实证明，这不是最后一次，几年后，王僧辨率兵剿灭侯景之后又洗劫了一次建康城的百姓。但是，那时候仍有一位将军严格整顿军纪，不拿百姓一针一线，与百姓秋毫无犯，他的名字叫陈霸先，也正是因为他这一得民心的壮举，才在后来的建康城保卫战时获得了百姓的支持。

战争变成了僵持战，那就只能拼粮食了。可惜，侯景现在粮道被断了，等于绝粮了。侯景的军师王伟建议道："要不我们此刻求和吧？"求和？对，大家没有听错。侯景这人，烧杀抢掠，无恶不作，随便拉出一条罪名都够枪毙他一百回了。但是，他居然能想到求和，这说明侯景脸皮还是蛮厚的。

不过，求和那是要双方都同意的，一厢情愿算哪回事。当然，侯景觉得梁武帝会答应自己的求和，理由是，萧衍那边也断粮了！很快，侯景这边的使者就进城讲和了。不过，侯景毕竟是侯景，这时求和，不是无条件投降。既然是求和，那双方都要提出自己的条件。侯景这边的要求是，江南我反正待不下去了，不然你把江淮那块地割让给我吧，反正你在北边也守不住高澄那鲜卑小儿，我还可以给你看家护院，多好啊。

面对侯景的厚颜无耻外加得寸进尺，一向老好人的萧衍也震怒了，破口大骂道："你这条狗，你是来求和的还是来挑衅的？求和还给我开这么恶劣的条件，你来我江南大闹一场，完了我还要再送你一块儿地，怎么天底下有你这么不要脸的家伙呢？"愤怒之余，萧衍撂下一句话："和不如死！"

萧衍又一次忘记了他的身份，他只是名义上的皇帝，实际上已是太上皇了。现在朝廷的一把手是萧纲，萧纲说要和，那就是和；萧纲说要战，那就只能战。那萧纲的态度如何呢？令我们吃惊的是，这位文学家又再一次做出决定，这也是他作的最后一个大决定。之前他那个愚蠢的决定让陈昕、范桃棒横死，还间接累死了羊侃，将危局整成了困局。而这次这个决定更体现出了萧纲的政治"智商"，把一个困局直接搞成了死局。

面对侯景的求和，萧纲欣然同意了。萧纲有自己的苦衷，他对着萧衍说："父皇，我想活下去，您活了八十岁够本了，我才四十多，好日子没享受一天就遇到这档子事情，我不想死，能求和就求和吧，丢了的领土还能夺回来。人生最痛苦的事你知道是什么吗？人死了，钱没花了！"

事实上，不只萧纲不想打，城内的世家大族更不想打，城内不缺米，当初运进来四十万斛呢。可是柴火都快烧光了，总不能吃生米吧。更主要的是没肉没法下饭。当初还有十万民众呢，现在只剩下两三万了，再熬下去只怕全得死掉。

最关键的还不在这儿，关键是羊侃也死了，眼下这个柳津能不能守住还是个问题。更何况，援军都到了，却不见救援的迹象，那不是分明想饿死城内的人吗？饿死城内的人，谁最开心。不用问，也是老六、老七、老八这三个不孝子了。这时候的萧纲终于领悟到了朱异的那句话："援军是不会来救我们的。"

萧衍动容了，蝼蚁尚且贪生，更何况是自己这个可以做皇帝的儿子呢？自己做了四十几年的皇帝，做够本了，可儿子不同，他刚刚掌权，好日子一天没过就遇上了台城被围的事情，那是有多悲剧。出于对稚子的疼爱，萧衍默许了萧纲的决定，不过他只是淡淡地说了一句"勿令取笑千载"。

求和是定了，可是侯景却做起了大爷，谁让如今欠债的才是大爷呢？他说："去江北我怕你们下黑手，我这一解围，还没渡江呢，就被你们的联军宰了。这样，我要萧纲的儿子萧大器做人质。"这段话颇有点像警匪片里面犯人的台词："给老子钱，再给我一部车，还得让我把人质一起带走，到了安全地带我再放人。"一般说来，这种人最后的下场都是被警察一枪爆头，可侯景却活得好好的。

不过既然都铁了心要议和了，那也不必在乎附加条件如何。只是，萧大器是太孙，不能犯险，于是挑了萧纲的另一个儿子萧大款去做人质。萧大款表示很悲剧，大款没做成，倒成了冤大头。除此之外，侯景还让城外的联军和叛军歃血为盟。

这些事情都做了，侯景又说没船过不了江。关于船的事情，双方再次陷入了激烈的讨论。不过侯景在这儿磨蹭，那个谨慎出名的萧会理却火速赶来了，他已经把萧正表给搞定了。这里插一下萧宏几个儿子的名字，分别是萧正仁、萧正义、萧正德、萧正则、萧正立、萧正表、萧正信。看看，名字都是好名字，可干的都不是人事。

萧会理是来了，侯景却又有了拖延的借口。侯景说，要让萧会理撤到秦淮河南岸。朝廷只得照办，这么一来，侯景就可以肆无忌惮地开始运粮食了。这时，萧纶的儿子萧确出来惹事了，隔着秦淮河大骂："狗杂碎，天子可以同意和你结盟，可爷爷一定要宰了你！"这话一说，侯景又有借口了，对萧衍说："我胆子小，被萧确吓坏了，你快把他喊进城去，否则他迟早得破坏和谈。"

萧衍只得派人让萧确入城，萧确很气愤：侯景这贼犯下如此恶行，你们怎么都还帮着他啊？！于是萧确把心一横，说道："再逼我，我去荆州找七叔了！"

萧纶也哭着求萧确，可萧确依旧不动声色，萧纶只得对赵伯超说道："实在不行就把这臭小子杀了！"赵伯超逃跑积极，这种狐假虎威的事情，他最喜欢干了。他拔出刀就喊："我认识小公子，这刀可不认识。"

萧确鄙视地看了一眼赵伯超，终于决定进城了。萧纶看到儿子肯进城，就让儿子拿了一篮子鸡蛋带去给萧衍吃。之前就说过了，城内蔬菜没了，萧衍只能吃鸡蛋，可是鸡蛋也都吃没了，萧纶一想到父亲一大把年纪了还要饿肚子就于心不忍，于是搜罗了一篮子鸡蛋趁机带了进去。

早已饿得皮包骨头的萧衍看到这一篮子鸡蛋，浑浊的老泪不由得落了下来：不是说'四十年中，江表无事'吗？我萧练儿怎么落到这个地步了？萧确让萧衍数一下鸡蛋，以免遗失。萧衍颤巍巍地数完了鸡蛋，望着萧确稚嫩的脸庞，说道："确儿乖，皇爷爷给你做蛋羹吃。"而萧确眼见萧衍身为一个开国之君却落到要亲自煮鸡蛋的地步，也是心酸不已，哭着给萧衍擦泪，说道："鸡蛋是父王让我带的，皇爷爷只管吃便是，确儿不饿。"

不会有人想到，年轻时叱咤风云，让孝文帝都为之胆寒的雄主，一个样样精通的全能帝王，一个对子女百般包容的慈父，最后居然会有如此凄凉的晚景，我想任何人读到这段都会唏嘘不已吧。

侯景的议和消息传到了还在行军的萧绎耳中，萧绎原本就是出兵做做

样子，这么一来，正中下怀，可正欲撤军却遭到萧贲的劝阻。而萧贲之前在与萧绎的对弈又暗讽萧绎按兵不动，着实惹恼了萧绎，萧绎最后找个由头便把他杀了。

不过萧绎也就是杀一人，而且用的是冠冕堂皇的理由，也算是阳谋杀人了。可他八弟萧纪纯粹是杀人连理由都不想了，直接把规劝自己出兵的手下关进了监狱，还假惺惺地表示，考虑到和他有些交情，会放过他的儿子。可没想到，萧纪手下破口大骂："我要是生出像殿下这样的儿子，留着有什么用处呢？"萧纪顿时大怒，将此人连同其儿子全杀了。

侯景看到梁朝君臣如此同意和谈，便觉得此时翻脸有点抹不下面子。于是再次找来他的军师王伟。这个王伟在侯景进攻建康的过程中立有大功，侯景每一次犹豫，都是王伟帮他做决定的。这时候，王伟只对侯景说了一句"背盟而捷，自古多矣"。啥意思？背弃盟约，出尔反尔的人，古往今来都有很多，让侯景不要有心理负担。

侯景一想，对啊，我侯景是什么人，早就是反复无常惯了，还在乎再出尔反尔一次？况且东府城的粮食运过来了，萧老七的荆州军也走了，只要搞定这台城外围的联军，我依旧可以做我的皇帝！

想到这些，侯景立刻变了脸色，公开撕毁合约，写信对萧衍破口大骂。其中有一句说道："臣至百日，谁肯勤王？"我来这儿都近百天了，你看过有谁敢大着胆子勤王？梁武帝接到这个信是气得半死，合着自己好心好意，却被人耍乐一番，最后还要被大骂一通，想想真是窝火。这时候，萧衍只能寄希望于柳津了，毕竟城下的柳仲礼是他儿子。

柳津趴在台城城墙上，不顾被箭射死的危险，大声呼喊："柳仲礼，我的儿，你爹和你的君主被困城中，你却不思营救，反倒醉生梦死，千载之后，后人如何看你啊？"最靠近台城前沿的士兵把这话传给了柳仲礼，柳仲礼也只当是没听见，只顾饮酒作乐。

事实上，柳仲礼之前就和侯景接洽过了，侯景还送了他很多珠宝。这时候，柳仲礼突然想起一个人来——刘牢之。有人会问了，刘牢之和柳仲礼前后隔着一百多年，有什么关联之处呢？当然有。

当初桓玄进建康的时候，刘牢之是负责阻击桓玄的，但后来却倒戈了桓玄。别人都以为刘牢之是被桓玄收买了，其实真实情况绝非如此。刘牢之的算盘打得很响，先利用桓玄除去司马道子、司马元显两父子，然后再干掉桓玄，成为新的权臣。不得不说，想法很好，但行动起来就不行了。后来刘牢之召唤手下一起造桓玄的反，结果手下来了这么一句："刘公，你先背叛王恭，然后跟了司马郎君（司马道子）；又背叛了司马郎君跟了桓玄，现在还要反桓玄，这是三姓家奴的行为啊！大丈夫死便死了，要是死的时候还要背上骂名，那可是最惨的。所以，咱们不跟你干。"

一个人这么说，一群人也是这么说，刘牢之这下总算尝到了众叛亲离的滋味。最后没反成桓玄，只能上吊自杀了。

换到柳仲礼的身上也是如此，柳仲礼想借侯景清理干净老皇帝和小皇帝，自己再带着军队杀进去，便成了中兴之臣。对于柳仲礼如此单纯的想法，我们也只能一笑置之了。

首先，这么干有两个问题必须解决。一，你得确保眼睁睁地看着侯景攻破台城，杀了老皇帝、小皇帝之后，手下的人还会听你话。二，得确保到时候你的军事力量干得过萧衍还在世的三个儿子。很显然，这两点柳仲礼都没办法确保，他就在那儿规划他的宏图大业了，一切只是他的美好梦想罢了。

柳津喊了半响，嗓子都喊哑了却喊不来他那个儿子，只得颓丧地对萧衍说道："陛下您有萧纶，我有柳仲礼，不忠不孝，如何能平叛？"话说回来，原本积极的萧纶为何这次就这么随着柳仲礼按兵不动呢？或许是柳仲礼已经默许了事成之后立他为主吧。

萧纶不动，柳仲礼不动，可下边的人还想做最后一次反击，而挑起这次进攻的是这三个人：南康王萧会理、羊鸦仁和赵伯超。这三人都是老面孔了，而且大家仔细看下还能找出这三人的共同点：以胆小闻名。萧会理的牛皮战车大家再熟悉不过了，羊鸦仁也是出了名的怕死，侯景一败，他一枪没放，就直接把梁朝刚刚夺取的两个州又都吐了出来，至于这个赵伯超，也是胆小如鼠。

唯一一点让人不懂的是，最后一搏竟然发生在这三个所谓"鼠辈"的人身上，在悲凉的台城保卫战的氛围中渲染了一出喜剧。

这次出击也的确挺喜剧的，羊鸦仁失约没来，赵伯超一看赢不了，也撤了，只剩下萧会理留下五千人的首级，给了侯景再一次炫耀的资本。

这次侯景铁了心要打下台城了，他让将士们饱餐了一顿，便发起了对台城的总攻。

这时的台城已经被玄武湖的湖水浸泡了多日，本就摇摇欲坠，再加上萧纲也没能再像之前一般嘉赏将士，当兵的感到很愤怒，因为当发钱发成了一种习惯的时候，一旦停止，他们反倒会认为你有负于他们。

士兵们一过激就做了叛徒，直接开城门引侯景入室了。萧确是最早发现这个情况的，一个人奋勇杀了不少敌军，不过一个人再能打有什么用呢？人家几百号人、几千号人涌进来，萧确也只能撤退了。至此，历时百余日，台城终于被攻破了。

当萧确满身血污，急急忙忙冲到萧衍的寝殿大喊"台城陷落了"之时，萧衍却出奇地镇定。他坐在床榻上一动不动地看着萧确，过了许久喃喃地问道："还能再打一打吗？"萧确无奈地摇了摇头。

萧衍脸上浮现的不是惊恐，不是愤懑，不是悲哀，而是轻松，无比欣慰的轻松。是啊，这百余日的煎熬终于结束了，不是萧衍故意认输，实在是打不下去了，失败了。萧练儿失败了，真的败了，他没有败给北魏孝文帝，没有败给北魏宣武帝，没有败给东昏侯，没有败给尔朱荣，没有败给高欢，没有败给宇文泰，却唯独败给了侯景，一个反复无常的残疾人。平心而论，侯景不是萧衍那么多对手里最强的，也不是最完美的，但萧衍却偏偏败给了他，或许这就是天意吧……

沉寂许久之后，萧衍轻轻地说道："自我得之，自我失之，亦复何恨。"

从一定程度上讲，萧衍不是亡国之君，可他又是。如果非要拿一个皇帝的遭遇来与萧衍比较，那后唐庄宗李存勖与其颇有相似之处。同样是开国皇帝，同样死于叛乱，同样缔造过辉煌，也同样地把王朝带入了深渊。

萧衍可以洒脱地看待自己的一生，但是他始终无法理解这天下的百姓，他想不明白为何百姓要反他：朕给了你们五十年的和平，去刘宋、南齐生活下看看，可曾有过五十年的太平日子？即使是"元嘉之治"也差点遭到拓跋焘围攻建康的窘境。我不敢说让你们多富裕，至少都让你们达到了温饱水平，一般平民都到了小康级别。你们总抱怨社会的贫富差距，可十个手指伸出来尚且有长有短，你们又何曾看见过没有贫富差距的国家？反正我读了那么多书都没看到过这样的国家，以后或许会有，但绝对不会是当下！

当局者迷旁观者清，萧衍看得不清楚，可有人帮他看清了，那便是侯景。侯景列举了萧衍的十多条罪状，在此列举三条。

其一，关于社会金融体系方面。侯景之乱爆发前，梁朝的通货膨胀达到了惊人的地步，由于铜全拿去铸佛像了，导致社会上铜钱流通得越来越少，萧衍便提出用铁造钱。这么一来，市面上铁钱泛滥，而国家又缺乏管控，一时之间出现了严重的通货膨胀。据说，当时上街采购东西，居然要靠牛车拉钱，这就跟历史课本上，骑着自行车，挑着一担金圆券去买大米一样令人震惊。一个国家通货膨胀到这种地步，那他的金融体系基本也毁了。无独有偶，南唐也遇到过这种情况，当然，也是"佛像"惹的祸。

其二，关于行政管理体系方面。梁武帝时期，政府机构臃肿，人浮于事。庞大的官僚集团需要国家拿出很大一部分钱来供给，僧多粥少，而且更重要的是，这群僧还不干事，明显是占着位子度日的。

其三，关于社会风气方面。官员贪污腐败，社会风气奢靡，比如前文提到的萧宏。而像萧宏这样的"大老虎"在梁朝还有很多，整个社会缺乏正确的价值观，"笑贫不笑娼"成了主流思想。但凡国家走到这步，基本也就一只脚踏进鬼门关了，西晋便是一个活生生的例子。

之所以举出这三大点，是因为这三点很有现实意义。以古为镜，可以知兴替。为何萧衍缔造的国家，五十年的和平却最终走向了崩溃？其隐藏着的社会矛盾值得我们重视……

第五章　侯景之乱

第六章
萧绎得天下

侯景的到来，将江南搞得天翻地覆，建康城再也不见昔日的歌舞升平。八百人，仅仅八百人，给江南带来的冲击和伤痛远远超过了拓跋焘的南下。虽然梁武帝的轻敌和失误导致了战争初期的被动，但是坐拥南朝三分之二领土的萧家各路藩王，却在与侯景的对峙中作壁上观，将台城拱手让给了这个羯胡跛豪。

当尘埃落定，萧绎成了这场皇位争夺战的最终胜利者，他击败了所有的对手，也包括侯景。可是，他又将引领江南走向何方呢？江南是否会在他的手中拨乱反正呢……

魔王骄狂

台城被破的喜悦让侯景郁闷许久的脸庞终于展露出笑容，这一次，他可以真正地学高欢一般把持朝政，接受万民的朝拜。不过，在此之前他必须解决一件事情：台城外围还有不少联军，总得遣散他们。而做这件事情之前，则必须见一见那位高高在上的老和尚，活了八十多岁的梁武帝萧衍。

为了震慑一下萧衍，侯景亲自挑选了五百名全副武装的小卒，跟着他大摇大摆地走进了太极殿。在这里，侯景将面对一位从北魏孝文帝时代活下来的政界"活化石"。侯景感觉自己很厉害，八百人，他仅靠了八百人就直接打进了建康城，这可是当年横扫北方的拓跋焘和南征北战的拓跋宏做梦都想进来的地方。可如今他侯景进来了，那心情甭提多高兴了，以致侯景走路的时候，那瘸腿显得更明显了。

梁武帝这时候在干吗？不是吓得躲在了井里，也不是肉袒负荆，更不是脖系玉玺、旁备棺材、青衣裹酒，而是端端正正、坐得笔直地接见侯景。须发斑白的梁武帝就像一尊佛，照得侯景睁不开眼睛。见到萧衍这副模样侯景内心其实是很不高兴的，他很想把萧衍拽下来暴揍一顿，然后大骂："我最看不惯俯视我的人！"

但想象毕竟是想象，侯景实际做的是，跪下参拜梁武帝。萧衍只是静静地问道："爱卿在军队中待久了，想必很累了吧？"这原本是个很简单问题，只需回答是或者不是，可是侯景面对这么一个问题竟然汗流浃背、口不能言。

见侯景不回答，萧衍继续发话了："你是哪个州的，怎么敢来我这儿闹事？"这也是一个非常简单的问题，可一向善于演戏、能说会道的侯景再次成了哑巴，只能朝着旁边的任约使了个眼色。任约还算机灵，帮侯景回答了一二。

萧衍又问了一些问题，不过这些问题反倒点醒了侯景，让他顿时找回了自信。萧衍问道："你刚刚渡江之时有多少人马？"侯景开始说话了："千人。"侯景果然会忽悠，八百人马硬是活生生被他多造出两百人。萧衍一看侯景搭腔，又接着问："围困台城的时候有多少？"侯景继续吹牛："十万。"虽说侯景假借为奴隶获得自由的口号忽悠了一大批叛军，但十万人马绝无可能，最多七八万。

接下来萧衍的一句话给了侯景足够骄傲的资本，萧衍继续问道："现在有几人？"侯景脑子转得飞快，一下子意识到如今自己已经高高在上了，而萧衍成了真的孤家寡人。于是侯景高声喊道："率土之内，莫非己有！"萧衍再也没话说了：是啊，人家现在才是建康城的主啊！

其实侯景这第三句纯属忽悠，城外几十万勤王之师把他围得死死的，他除了控制了建康城，其他什么都没有。荆州是萧绎的，益州是萧纪的，岭南是萧勃的，江右是萧纶的，三吴是萧纲的几个儿子的。而且不仅仅是当时，一直到侯景覆灭，他的势力都没能突破萧绎的辖区。

侯景退出太极殿的时候，背上的汗水还没干。他对下人说道："我在沙场策马杀敌，刀枪剑戟之下毫无畏惧之心，今天见到了萧老头儿，心里便恐惧万分，哎，难道真的是天威难犯吗？我再也不可以见他了。"

侯景没有透过现象看本质，他见到萧衍害怕与天威无关，关键还在于身份。侯景是什么身份？代北出来的破落户。萧衍是什么身份？世家大族。士族有个通病，说文雅点，那叫范儿；说粗俗点，那就是做作。世家大族的一些举动在当今人看来，是很难理解的，因为在 21 世纪的今天，已经不存在所谓的贵族了。随着五代、两宋，庶族地主阶级的上台，世家大族只能成为历史了。

世家大族的做派，我们理解不了，出身代北破落户的侯景更是理解不了。因为这不仅有时间的差异性，还有阶级的差异性。当然，代北出身的破落户就真的成不了贵族吗？也不尽然，如果一个人努力把自己打造成理想人物，那么虽然他未必成得了，但他会保留一部分品质。长此以往，他的子子孙孙或许有可能成为真正的世家大族。因为，毕竟士族的诞生不是突然兴起的，也是需要时间积淀的。

正是基于这个思想，许多来自代北的破落户开始朝着世家大族努力，诸如普六茹忠（杨忠）、贺六浑（高欢）、大野虎（李虎）。贺六浑自称渤海高氏，为北齐的建立奠定了基础。普六茹忠和大野虎则是有样学样，一个自认弘农杨氏，一个则自认陇西李氏。而此二人的儿孙——普六茹坚（杨坚）和大野渊（李渊），则是一个开创了杨隋，一个开创了李唐。而无论是李唐的子孙还是杨隋的子孙，基本上都是很靠近世家大族了，与当初还在代北做破落户的祖先可有着天壤之别。

不过侯景不一样，他和手下永远是没规没距地谈话，要让他学范儿，他会觉得做作，让他认个祖宗，他也不干。事实上，侯景也确实挺悲哀的，只知道自己有个爹叫侯标。正是因为这样的思想，所以即使娶了王谢家的女人，侯景也不会感到开心。除了会有床笫之乐，其他时候二人基本是两个世界的人。萧衍看得很明白，不让他娶王谢，不单单是配不上，更重要的是，娶了也不会习惯。王谢的生活方式，侯景学不来！不过侯景体谅不到萧衍的好心，反倒是大喊过："会将吴儿女配奴！"而事实上，后来侯景也确实是这么做的。

侯景自己的认知不够，便注定了他还要出一次丑。见完了萧衍，侯景便跑去见萧纲了。侯景的到来吓跑了萧纲的随从，但萧纲和他父皇一样，世家大族的腔调是再怎么样也不能落下的。侯景很神气地进殿就要坐，却被人规劝道："侯王，进来要懂礼貌，快磕头。"

难以想象，侯景真就憨兮兮地给萧纲磕头了。试想一下，这样的杀人魔王，就是拿刀架着他的脖子，他也未必会磕头，可在萧衍父子面前，侯景却一磕再磕，能不是笑话吗？萧纲和侯景说话了，萧纲的谈话内容很典雅，不是诗词就是玄学，侯景听得一愣一愣的，除了点头说"是是是"，就是恍然大悟道："哦，原来是这么个说法啊。"

不过侯景可没闲情和萧衍父子纠缠，因为他所扶持的萧正德，正带着一帮手下要来杀萧衍父子！而等待萧正德的是侯景的士兵，士兵们拦住了萧正德，并告知了侯景的通知：你已经被降职为侍中、大司马了。得知这一消息，萧正德气得半死：我把女儿嫁给了你这狗子，家产充了军资，弟弟被收拾了，儿子也死在了军中，落得这么惨的地步，你就给我在城外当了两个月的"假皇帝"？

在萧衍面前，这个被忽悠了两个月的叛贼同党兼临时皇帝痛哭流涕。他也不想想，要不是因为他，这位曾经做过他"父亲"的大伯会落得如此凄凉的晚景吗？萧衍看不起他这种输不起的人，此时的萧正德在萧衍眼中就像是一个怨妇。萧衍淡淡地说："啜其泣矣，何嗟及矣。"萧衍引经据典地奚落了萧正德一番：你小子何止是一个怨妇，简直就是一个弃妇！

在城外的柳仲礼还想着侯景何时会杀掉萧衍父子。萧衍父子一死，柳仲礼就能明目张胆地带着弟兄们杀进去了，到时候，他就是中兴之臣。柳仲礼望了一眼旁边的萧纶，萧纶也心中有数地望了望他。

终于等来了朝廷的使臣——萧大款，他带来的消息让柳仲礼伤心：你们都散了吧，哪里来便回哪里去。

柳仲礼犯难了，皇帝没死，自己怎么能杀进去？这时候杀进去等同于作乱，傻子才干！诸将都聚集了过来，全等着柳仲礼拿主意。萧纶让柳仲礼拿主意，表示一切都听他的。柳仲礼学乖了，作乱是要诛九族的，倘若失败了，萧纶未必会死，但他柳仲礼一定会被诛九族。就算成功了，只怕到时候萧纶也会用这个理由置他于死地，实在划不来。

这时，曾经不服柳仲礼的老裴以及后起之秀王僧辩一同说道："大将

军你坐拥雄兵百万，把台城给搞丢了，此时正是一雪前耻、夺回地盘的时候，有什么好迟疑的！"但柳仲礼不理他们，就这么耗着：我反正不战、不和、不走，你们谁想走可以先走，我不拦着。

一看联军盟主竟然要起了无赖，参战的部队一个个都走了。最后，柳仲礼带着柳敬礼、羊鸦仁、王僧辩、赵伯超四个将军开大门向侯景投降了。

这么一来，撤走的诸侯都看清楚了：原来你支走我们是为了能更好地当叛徒啊？这么一来，柳仲礼的形象一下子从救世主成了叛徒。柳仲礼因为当日之误而错失了角逐天下的机会，最终被后起之秀王僧辩所取代。王僧辩也是个不吸取教训的人，日后再次扛起了"叛徒"大旗，成了陈霸先的刀下鬼。

历史总有惊人的相似性，每当读到这段时，我脑海中总会浮现西晋灭亡时的情景，同样是胡人围京城，同样是城外数十万大军，但是，当初西晋的勤王之师眼看着皇帝被匈奴人掳走而没有一个人敢去抢夺。同样，南梁也一样，联军选择了沉默，静静地看着一个王朝走向灭亡，静静地等待着自己沦为亡国奴……

成为阶下囚的萧衍从未给侯景低过头。侯景要给自己的手下加官，得到的总是萧衍的一口回绝。侯景心中不满，让萧纲去做这个老顽固的思想工作。萧纲自然好言相劝，可是一向和和气气的萧衍这次却爆发了雷霆之怒："混账！谁让你来此！佛祖若有灵，我家江山必得光复，若是连佛祖都不帮我们，你一味哭又有何用！"萧衍就是如此，外柔内刚，这辈子他从没有服过软，如今也一样！

既然萧衍不封官，那侯景就自己封。侯景自封为丞相，而每当底下的人提到"侯丞相"的时候，萧衍也会大怒道："侯狗子罢了，狗屁丞相！"

萧衍的"非暴力不合作"行为引来了侯景的怒火：行，想做英雄是吧，成全你。于是侯景开始克扣梁武帝的口粮，萧衍毕竟是八十多岁的老人了，台城保卫战已然把他饿得骨瘦如柴，再这么一饿便一病不起了。病困中的萧衍向身边的人索要蜂蜜水，侍从告诉他，侯景不给。袁术只做了几年皇帝尚且因为喝不到蜂蜜水而气得吐血而死，萧衍做了半个世纪的皇帝了，如今却沦落到这个地步，再怎么释然也会气愤的。

人要是在重病之中，一旦生气可了不得，极容易被气死。此时的萧衍正是如此，在"嚄嚄"声中，这位开创了江南"四十年中，江表无事"的安逸生活的一代雄主，就此离世。没有人知道他最后那两声是想表达什么，或许萧衍在想：朕是国君，是皇帝，是近五十年的大梁天子，想不到最后连口蜜水都喝不上。朕还是当初那个威震北朝的萧练儿吗？

如果没有晚年的侯景之乱，萧衍应该是一位完美的帝王。可侯景之乱却抹去了萧衍之前所做的一切，也包括他所创立的国家。然而，这难道全是萧衍的责任？其实不然，萧衍的后半生一直过着苦行僧一般的生活，不淫乱、不奢靡，勤于政务，劳心劳力。底下人荒淫是底下人的事，社会浮夸奢靡却没有影响萧衍。在这样一个社会风气中，他是唯一一个保持良好行为和品质的贵族。

萧衍的死亡标志着一个时代的终结。接下来，南朝将会在侯景和萧衍诸子孙的博弈中分崩离析，失去淮北，失去蜀中，失去荆襄，也失去了与北朝分庭抗礼的实力。

有人欢喜有人愁，萧衍死了，肯定也有人高兴。不用说，侯景最开心。萧衍一死，萧纲铁定会配合侯景，自己是实至名归的万人之首。建康城，一座连前秦大皇帝苻坚、北魏太武帝拓跋焘都望而却步的城市，如今却被自己踩在了脚下，何其壮哉！何其伟哉！

此时，侯景觉得自己有条件和高澄讨价还价了，他开始索要自己在东魏的家人了，毕竟现在他有的是钱，足够可以赎回他们。而高澄怎么回应的呢？对于高澄来说，此时他消灭了王思政，风头正劲，侯景在南梁有多大震慑力，高澄在东魏的影响力有增无减，金银珠宝他根本不稀罕！他留着这些，只是为了引诱侯景回来，好杀了这条狗，出一出心中恶气。如今既然侯景回不来了，那留着这些人就毫无用处了。

高澄将侯景的几个儿子残忍杀害，他用血腥的手段告诉侯景：得罪过我的人，我会让你死得很惨，就算宰不了，我也要拿你的亲人开刀。狡诈凶狠，不会有人想到高澄俊朗的面庞下会藏着一颗凶狠的心！然而，不管高澄再怎么心狠手辣，老天留给他的时间都不多了，因为不久之后，二十九岁的高澄就将因为一个厨子而导致生命之钟戛然而止。

第六章　萧绎得天下

　　高澄的血腥行动刺激了侯景，侯景也开始用血腥戏谑建康城的居民。面对堆积如山的尸体，侯景一声令下，台城周围顿时成了火海，有些人甚至还有一口气，也被扔进了火堆。除了人祸之外，更有天灾，蝗虫吃光了田里的庄稼，百姓没有粮食，饿死了不少。侯景之乱对于江南人口的破坏更为严重，即使到后来南陈灭亡，人口也没恢复到侯景之乱前的水平。

　　建康城从原本的百万人，到台城被围困初期的十万男女，到了如今只剩"白骨露于野，千里无鸡鸣"的惨状。据说，当时有一位外国使臣前来建康城朝贡，见到这副惨象，号啕大哭起来。这一哭招来了侯景，使臣也跟着倒霉了。

　　其实，除了天灾、人祸以外，还有个问题也助长了饿殍千里的情况，那就是存粮问题。半个世纪的太平日子，早已让百姓们忘记了战火，不知道居安思危的道理。一旦战乱来临，家中却无一丝存粮，这是最要命的，那除了饿死别无他法。

　　战争总是来得这么突然，后世生活在天宝年间的人们正品尝着开元盛世遗留下来的美味佳肴，可谁又能想到，安史之乱就这么突然地爆发了。当杜甫吟唱着"会当凌绝顶，一览众山小"的时候，可曾想到有一天会痛苦地哀叹道"布衾多年冷似铁，娇儿恶卧踏里裂"。杜甫这样的文学家都没想到，那芸芸众生更没有想到。而生活在和平年代的我们，更加不该忘记居安思危的道理，毕竟那一次次乱世中死的人太多了，即使是台城之战失去生命的数百万人，也值得我们引以为鉴了……

　　"独夫之心，日益骄固。"放火还不解恨，侯景还建了一个大舂米机来舂人，凡是侯景觉得可以杀的人，基本都被做成人肉酱了。与此同时，当初石虎杀人取乐的野蛮行径再次在侯景身上体现得淋漓尽致，甚至是，侯景每次吃饭，必要看杀人。

　　侯景根本不是革命者，他也不是来拯救江南百姓的，他是一个侵略者，一个彻头彻尾禽兽不如的魔鬼。他带给江南百姓的不是自由和尊严，而是死亡和灾难，他不是普罗米修斯，他是哈德斯、撒旦！

　　而此时控制了新皇帝萧纲的侯景，又将贪婪的目光投到了富庶的三吴之地……

由于侯景现在所掌控的仅仅是建康城，在建康城别人拿他当丞相，出了建康他什么都不是，而建康城经历之前一番征战，早就成了一片废墟，哪里还有粮食。现在各地的藩王也不送粮食来了，没过多久侯景就发觉自己没东西吃了。怎么办？种地？这种事情侯景没心情干，他眼前还有一条更快的来粮途径——抢粮。

野蛮人眼中从来就不需要发展生产，也谈不上去种田养蚕了。他们只需要做一件事，那就是将自己变得血腥和强大，依靠掠夺来发展自己，将别人的财富转变为自己的财富。发展经济要本钱，可如果用抢，那本钱都可以省了，这就是有些人热衷于发动战争的原因了。然而，任何一个热衷发动战争的人，他们虽然能逞凶一时，却无法称霸一世。

"一时之胜负在于力，千古之胜负在于理。"老祖宗很早就用这句话阐明了这个道理。纵观古今中外，那些依靠侵略扩张逞凶的人，所建立的政权如今在哪儿？雄踞地中海的罗马帝国何在？地跨三大洲的阿拉伯帝国何在？横扫欧亚的蒙古帝国何在？称霸全球的日不落帝国何在？同样，侯景依靠血腥和野蛮所建立的政权也长久不了。最终，侯景会如同上述这些称霸一时的帝国一般惨淡收场……

此时的侯景还处于巅峰时期，三吴之地注定要遭受一番劫难了。为弥补军粮短缺问题，侯景决定侵略三吴。一来，打下三吴有助于巩固建康城的大后方；二来，三吴之地经过梁朝半个世纪的和平发展，粮食充裕，可以解决侯景目前的缺粮问题。

此时的三吴之地是萧纲的儿子萧大连掌控的，萧大连坐镇会稽。侯景的部队打定主意之后，便发动了对萧大连的总攻。不久，吴郡等地接连被攻占，侯景部队已经兵临会稽城下。会稽城兵精粮足，是可以固守的。但是，不断从建康逃亡过来的百姓到处散布了叛军的暴行，一时间反倒在会稽城内掀起了一阵恐怖气氛。

萧大连作为会稽城的主人，为稳定人心，打击侯景是首要任务，可是我们这位萧公子在做什么呢？他不仅啥事都没做，甚至在对侯景的态度上犯难了——打还是不打。侯景在名义上是朝廷的丞相，而现在朝廷的皇帝是自己的父皇，不应该打。可是萧大连也明白自己的父皇是被侯景胁迫的，所以又该打。

这个问题已经不需要萧大连担忧了，因为他的不作为导致他很快便进了侯景的牛车。而有意思的是，萧公子进囚车的那一刻还正酩酊大醉。而萧大连的四哥萧大临，已经在吴郡陷落之前就被抓去了。这么一来，萧纲的两个宝贝儿子都被侯景送来和萧纲团聚了。

萧纲虽然有二十个儿子，但是当时已成年且出镇地方的，只有萧大心、萧大临和萧大连三人。随着萧大临和萧大连两兄弟的失败，三吴之地沦陷于侯景之手。侯景的粮食得到供应，而萧纲在地方的势力也被消灭殆尽，原本就无实权的萧纲更显孤单了。

侯景攻下三吴后便开始继续进行扩张，消灭江州的萧大心，彻底打垮萧纲在外的势力，同时也可以将自己的势力渗透到长江中游。而这时，萧衍诸子究竟在干什么？他们能否阻挡侯景的西进呢？

同室操戈

从台城被破、梁武帝饿死到侯景攻克三吴，萧衍诸子一直没有人再出兵对侯景扶持的萧纲傀儡政权进行打击，萧衍的几个儿子究竟在干什么？他们难道不讨伐侯景了吗？其实不是，他们不是不讨伐侯景，而是没法讨伐。萧衍一死，他的几个儿子、孙子正在窝里斗呢，而且斗得不亦乐乎，甚至都不去管侯景了。

我们先来了解下此时南中国的局势，此时梁朝境内有以下几大势力：萧纶据郢州，萧绎据荆州，萧纪据益州，萧誉据湘州，萧詧据雍州，萧勃据广州。另外萧范在合肥，萧大心在江州，还有柳仲礼在司州。

有人一定会奇怪，柳仲礼不是向侯景投降了吗？怎么又出现在司州？原来，当初侯景担心地方无人，所以除了留下羊鸦仁和柳仲礼的弟弟柳敬礼、赵伯超在京城之外，柳仲礼和王僧辩都被外派出去了。

柳仲礼走的那天，侯景对他意味深长地说："天下之事尽在将军。郢州、巴西以后全靠你了。"由此足见侯景对柳仲礼的重视，可惜这位柳仲礼的辉煌自从联军盟主之后便不复存在，倒是被侯景忽视的王僧辩成了日后将侯景送上黄泉路的头号人物。

就在侯景劫掠三吴的时候，各地的萧家子孙进行了大规模的内讧。此时的荆州，萧绎正遭受到萧誉和萧詧的两面夹击，萧誉在萧绎南边，萧詧在萧绎北边。当初萧绎撤兵，除了出于私心外，这两个侄子之功也是不可磨灭的。当初萧绎南下，传来侄子萧誉进攻自己封地的信息，吓得紧急撤军。萧绎一撤军，萧誉那边也没动静了。但是梁子铁定是结下来了，萧绎铁了心要弄死这两个不学好的侄子。

其实，有人责怪萧绎不讲亲情，责怪萧绎心狠手辣，责怪他的一切。但是，我们不得不承认，他仅仅用了两三年就将一个四分五裂的梁朝重新捏合到了一起，一个一无是处的人是做不到这点的。萧绎错就错在上天让他成为一个政客，既然成为一个政客，那踏上这条路便再也无法回头。政治斗争从来都是你死我活，只有一颗冷酷的心才能在这场血腥的搏杀中胜出。

老天没有让萧绎成为太子，而且让他残疾，但是残疾的人也可能成为睥睨天下的伟人。特拉法加海战中的纳尔逊、"二战"中的罗斯福，身体的残疾并没有打压他们的信心，反而磨砺了他们的心智。"文王拘而演周易，仲尼厄而作春秋；屈原放逐，乃赋离骚；左丘失明，厥有国语；孙子膑脚，兵法修列……"司马迁曾经做出过以上总结。

萧绎之所以在后世留下很大骂名，多半是源于他夺位的手段不光彩。可事实上，既然萧绎不是太子，就注定了他不可能以和平的方式夺位。同样，假如最后成功夺位的是萧纪或者萧纶，那么世人也会憎恶他们夺位的手段，他们在政治上的建树还不如萧绎。既然是同样不光彩之人，那么最有本事的人上台，百姓的损伤才能最小化。

站在当时的内外局势上看，一个仁德谦逊的君王显然是不足以和北方两大强国抗衡的，因为此时即使消灭了侯景，南朝的国力在相当长时间内都难以恢复。此时如果没有一个强有力的人出来控局，没有一个狠辣的人震慑住群臣和百姓，那么南朝很容易垮掉。而理性分析，萧绎既然有能力整合江南，自然有能力与北方两个强国斡旋。

萧绎的第一记重拳砸在了萧誉头上。首先，萧绎以萧慥勾结萧誉为由，

灭了萧慥，夺了信州。紧接着又以萧誉拒绝供粮为由，兵发长沙，由世子萧方等领兵。

萧方等也是一个一流的文学家以及史学家，曾著《三十国春秋》。此书言简意赅，对于大范围的历史进程有清晰的脉络，有助于后人简略了解大事件。并且，萧方等也是一个能打仗的萧家子弟，在萧衍的几个孙子中，萧方等算是文武双全又有情有义之人。只可惜，他有一个不合格的母亲，这也注定了他的悲剧命运。

半老徐娘这个成语最开始就是形容萧方等的母亲徐昭佩的。徐昭佩有个很厉害的祖先，他便是刘裕四位顾命大臣之首的徐羡之。虽然徐羡之被刘义隆诛杀，但由于徐羡之的夫人是宋武帝刘裕的女儿，所以罪不及家属。徐氏一族就这么在南朝发展开来。

徐昭佩与萧绎的悲剧是从出嫁的那天便开始的，徐昭佩出嫁的那一天风雪交加，当时就被人议论为不吉。而萧绎这辈子只爱两件东西，一是书，二是权力。女人在他眼中都只不过是一个可有可无的玩物，自然只有女人取悦萧绎的份儿，他犯不着去讨徐昭佩的欢心。

而徐昭佩具备了南北朝女人的共性：自由、嗜酒。每次酒会，徐昭佩都会喝个酩酊大醉，还要吐萧绎一身。不过最让萧绎压不住火的不是这个，而是"半面妆"。

"地险悠悠天险长。金陵王气应瑶光。休夸此地分天下，只得徐妃半面妆。"这是后人李商隐的一首诗，说的就是萧绎和徐昭佩的事。众所周知，萧绎盲了一只眼，徐妃便故意化半面妆，要气萧绎。萧绎原本就是心胸狭窄之人，如今被老婆这么戏弄，自然心里很气愤。非但没有和好的机会，反倒起了杀徐妃的心。

萧绎随父，杀人喜欢阳谋，没个正当理由是不会杀死徐妃的，单单说因为奚落自己，就要杀徐妃，未免难以服众。当时，萧绎宠幸王妃，就是王琳的姐姐，故意冷落徐妃来激怒她。徐昭佩果然受气，开始与人私通。"柏直狗虽老犹能猎，萧溧阳马虽老犹骏，徐娘虽老犹尚多情！"徐昭佩的情人暨季江曾做过如此评价。

可是，徐妃偷人甚至偷到了佛门头上，萧方等为此也整天被人取笑。

不过，萧方等很争气，连他那位不怎么待见他的父亲也曾说过："如果再能有一个方等这样的儿子，我就无忧了。"

对于徐妃偷人，萧绎展开了报复。萧绎先毁徐妃名声，接下来杀她就没人会同情了。不久，萧绎以徐昭佩谋杀王妃（王琳的姐姐）的罪名，逼其自尽。徐妃善妒是出了名的，也有过为此杀人的前科，这个罪名安给她大家都信。

颜面扫地的徐昭佩只得投井自杀，尸体被萧绎送回了徐昭佩的娘家，算是休妻了。做完这些，萧绎终于出了积压多年的怨气，同时他也知道，萧方等注定要埋怨他一辈子了。而萧方等却没有怨恨自己的父亲，而是选择了赴死：他不想活在仇恨当中，不想成为第二个萧绎，他不在意权势，不在意能活多久，只在意他的本心能够永远不受世俗的污染，澄澈如旧。"昔申生不爱其死，方等岂顾其生。"这句话包含了他的心志。萧方等自比晋献公的太子申生，既然受到父亲的猜忌，又何必苟活于世呢？

援军建康，萧方等拼死作战，可是却没死，这次讨伐萧誉，萧方等再次请缨，更是一心求死。萧绎似乎看出点什么，出征之前提醒道："你命中会有水厄，务必小心。"而萧方等的回答是："是行也，吾必死之；死得其所，吾复何恨！"（我这次一去必死无疑，能死得其所，也无憾了。）果然，一语成谶，萧方等淹死在了麻溪，遗体被水冲走，死不见尸。

萧方等或许终于可以解脱了，他不用再违心地去攻打堂兄萧誉，也不用再让那个不怎么爱他的父亲为难。他是继萧确之后，梁武帝最优秀的孙儿，如今也去天国找他的皇爷爷了，但愿天国不再有同室操戈，不再烽火连天。他的悲剧也是那个时代许多同龄人的悲剧，一个"吃人"的社会是不容许好人长命的。

如果萧方等没死，后来到达建康城的是他，在王僧辩、陆法和、陈霸先、王琳这些人的辅佐下，江南能否重新振作，大梁中兴是否可行？这个问题我们永远都不会知道答案，萧方等如同他的伯父昭明太子，如同扶苏，寄托了后人对于光明和希望的向往，寄托了人们对真善美的肯定……

萧方等的死讯传到了江陵，萧绎没有一丝触动，既然选择了这条路，那么前进途中自当摒弃一切眼泪，兄弟子侄都可以残杀，一个不得宠的女

人生的儿子，又有什么可惜的呢？大梁不相信眼泪，只有铁和血才能重新铸造梁朝！紧接着，萧绎开始挑选新的主帅。

王僧辩，这个名不见经传的小将这时候站在了时代的前列，而将这个小将从幕后推到台前的正是他的主人——萧绎。在楚子集团彻底崩溃之后，梁朝已经没有拿得出手的将领了，萧衍选择了北人羊侃、羊鸦仁，而萧绎也学老爹，启用了北人王僧辩。但是，王僧辩的政治底细不清白，之前有和柳仲礼一起投敌的前科。不过，萧绎只讲政治，一切可以帮他实现政治目的的人他都可以不计较，高明的政治家善于运用敌营的人。更何况王僧辩只是一时不慎上了贼船呢？

倘若曹操对敌对势力的将领都统统斩杀，那么五子良将也将不复存在。倘若"二战"结束后，美国对和纳粹有瓜葛的人都统统予以绞刑，那么不会有"二战"后美国的崛起，德国人冯·布劳恩又怎会在日后美国的航天计划中出谋划策？

本着这个原则，萧绎甚至连侯景的得力干将任约都可以大度赦免。这一次王僧辩和信州刺史鲍泉一起执行了攻打长沙的任务，而鲍泉则是出了名的老实人。两人在出兵的问题上起了争执，鲍泉天真地以为，此次大战"如汤沃雪，何所多虑"。但王僧辩不同，他是武人，打仗这种事情，武人的思维才能做出正确的预见。王僧辩认为要想取长沙，必须要有一万大军，而之前那次失利，死了不少人马，新军操练还需时日，他主张向萧绎请求延期出兵，老实巴交的鲍泉也答应帮他说话。

然而，对于王僧辩推迟出兵的种种理由，萧绎全盘不理会，只是勃然大怒地问道："你找了这么多借口，是不是怕打仗？是不是已经决定通贼了？"萧绎可以不计前嫌地将王僧辩从牢里放出来，是因为念在他可以帮自己打仗的情分上，如今王僧辩既然做不到这一点，那么让他再一次进牢房吧，我可以说你当初投敌是被迫，我也可以说你如今投敌是刻意！萧绎如此霸道，王僧辩却憨憨地说了这句话："今日受死心甘情愿，但恨不见老母。"

说完这句话，王僧辩血流如注，一身闷哼，倒在了地上。原来萧绎怒不可遏，直接拔剑照着王僧辩的大腿就来了一刀。随即，王僧辩被打入了

大牢。等王僧辩醒来的时候，伤口还在汩汩流血，照这么个流法，铁定要因失血过多而死。更让王僧辩无奈的是，儿子、侄子都在牢里，萧绎大有赶尽杀绝的意思。

为了救回自己的儿子，王僧辩的母亲披头散发、身穿素服去跪求萧绎。看着泪流满面的王母，萧绎终于给王僧辩送去了止血草药。难道是王母的哭诉让萧绎心软了？答案是否定的，儿子的死尚且不能让萧绎动容，更何况是一个和自己毫无相干的老妪！只不过王母的哭诉让萧绎冷静下来了，目前他身处一个孤立的境地，东面是萧纶，西面是萧纪，北边是萧詧，南边是萧誉。荆州光鲜亮丽的背后却潜藏着四面受敌的危机。萧绎可以搞定政治，但军事不是他的长处，要能做成这一切，只有依靠王僧辩，这也是萧绎饶过王僧辩的根本原因。

王僧辩在牢里的这段时间，外边的战局发生了天翻地覆的变化。首先是受了王僧辩被砍的刺激，鲍泉竟然像打了鸡血一般，连战告捷，竟然将萧誉打得只能龟缩在长沙附近。萧誉一看二哥被揍得这么惨，火大了，直接带着大队人马奔着江陵而来。手下的精锐部队都被鲍泉带出去了，萧绎不得不再次启用王僧辩解围了。

在监狱里的这段时间是王僧辩思想成熟的时期，他见证了生命的渺小，也更懂这个社会的游戏规则了。虽然没能写成一本书，不过他也不再是当初那个单纯的王二愣子了，他开始懂得为自己攫取权力了，这是王僧辩开始成为野心家的第一步，而这都是拜萧绎所赐。出狱后的王僧辩变得很谦逊，一点都没有怨恨萧绎的样子，并且给萧绎仔细讲解了如何守城，并提出收买萧詧手下将领，令其自乱的主张。

王僧辩被封为了都督。在王都督的妙计下，萧詧手下的杜家兄弟反叛，发兵反攻襄阳去了。萧詧连忙撤军，又遇上天降大雨，粮草损失不计其数。回到襄阳的萧詧展现出了与侯景一般的凶残手腕，将投敌的杜岸挫骨扬灰。论起萧詧的手段狠毒，一点都不输给萧绎，后来萧绎也学了萧詧的一两招，用于对付侯景的军师王伟。

解了江陵的困境，鲍泉那边却久攻长沙不下。萧绎很恼火，临阵换将，王僧辩直接成了长沙方面军的主帅，而鲍泉则去蹲牢房了。王僧辩经过半年的攻打，长沙城终于被攻下，萧誉成了俘虏。"勿杀我，得一见七官！"这句话成了萧誉的遗言。萧绎早就给王僧辩下令了，不留活口。要是萧誉真见了七叔，这不是给萧绎添乱吗，还能明目张胆地杀他？此时的王都督已然看出了这层端倪。

而另一方面，萧绎为了报复萧誉的挑衅，决定在攻打长沙的同时顺带拿下襄阳。但由于兵力不足，只得借力打力，萧绎下诏给柳仲礼，让他出兵。这时候的柳仲礼正郁闷着呢，当初一念之差做了叛徒，被各地的藩王一致鄙视，俨然将他打成了侯景一党，"侯景的狗""侯景的爪牙"……一连串的帽子将柳仲礼压得喘不过气来。如今萧绎给他投来了橄榄枝，那么消灭萧誉便是坐上萧绎大船的投名状。一旦成了萧绎的手下，那么之前的污点就可以一笔勾销了。

柳仲礼把一切都想得太美了，却不料此时的萧誉已经与西魏勾结。鉴于之前的损失惨重，萧誉已经意识到自己必须获得北朝的支持，才可以在这场搏杀中占到优势。而萧纶等人既然选择了北齐，那么自己就去拉拢西魏，抱宇文泰的大腿。

早年间为了和高欢对抗，宇文泰只能去给突厥可汗当干儿子，想想心里就郁闷。现在送上门来一个干儿子，宇文泰那可真是眉开眼笑，同时，他也有了武装干涉梁国内政的借口。这次执行任务的人是普六茹忠（杨忠），也就是隋文帝普六茹坚（杨坚）的爹。而普六如忠依靠军功不断上升到八柱国的地位也是从这次战争开始的。

作为西魏十二将军之一，杨忠率领部队往襄阳开拔。由于所带的部队并不是很多，杨忠命令部队不断变换旗帜，造成很多的假象。萧誉那一颗不安的心终于镇定下来。

柳仲礼这边压根儿就没料到西魏那边会突然武装介入，没有丝毫准备，正当挺近襄阳之际，却传来老巢安陆被攻击的消息，于是柳仲礼匆忙回军，在途中被杨忠伏击，并且被俘，杨忠乘机接管了柳仲礼的地盘。柳仲礼没能料到西魏的介入，萧绎也未能预料到。此时的萧绎只做好了打内战的决心，在内部统一之前，他不想再和西魏结仇，于是对西魏占领柳仲礼的地盘采取了默许态度，并不再将兵锋指向萧誉。

杨忠一看目的达到，于是撤军回了西魏，而萧詧此时的地盘也顺带全划归给了西魏，萧詧现在的身份只是西魏在汉水一带的代理人。萧绎在侄子这儿碰了钉子，便把气出在他六哥头上，消灭萧纶便可以整合整个长江中流。

　　在萧绎扩张的时候，侯景也没闲着，侯景的目光瞄上了萧纲最后一个在外割据的儿子萧大心。侯景打下三吴后稍作休整就朝着萧大心扑来，萧大心没办法，请他的堂叔——萧家最能打仗的萧范，前来帮助自己一起镇守。而之前萧范非常狼狈，因为面对东魏部队和侯景的两面夹击，他丧师、失地，寿阳、钟离相继沦陷。"存人失地，人地皆存；存地失人，人地皆失。"这个道理萧范自然也懂，于是他与东魏方面达成默契，主动让出合肥，东魏方面同意和他合兵消灭侯景。

　　想法很丰满，现实很骨感。萧范撤军了，但是东魏却没有履行承诺，除了政治上的尔虞我诈，高澄的突然被刺，成了东魏方面最有力的托词。无家可归的萧范这时得到了萧大心的召唤，萧大心表示自己可以提供粮食，前提是萧范要和他一起对抗侯景。可能是东魏的欺骗使得萧范不再相信承诺，这次他决定自己抢。依靠自己高超的军事才能，萧范一路上横扫了大半个江州。萧大心表示这个堂叔实在太不像话了：我好心好意请你前来，没想到你比侯景还狠！萧大心不再给萧范提供粮食，坚壁清野。没有了粮食，萧范再怎么能打也无济于事，毕竟士兵不可能饿着肚子打仗。萧范看到自己英雄一世，居然落得如此下场，最终气急攻心，驾鹤西去。失去萧范这么个打仗好手，萧大心在侯景部下任约的进攻下很快败下阵来。

　　解决掉萧大心，侯景准备一路向西，首当其冲就是萧纶了。萧纶一看，连最能打的萧范都死了，自己能扛几天？萧纶开始广发英雄帖，萧詧、萧誉、萧绎、萧纪、萧勃、柳仲礼等人各发了一份，号召大家合力讨伐侯景。萧绎的部队很快就来了，不过不是来打侯景的，而是来接管六哥的地盘的。

　　当初萧纶苦劝七弟先打侯景，但是萧绎只回了萧纲一句话："要打侯景等我先宰了这两个不孝侄子再说。"其实从那时候起，萧纶就已经预料到，解决完两个侄子，接下来就是他这个哥哥了。可出乎意料的是，萧绎来得如此之快，萧纶为了一泄心中的愤怒，写信指责王僧辩道："你前年才把你家主子的侄子杀了，现在又来杀你家主子的兄长，以此获得荣华富贵，就不怕天下人不答应吗？"

王僧辩也学乖了，知道如果贸然行事，肯定要背上骂名，于是他将萧纶的信递交给了萧绎。在得到了萧绎的进攻命令后，王僧辩便气势汹汹地发起了对萧纶的总攻。萧纶知道自己在侯景和王僧辩的夹击下必败无疑，便对手下将士们说道："我没别的想法，只想灭贼而已，现在固守早晚要弹尽粮绝，主动出击，则会被后世讥笑为同室操戈。但是我也不能平白无故就束手就擒，因此只能逃了。"尽管将士们纷纷请战，可萧纶还是拒绝了他们的要求，逃亡汝南。

逃到汝南的萧纶下场很凄惨，因为濒临宇文泰的西魏，并且又有小道消息说他勾结东魏准备东山再起。宇文泰一听：这还了得？早就听说萧家老六和高家老二眉来眼去，现在居然在我眼皮子底下挖墙脚，我岂能容他？于是杨忠受命再次执行了攻打萧纶这一次任务。行家一出手，便知有没有。很快萧纶就败下阵来。由于柳仲礼曾在宇文泰面前搬弄是非，告过杨忠贪财寡义，这让杨忠很不爽，这次杨忠准备吞掉萧纶的财宝，又怕萧纶多嘴，索性一不做二不休，直接宰了萧纶沉江。这么一来，萧纶的财宝尽成了杨忠的囊中之物。带着大把大把的钱财，杨忠离开了汝南，深藏功与名……

这次战役以萧绎和侯景共分萧纶的地盘的方式而告终，武昌和西阳并入了侯景的版图。经过这一年多的搏杀，南中国土地上的各地军阀通过相互征战，逐渐形成了四大势力。这四方势力将争夺南朝的领导权。他们分别是：东部的萧纲政权、中部的萧绎政权、西部的萧纪政权以及南部的萧勃政权。

萧纪因地处西南的原因，直接避开了诸侯混战，最先进入"四强"。侯景杀掉了萧纲的几个儿子，也成功晋级。萧绎则通过打败自己的两个侄子、一个哥哥而跻身"四强"。萧勃则是在贵人的帮助下，坐镇岭南，成为最后一位晋级"四强"的人选。此时的局势简直就是官渡之战后南方格局的翻版。

这里岔开讲一下，萧勃这位贵人叫陈霸先，他通过几年工夫将原本动荡的交州彻底平定了，成了萧衍都夸口称赞的梁朝新秀。只不过，没人知道，恰恰是这个后起之秀，最后窃取了梁朝的大部分版图。

生死决战

视角再次调转到萧绎这边，自从上次和侯景瓜分了六哥萧纶的地盘，萧绎便一直担心搞不好要和侯景来场决战了。对于这个羯胡跛子，萧绎心中有点儿虚，但是怕什么来什么，这场决战不可避免地发生了。

对于和侯景平分六哥的地盘，萧绎还是很不服气的。于是，他让鲍泉辅佐自己的次子萧方诸坐镇江夏，随后令大将徐文盛率水军东进。

徐文盛在贝矶与侯景的西征大将任约相遇，由于水战是徐文盛的强项，任约大败。任约退守西阳后便向侯景求援。侯景让宋子仙领了两万人前来支援。萧绎一看侯景增兵，便也给徐文盛派去了两万援兵。得到援军的徐文盛立马攻克了武昌。

侯景傻眼了，武昌丢了，要是再丢西阳，那刚刚瓜分到的一点儿地盘可要全吐给萧绎了。这显然不符合侯景的做事原则，于是侯景亲自带兵两万，准备一举荡平徐文盛的部队。

萧绎看到侯景都亲自出动了，料想到仅仅是打局部战争已然是不可能了，也只能硬着头皮和侯景全面开火了。好在侯景是个旱鸭子，打水仗有百分之八十的可能性要败！正在萧绎美美地幻想之际，好消息果然传来了，徐文盛首战击毙匪首库狄式和。这个人萧绎听过，是个人物，想必侯景现在肯定在那儿号啕大哭呢。

不过萧绎显然低估了侯景，身经百战的人哪会因为死了几个手下就乱了方寸？侯景冷静下来发现，梁军的主力全压在了西阳城周围，而作为大本营的江夏城却异常空虚。于是侯景让宋子仙和任约带着一支骑兵部队，弃水路走陆路，绕过徐文盛，直扑江夏城。

此时的江夏城正在上演滑稽的一幕，十五岁的萧方诸正和大老实人鲍泉做游戏呢。于是，江夏城被轻易地攻克了。

江夏城的丢失一下子将战局扭转了过来，侯景的突袭一下子就断了徐文盛的后路，没有粮食的徐文盛部队很快各自散去，徐文盛带着少数几人回到了江陵。当然，等待这位将军的是"手里捧着窝窝头，菜里没有一滴油"的监狱生活，比较悲催的是，他这一进去就再也没能出来，最终死在狱中。

其实萧绎当时也看出了江夏空虚的弊端，已经派了王僧辩带领王琳、杜龛等一帮猛将前往江夏，这几乎是荆州军团的全部主力。萧绎准备让王僧辩和徐文盛前后夹击叛军，前提是江夏城还在手里。只可惜，由于儿子的无能，战局一下子被打乱了。王僧辩及时得到了江夏失守的消息，便在巴陵驻扎下来。

公元 551 年四月，侯景在江夏城完成了所有大军的集结，号称二十万兵马。史书如此记载：江左以来，水军之盛未有也。而他的对手是据守在巴陵的王僧辩，消灭王僧辩就等于摧毁了萧绎主力，而吃下萧绎主力意味着自己南朝霸主地位的确立，剩下的萧纪和萧勃不足挂齿。

"遥望洞庭山水色，白银盘里一青螺。"唐人刘禹锡的诗用在这儿恰到好处，此时的青衣侯景在这洞庭湖中俨然成了一道靓丽的风景线，侯景正在想象自己日后如何登基称帝，如何一统天下，却不料被眼前的巴陵城煞了风景。据探子来报，守卫这座城的正是王僧辩。

王僧辩，这个名字在侯景的脑子里翻来覆去，他想起来了，当初那个跟着柳仲礼一起投降的小将，这才几年他就能独当一面了？萧绎也真是无人了，居然会派这么一个手下败将来阻拦我侯景。"蜀中无大将，廖化作先锋"，侯景对战胜王僧辩信心十足，就好比陈庆之得知自己的敌人是丘大千一般。

侯景没有多做考虑，便对巴陵城发起了进攻。一时间，数以万计的叛军鼓捣着侯景开发出的新式武器就对着巴陵城的四周发起了猛攻。王僧辩看到侯景来攻，非但没有惊恐，反而略显得意：侯景，就让这座城成为你的"玉璧"吧，我会让你和高欢一个下场！

巴陵城集中了萧绎的所有主力部队，如果侯景像突袭江夏一般再次突袭江陵，那么说不定萧绎真的要提前见他父皇了。可是侯景却选择了在城下死磕，那他的部队只能是殒命城下了。

此时江陵城内的萧绎也不安心，部队全部拨给王僧辩了，他是在赌，一场豪赌，赌赢了，天下大定；赌输了，身首异处。如果单单和侯景赌还好把握点，关键是这场赌局还有其他人想加入。侯景大军压境的消息很快被萧纪和萧詧知道了，两个人纷纷表示要"帮助"萧绎。萧绎自然清楚这两个亲人是何用意，如今江陵兵力空虚，要是这两个人趁火打劫，自己必死无疑。

萧绎不愧是老谋的政客，没过多久就想到了办法：一封信和一个人。信是给萧纪的，信中说道："老八，你不用来了，等我灭了侯景，咱们就做孙权和刘备。"萧绎在信中已经暗示要与弟弟共分天下，而萧纪得到这个消息也是乐得自在，傻乎乎地回四川做他的土皇帝了。值得一提的是，这个萧纪没过多久还真在四川称帝了。当然，皇帝不是那么好做的，他显然没这个命。

打发走萧纪，就要对付萧詧了。萧绎从大牢里放出一个人来，一个戴罪之人。这个人叫胡僧祐，和王僧辩、羊侃一样，也是北边过来的。在北魏担任过高官，河阴之难的时候南逃到了梁朝。突然被释放，胡僧祐还真有点儿受宠若惊。让胡僧祐吃惊的是，萧绎居然拜他为大将，统领两万甲兵、两千骑兵。

吃惊的不只是胡僧祐，萧詧更吃惊。萧詧知道这么个人物，骁勇善战，一听到他领军，萧詧立刻仗也不打了，直接打道回府。事后他才知道，这原来只是一出戏。萧绎知道，如果跟侄子说已经击败侯景，不用他多事了，这萧詧肯定来得更起劲了。所以绝不示敌以弱，用老胡这个老将吓了一把这个胆小的侄子。恰恰这时，萧绎又收到侯景疯子一般攻打巴陵的消息，这心里简直不敢相信！

如果侯景脑子清楚，他应该派少量部队拖住巴陵城，然后直扑江陵。如果侯景脑子一般，他就应该从江夏往南攻略湖南南部，趁机抢粮。当然，如今侯景的脑子已然被烧坏了，选了最错的一步——围攻巴陵。

萧绎觉得既然侯景一心求死，那么可以考虑让他死得痛快些，于是萧绎将剩余所有的水军交给了胡僧祐，让他去再补侯景一刀。萧绎这时候的兵力已经没多少了，但是一个人的突然到访给了萧绎一支"奇兵"。

这个人叫陆法和，据史书记载"不知其何许人也"，说白了，就是一黑户。不过这可不是普通的黑户，确切说他应该是披着袈裟的神棍。陆法和不守佛门清规戒律，出门在外都带着一个女人。不过，千万不要小看黑户，明朝初期的盛保据说也是黑户，但实实在在地让朱棣吃了苦头。

神棍之所以神，在于他的可预见性。当初侯景刚刚到达梁朝，驻军寿阳的时候，陆法和就对弟子说过："侯景这狗子得反。"弟子不信，果不其然后来就出了侯景兵围台城的事情。这一点让我不由得想起了王衍，虽然后世称他为"清谈误国，信口雌黄"。但是，在预见力上，王衍还是很有本事的。"石勒童年有战机，洛阳长啸倚门时。晋朝不是王夷吾，大难由何得预知。"如果当时西晋的人都能和王衍一般，早早看出石勒是个祸胎，一刀了事，日后的"五胡乱华"产生的影响或许就不会那么恶劣了。同样"梁朝不是陆神棍，大难由何得预知"，同样羯胡出身的侯景，在石勒之后又掀起了一场大动乱。

陆法和一听到侯景围攻巴陵，就知道自己建功立业的机会来了，于是带着一群蛮兵前来助阵。萧绎一看，不错，国难之时有军队就可以给番号。于是萧绎给陆法和封官，命他协助胡僧祐一起出击。而陆法和这时的头衔是信州刺史，他可是继陈庆之、陈霸先之后，第三个被封一州刺史的非士族人员，足可见萧绎目前已经是"不拘一格降人才"了。

胡僧祐对这次出征很悲观，临行前和儿子交代好了后事：家开两扇门，活人进朱门，棺材进白门。毕竟手里只有这点儿兵马，这要是路上遇到侯景的小分队，估计也扛不了多久。陆法和倒是一点儿也不慌，他知道萧绎手里也就只有这一千人，其余全给王僧辩了。不过，这一千人也足够了，若问为何，陆法和只会说七个字：天机不可泄露也。

老胡先行，神棍殿后。就在部队即将到达巴陵的时候，还真遇上了侯景的侦察分队，只不过不是小分队，而是整整五千人的由任约率领的部队。老胡一看这架势，一个字：溜。任约一看对方溜了，立马带着五千人马火速追击，追着追着就到了赤沙湖。

赤沙胡是洞庭湖的一个子湖，如今这地方已经成了陆地，估计是围湖造田那时候形成的吧。老胡的部队和神棍的部队会师了，老胡交代了一下敌军数量，神棍眯着眼睛说道："好。"

老胡急了："好什么？敌人五千，我们一千，怎么打？"

神棍依旧慢条斯理地说了四句话："对付贼军，宜用火攻。万事俱备，只欠西风。"

老胡似懂非懂地说道："这几句话我也听过，不过，是西风吗？"

神棍点了点头："西风。"

老胡绝望了，也不看看这什么天，大夏天的只刮东南风，哪里来的西风，东风倒是有。不过陆法和有办法，他可以"借西风"，史书确实记载了。陆法和只是轻轻摇了摇扇子，一场西风便来了。

当然，作为唯物主义者，我们自然不相信神，一切的来源都可以用科学举证。《赤壁》这部电影就解释了产生东风的科学性——内湖风。大家注意现在的位置，是在湖泊里，根据电影中的讲解，在湖泊周围会存在内湖风，所以东风是可行的，前提是你通天文，晓地理，而陆法和恰恰具备这两个条件的，所以他知道西风产生的可行性。

熊熊的烈火引燃了任约的水寨和战船，任约错愕了：这个时节怎么可能有西风呢？不过现在已经由不得任约错愕了，因为陆法和胡僧祐正率领着人马杀了过来。

大战过后，大家发觉找不到任约了。所谓"死要见人，活要见尸"，尤其是任约这种甲级战犯，怎么能就这样不明不白结束消失了呢？神棍又发话了："不用找了，据我所知，这块地方以前水干的时候有座佛寺，不出意外的话，任约就在那儿。"士兵果然在那处地方发现了任约，任约正抱着塔尖仰头艰难地呼吸呢。然而，还未等士兵惊叹停止，陆法和对任约说："放心吧，湘东王（萧绎）和你有缘，你死不了，日后还能建功立业呢。"当然，陆法和说的这些后来也被验证了。

任约被擒的消息传来，侯景再无战心，巴陵围城一个月了，士兵死伤无数不算，还导致了瘟疫蔓延，再打下去必死无疑。于是侯景让宋子仙率领两万大军留守郢州，自己则一溜烟跑回建康城了。而宋子仙则成了侯景的替死鬼，时隔不久便被擒杀了。

回到建康城的侯景心里很不舒服，因为自从进了这座宫殿，他的周围就没消停过。除了外界的战事，内部刺杀他的事件就不少于三次。其实当初和柳仲礼一起归降的柳敬礼就曾动过这心思，两个人曾商量：酒席之上由柳敬礼抱住侯景，柳仲礼拔佩刀斩杀。只是后来柳仲礼铁了心要替侯景做事了，这计划也就胎死腹中了。

　　紧接着，被废的萧正德也不安分了，曾密谋联合萧家最能打的萧范来击杀侯景。不过这计划不只没实现，连策划者萧正德也为此送了性命。不知萧正德的女儿得知老爹被丈夫杀了会有何感想。

　　再往后，萧确也动了杀侯景的心思。萧确在一次打猎中想射死侯景，结果用力过猛，弓弦断了，结果被侯景发现杀害……

　　这一次次的刺杀让侯景很不舒服，这个建康城同样也让他不舒服，而眼下的失败则让侯景更不舒服透了，他决定干一件让自己舒服舒服的事情。什么事情能让侯景开心呢？答案是称帝。要知道，就算是侯景最佩服的高欢，生前也没能做皇帝，侯景要是称帝，那就是比高欢还要牛。

　　此时的侯景娶了萧纲的女儿溧阳公主，又是朝中的丞相，还得了一个"宇宙大将军"的称呼，已然是梁朝萧纲政权的实际统治者，按理说做不做皇帝都一样。可侯景不这么想，能名利双收当然是好事，更何况如今战局不利，万一自己真败了，连皇帝都没做过岂不遗憾？

　　宇宙大将军，乍一看会觉得这称号霸气十足，事实上这么个称号的缔造者不是文学范儿的萧纲，而是侯景这么个大字不识几个的人。因为之前尔朱荣封过一个柱国大将军，而宇文泰更牛，一下子封了八个柱国大将军。侯景很羡慕，于是他搜肠刮肚想到了这个名字——宇宙大将军！这个称号把萧纲都愣住了："将军还有叫宇宙的？"不过既然侯景说了算，那他说是就是吧。

　　可是，现在侯景不想统一宇宙了，他想当皇帝，可想当皇帝也不能一步登天。按照之前他所看到的，掌权者都是在先废了几个傀儡皇帝后，自己才登基的。侯景也准备这么做。

　　于是，侯景把当了三年多的傀儡皇帝萧纲废了。紧接着，侯景又和王伟商量接下来该立谁。两个人一琢磨，觉得萧欢的大儿子萧栋根正苗红，年纪也小，正合适。于是，二人便准备立萧栋为帝。

　　公元551年八月，豫章王萧栋即位，改元天正。而作为废帝的萧纲自然没有存在的必要了，被废不久之后的一天，萧纲酒醉后被人用装满土的布袋压死了，他所有在京城的儿子也被杀得干干净净。萧纲死后，谥号简文帝。

接下来，萧栋连皇位还没坐稳，便又被侯景废了。最终，侯景正式登基了，新王朝的国号叫"汉"，不知道这么一个国号是不是对汉人的一种讽刺。好在侯景的政权也没长久，只是禅让大礼被侯景手下的这帮人搅得滑稽又可笑。

更滑稽的一幕是，王伟提议侯景设"七庙"。侯景一摸脑袋问道："什么叫七庙？"王伟耐心地解释道："七庙就是七个祖宗的牌位，做皇帝得给他们盖座房子，然后把牌位放进去，逢年过节烧个纸、供个三牲什么的。"侯景明白了，抓耳挠腮想了半天说道："祖宗七代还真想不出，我就知道我爹叫侯标。"刚一说完，侯景又说了一句话，闹出了大笑话："我阿爷的坟头都在代北呢，怎么可能跑到建康城来啃三牲？"连祖宗都不知道，可不是闹笑话吗？侯景话一出口，大家都哄堂大笑。

王伟看到侯景死心眼，就悄悄说道："陛下，你太老实了，你去看看普六茹忠（杨忠）、大野虎（李虎），包括贺六浑（高欢），哪个不是乱认祖宗的。你放心，你不知道还有我呢，我会帮你找好祖宗的。"随后，根据侯景手下的回忆，又给侯景找出了爷爷的名字——乙羽周。

七庙终于搞定，不过貌似侯景也没几次机会祭拜了。建好七庙，王伟又矫情了，说道："皇帝要有皇帝的样子，打猎太危险了，见闲杂人等太丢身份了，轻易外出太没规矩了。"

这么多繁文缛节，让侯景烦死了，最后只得长叹一声："我闲着没事做什么皇帝，现在连事情都干不了了。"不过，更令他烦的还不是这个，而是王僧辩联合陈霸先打进来了，军队都到芜湖了。

侯景慌不择路，居然突发奇想，以皇帝的名义给王僧辩和陈霸先下了一道诏书：你们撤军，我可以赦免你们和你们的主子萧绎的罪过。

王僧辩笑了，我们有皇帝——梁元帝萧绎，你算个什么狗屁皇帝。

侯景的一厢情愿化作泡影，事实上这搁谁头上也不会答应，合着你把我家砸了个稀巴烂，最后我回来了，你来一句不追究，当我好欺负吗？

镇守姑孰（今安徽当涂）的侯子鉴成了侯景的最后的希望，他能否顶住王僧辩和陈霸先的合力打击，力挽狂澜呢？

魔王末日

公元552年二月的白茅湾，注定将成为历史的焦点。在这里，王僧辩与赶来的陈霸先顺利会师，两位南方伟大的将领在此登坛结盟，共讨侯景。二人的升迁轨迹很像，都是在侯景之乱中从一名默默无名的小将逐步爬升到了地方大员，一定程度上或许还该感谢侯景。但两人又不一样，这也是他们最后会分道扬镳的原因。

侯子鉴得到侯景的指示：打陆战，千万不要打水战。刚开始的时候，侯子鉴还能遵守这个指示，只是后来王僧辩一再"引诱"他。看到王僧辩每每前来挑衅，不久又缩了回去，侯子鉴觉得这是一个机会，于是下令：全军出击！当然，结果可想而知，侯子鉴大败，只身跑回建康。

得到这一消息的侯景居然哭了，而且是钻进被子里抱头痛哭，大呼："误杀乃公！"不过，此时的局势，侯景只剩下建康外围很小的一块地界，当然，三吴之地目前名义上还在他的控制之下。

秦淮河，这个三年前侯景与援军对峙的地方，再次成为历史的焦点。只不过，这次侯景遇到了有生以来继陈庆之后又一个难缠的对手——陈霸先，这个新来的对手大有一显神威的态势。面对侯景在秦淮河修筑的工事，王僧辩确实有些犯难，好在陈霸先关键时刻一马当先，作为先锋直接杀了过去，踏过了秦淮河。王僧辩一看有陈霸先在前面顶着，便也领着大军杀了过去。

侯景看地利已破，只能拼死一搏了。他率领当初渡江的八百骑兵，外加一万步兵，对梁军发起了冲锋，因为他知道，只要梁军扛不住冲锋，队形一乱，那便是大规模的溃败！陈霸先看出了侯景的险恶居心，向王僧辩建议将部队一字排开，首尾相连，分散游击，以免被侯景冲垮前军导致大规模溃败。侯景一看梁军如此应付，心中凉了半截，但无论如何只能硬着头皮上了。

梁军的王僧智所部在侯景的冲击下支撑不住了，可突然间一阵箭雨从侯景部队的后方袭来，叛军回头一看，正是陈霸先引以为傲的弓箭部队。两千弓箭手将侯景的叛军射得抱头鼠窜。侯景恨恨地说道："陈霸先，又是你，该死的！"陈霸先看到叛军受挫，连忙下令扩大战果，杜僧明、周文育、侯安都等人奋勇冲锋，王僧辩麾下的猛将王琳、杜龛等人也各自领兵加入了战斗。

面对不利局势，侯景只得撤军。但是陈霸先的骑兵貌似不想让侯景活着离开建康城，紧随其后逼近侯景营寨。与此同时，王僧辩接受了石头城驻军的投降。侯景暴怒了，自己在建康城下一败再败全是陈霸先干的好事，如果今天自己命丧黄泉，至少也要拉上陈霸先做伴！

陈霸先是梁军的灵魂，侯景是看得出的，但是，此时的侯景显然已经撬不动这个灵魂了。尽管侯景集中了所有残军，身先士卒，但是除了留下成片尸体，侯景什么都做不了。陈霸先就像一座大山一般挡在侯景面前，撼山易，撼陈霸先难！陈霸先看着侯景无谓的挣扎也累了，随后挥军进攻，叛军土崩瓦解。

侯景在台城门下喊来了王伟，大骂道："好好的你非要我做皇帝，今天害死我了！"骂完王伟，侯景就想逃，结果王伟一下子拉住了侯景的马鞍，说道："自古哪有叛逃的天子？宫中卫士，尚可一战。"这话真是像极了当初桓玄出逃建康时手下规劝他的话，只不过侯景比起桓玄差远了，当然，下场都是一样的。

侯景仰天长啸，说道："我这一辈子南征北战，灭葛荣，败贺拔胜，威震河朔，渡江到了台城，柳仲礼几十万大军都望风而降，这是什么？这是命。至于今天，那是天亡我也，这也是命！"实在难以想象，一个自恃勇力的人最后会将失败归结于命。侯景将台城的两个儿子抢了出来，背在背上就打马而去。此时此刻，最亲的人也就这两个儿子了，要知道，侯景在北方的儿子都已被杀。所以，这两个儿子再不能死了，再死侯景真要绝后了。

侯景得知自己的部下谢答仁在富阳还有不少人马，准备南下进入三吴，可惜赵伯超驻守钱塘，挡住了侯景南下的道路，而王僧辩的追兵在苏州再一次击败了侯景。侯景逃到了松江（今上海），准备渡海逃生。

叛军此时只有几十人了，为了减轻重量，当初侯景拼死抢出来的两个儿子，此时也都被扔进了水里。做完这一切，侯景总算稍稍镇定了心情，让舵手往东开，想必此时的侯景准备去东瀛国把把运气了吧？倘若侯景真

到了日本岛上，是不是又会掀起一番血雨腥风呢？当然，老天不准备让侯景再被写入日本的教科书，所以船只也没有向东去，而是朝着京口港的方向驶去。

等侯景醒来的时候，船已经航行到了胡豆洲。侯景一看这旁边的景色心中泛起了嘀咕：岛上的人怎么还建起了房子？再一看，不得了，大梁国的旗帜在那儿飘扬！侯景着急了，刚想开骂，结果却发现了比他更火的人——羊鹍，此时的羊鹍身边已经聚拢了一批人。羊鹍开口说道："兄弟几个这么多年为大王鞍前马后也够累了，到今天终究是一场空。倒不如借着大王的脑袋给兄弟们换俩赏钱啊！"侯景一看形势不妙，准备跳水，羊鹍一个箭步，横刀挡在了侯景面前。侯景跑回了船舱，准备撬了船底同归于尽。不过羊鹍不给他机会了，扛起一把长矛直接从侯景的后背刺了进去。而值得一说的是，羊鹍正是羊侃的儿子，而他的妹妹则被侯景强行纳为了姜室。

祸乱整个江南的罪魁祸首就此伏诛。但是，侯景又死得太轻松了，像他这样恶贯满盈的人应该上军事法庭，接受审判，最后在无尽的恐惧中以极刑处死！

然而，无奈的建康城居民只能以侯景的尸体泄愤。人们将他的尸体分成了三份，首级送到了江陵天子萧绎那儿，悬首示众了三日后被漆好，封存在了武库，作为展览品给世人观摩，告诉人们，这就是乱臣贼子的下场！两只手掌则被送去了北齐，当时北齐刚刚取代东魏，这也算作萧绎庆贺北齐建国的一份大礼吧。高澄九泉之下得知侯景死了，也能瞑目了。至于侯景的肉，则被建康城的民众疯狂抢食，以泄心头之恨，骨头则被烧成了灰下酒或者炖成了汤，溧阳公主也拿到了一碗。

侯景在江北的党羽，以侯子鉴为首，献广陵（今扬州）向北齐投降。至此，北齐基本拿下了长江以北的东部，原梁朝境内所有领土。可是，北齐不是在这次梁朝内讧中获利最多的，西魏马上也要下手了，而且一动手就是一块肥肉。至于江南的侯景余部，或被消灭，或是投降了新政权。

王僧辩一下子成了代表萧绎进行受降仪式的第一人，望着那群被押进营帐的俘虏，王僧辩看到了一张熟悉的面孔——赵伯超。想当年，赵伯超成为一方诸侯的时候，他王僧辩还是萧绎手下一个小小的参谋长。到如今，王僧辩是国统区的最高军政指挥官，而赵伯超则是沦陷区区区一俘虏罢了。此时的王僧辩大有"张忠良"的范儿，他鄙视着对赵伯超说道："赵公，你受到国家的高等福利，却要投靠贼军，甘当叛徒，今天该如何处治？"

赵伯超无话可说，王僧辩让人把赵伯超押去江陵，让萧绎发落，最后赵伯超被饿死狱中。

王僧辩牛哄哄地说道："以前朝廷只知道有叫赵伯超的，可知我王僧辩？国家有难，是我一个人挺身而出，拯救天下的，这人世间的富贵还真不是一成不变的。"只是王僧辩未能料到，今日自己耻笑赵伯超做叛徒，明日自己则被冠以"通敌"的罪名被诛杀，真可谓"后人收的休欢喜，更有收人在后头"！

手下们看到王僧辩自说自话，当然也一派阿谀奉承，不过王僧辩还好没忘记自己身份，稍微清醒了一下补了一句："当然，山河重新一统全赖主上圣明，将士用命。恰好上天眷顾，让我带了这么个头，谈不上什么功德！"王僧辩一眼瞥见了琅琊王的掌门人王克，王僧辩更得意了："你小子做叛徒做得很辛苦啊！（甚苦，事夷狄之君。）"此时的王谢家族早已在侯景的屠杀中死伤殆尽，即使侥幸活下来的也不敢再耀武扬威了。所以王克战战兢兢地望着王僧辩，不敢说话。

王僧辩得意扬扬地说道："王氏百世卿族，一朝而坠。"琅琊王垄断江南数百年的政坛，今天到头了！自从王导渡江以来，从最初的王谢桓庾，到后来的王谢袁萧。琅琊王一直稳居四大家族的第一位，任凭风吹雨打，我自闲庭信步，操控了南方近三百年的政治走向。不过，任何事物的发展都有期限的，繁盛古生代的三叶虫，称霸中生代的恐龙，延绵千年的东罗马帝国，终将有消散的一天，琅琊王也不例外，只是时间长短不同罢了。而这边要说的是，王僧辩虽然也姓王，但他可不是琅琊王出来的，而是乌丸王，是鲜卑人。

如果说王僧辩趾高气扬打击了昔日的权贵，那么他的肆意残杀则令建康城百姓深恶痛绝。王僧辩临行前问萧绎如何处置前朝旧主，萧绎说了一

句话："六门之内，自极兵威。"自然是暗示王僧辩对付萧栋要不留活口，在混乱中将萧栋弄死。可如今的王僧辩自从在牢里反省过后，已变得奸猾，是一个地地道道的滑头。他推辞说道："我是去讨贼的，不是去学成济的。"看过《三国演义》的都知道，成济是被贾充怂恿着杀高贵乡公曹髦的，最后落了个灭族的下场。当时杀之前贾充信誓旦旦地说："你尽管杀，没事，我和司马大人都会保你的。结果杀完之后成济就做了替罪羊。

王僧辩连萧誉、萧纶都杀了，还在意杀这么个傀儡皇帝？不过王僧辩有话要说，之前杀的都是王爷，这次是杀皇帝，他不敢。当然，王僧辩不敢杀皇帝，扰民的胆子却肥肥的，就因为萧绎说过那句话。不过话又说回来，既然连皇帝都不敢杀，那何必再去扰民？合着你打着萧绎的旗号，东西自己捞，黑锅全推给萧绎了。从对待萧绎所说的这句话来看，王僧辩是有政治头脑的，而且不是一般的厉害。

对于废帝，还是有热衷于做成济的人，这个人叫朱买臣。萧栋三兄弟刚刚从密室中被放出，望着蓝天、白云，庆幸自己劫后余生。唯独萧栋愁眉不展，对未来一片忧虑。朱买臣将他们兄弟三人迎到了船上，好酒好肉地招待，看着三位皇子一番饕餮，朱买臣便借机走开了。结果，这一走，朱买臣便再没回来。而这三兄弟一进小船便再也没出来。不久，三人便全部沉到了河底。

萧栋三兄弟的死亡对于萧绎来说确实是一个好消息，但是他很快又收到一个让他开心不起来的消息，确切地说应该是两个。首先是来自建康城的，在得知侯景已死之后，萧绎再也按捺不住心中的激动，在江陵即位，改元承圣。加封王僧辩为司徒、扬州刺史，率部镇守建康。加封陈霸先为征北大将军、南徐州刺史，镇守京口。但出于陈霸先不是自己嫡系的考虑，萧绎便召陈霸先的儿子陈昌和陈霸先的侄子陈顼入江陵为质，以确保陈霸先对自己的绝对忠诚。

本来是好事，但随着出使建康的人回来，萧绎收到了一个令他震惊的消息——部队把太极殿给烧了。谁干的呢？王僧辩给出的答案是，建康城一切的事情都是王琳所部干的。

王琳倒也够义气，说他干的他便承认是自己干的，绝对不拖人下水。

在这点上，王琳还真比那些临死都要拉垫背的人要会做人得多。有了答案，萧绎立刻让王琳率部到湘州，随即招王琳本人入朝。王琳太清楚自己这个姐夫了，为了政治目标，可以不顾念亲情。王琳自知自己这一去凶多吉少，便问手下的人："我要是命不好，回不来了，你们怎么办？"手下异口同声地说道："我们和大哥一起死！"

王琳一被召回就立刻被打入大牢，萧绎派了一个叫张载的倒霉蛋去接管王琳的部队。为何叫他倒霉蛋呢？因为他一到王琳军中，就被杀了，而且死得很惨。如此剽悍的军队，该不会是进建康城收编的侯景部众吧？不过，这样也能理解为何他们敢烧太极殿了。

随后，这支兵痞部队趁势还打下了长沙，作为这件事情的始作俑者，王僧辩被再次招来平叛。萧绎的意思很明白：这事情你鼓捣出来的，必须给我摆平！不过估计王都督太平日子过久了，军队居然出现了腐化现象，当初打侯景都没怎么吃力，这次打这群兵痞却迟迟无法摆平。

就在这时，另一个坏消息来了：萧纪打上门来了！这个消息具有极大轰炸性。萧绎很讨厌自己这个弟弟，台城被围期间，他按兵不动，诸王内讧的时候，他依旧按兵不动。现在萧绎把各路军阀都消灭得差不多了，萧纪倒是跳出来抢成果了。更可笑的是，萧纪这次居然还打着"讨伐侯景"的旗号来抢胜利果实，难道他不知道侯景已经被萧绎给杀了？

萧绎觉得自己同室操戈的做法显得太不要脸了，可没想到这个老八比他还不要脸，心里自然憋了一肚子气。萧绎在军事方面也做了部署，陆法和已经先行一步前去阻拦了。但单单靠一个陆法和不够，于是萧绎又从牢里把任约和谢答仁给统统放出来了。为何？因为他们能打仗，非常之时必用非常之人。

牢狱中还有一个王伟，萧绎一开始也打算把他放出来，因为在此之前他收到了王伟在狱中给他写的长诗，那水平是相当不错。不过，王伟这人平日里得罪的人太多了，有人跟萧绎说："王伟写得最好的东西不是这个，而是给侯景写的一篇檄文。"萧绎来了兴趣，便要看看这檄文写得到底如何。这一看就注意到了这么一句话："项羽重瞳，尚有乌江之败；湘东一目，宁为赤县所归？"意思是，项羽四个眼仁都能失败，你萧绎一个眼仁还能蹦

趒几天？显然，这应该是在侯景讨伐萧绎的时候写的，不过，愤怒淹没了一切。

萧绎的愤怒是可怕的，因为得罪了他的人，必将死得很惨，王伟便是如此。萧绎要让全世界知道：逆我者，不可活！

萧绎能在王伟面前逞凶，但遭遇到萧纪的精锐大军还是心中没底，虽然该派的将领都派了，可是王僧辩被拖在长沙，这也不是个事。于是，萧绎继续给萧纪写了一封信，表示：益州是你的，你可以在四川做你的土皇帝，但其他地方你就给我吧。

萧纪想：你给我一封信，益州是我的；你不给我这封信，益州就不是我的了？我带领大军千里迢迢地来争天下，可不仅仅是为了益州！

萧纪的断然拒绝导致萧绎勃然大怒：既然你不仁，就别怪我不义了。我这次准备送你上黄泉！究竟是怎样的情况，突然让萧绎有底气了呢？前脚还是矮脚虎，后脚就成了摸着天了？原来，萧绎准备借刀杀人了，而这刀不是一般的刀，这把刀便是西魏。此时的萧绎已经决定动用境外势力来解决自家问题了。

这样一来，问题就变大了，要知道，外部势力一旦介入，后果将不堪设想。本来萧纪和萧绎的争端最多算作兄弟阋墙，搁在现在叫内政问题。而西魏一旦介入，这就不单单是内政问题了，会一下子演变成国际纠纷，稍有不慎就会万劫不复。早先八王之乱，若不是同意刘渊引匈奴兵助拳也不至于揭开了"五胡乱华"的黑暗史。后世的石敬瑭向契丹称儿皇帝，导致燕云十六州沦陷，以致两宋三百年被胡虏压着打而抬不起头。明末吴三桂引清军入关，更是开启了三百多年闭关锁国的停滞王朝。

由此可见，在内部争斗中引入外来势力，这不是福，而是祸！此时尚未整合完毕的梁朝比西晋何如？比沙陀武士淬炼的后唐如何？比还有大半壁江山的晚明如何？显然，都比不过。萧绎此时等于打开了潘多拉魔盒，灾难即将在南朝上演。与侯景之乱不同的是，这次的战乱过后，南朝所剩的版图只有当初的三分之一，并将为此永远失去与北方抗衡的实力。

山雨欲来风满楼，江陵这座小城究竟该何去何从？南朝的命运又将走向何方？

益州入魏

萧詧当初为了抵御七叔的进攻，内附西魏，将河东之地尽数让与西魏，至此，西魏的势力渗透到了长江北岸。萧詧的引狼入室非但没让萧家皇裔引以为鉴，相反，时隔不久，已经控制了南方三分之二疆域的萧绎再一次向西魏求援。而这一次的引狼入室，直接将梁朝送进了坟墓……

长安城的大殿上，宇文泰望着萧绎的求援信露出了少有的笑容。经过这么多年的休养生息，此时的西魏已经有足够的兵力可以向外扩展了，而天府之国的益州，成了他心目中的首选目标。当初的秦国正是在司马错平蜀之后，才得以开启吞并山东六国的进程。而之前的晋朝，也是先灭蜀才最终统一天下。自从拓跋焘统一北方，南北对峙有百余年了，蜀中却一直牢牢地被南朝控制着。多年前梁朝大将兰钦曾经在汉中给宇文泰留下了非常深刻的印象，可如今的梁朝，再也找不到当初那种威震北国的气概了，此时的梁朝就是砧板上的一块肉。

高洋称帝了，在宇文泰眼中，他还是过于年轻。可北齐在江淮地区的扩展却不容小觑，而宇文泰此时也该为西魏国的明天，确切地说，是为宇文家的明天开疆拓土了。宇文泰在朝堂上向众臣说出了自己的决定："取蜀制梁，在此一举。"

西魏军出动了，一万骑兵、一万两千甲士由大散关开拔，向剑阁前进。这次领兵的是宇文泰的外甥尉迟迥，此次战役是他崭露头角的一战。然而，多年后他却在战争中惨淡收场，而北周王朝也随着他的惨败走向了覆灭。由于萧纪主力在外，尉迟迥很容易就到达了成都城下，实行了包围。

此时还在前线的萧纪得知老巢被袭，心中不由得惊恐万分：没想到啊没想到，老七你为了做皇帝不惜引胡人南下，甘当民族罪人！比萧纪更恐惧的是他的手下，由于当兵的基本都是蜀人，得知这一消息，纷纷担心家人安危，哪里还有打仗的心思。面对此时的不利局面，萧纪软了下来，不得不修书议和，因为此时的萧纪还天真地以为，萧绎还如当初写信给他那般。尤其是信中还写了"心乎爱矣，书不尽言"这八个字，使得萧纪认为自己的七哥还能容得下他。

而萧绎此时却换了一副模样：想战就战，想和就和，你当是过家家吗？这要是答应了你，我的面子往哪里搁？萧绎一口回绝了萧纪的议和请求。当然，面子问题显然不是一个政客处理事情的准则，尤其是在萧绎身上，面子更是可有可无，不然他也不会低声下气求助于西魏了。萧绎之所以敢这么横，除了西魏已经包围了成都外，他还有三点有利条件。

其一，探子来报，萧纪的军中粮草已经不多了，没粮食还打得了仗？其二，西面防线的陆法和与任约将萧纪控制得死死的，萧纪压根儿不能越界一步。其三，王琳部队哗变事件已经圆满结束，东线已无战事，萧绎现在有足够的军队和萧纪对抗。

大家一定很好奇王琳部队哗变事件是怎么解决的，简而言之就是一个字："义"。军队哗变是为了义，哗变被平息也是为了义。王僧辩包围长沙城久攻不下，城里的陆纳就放话了："王大哥没罪，朝廷只要放了王大哥便立马投降。"萧绎便将王琳押送到了长沙城下。王琳的匪军一看老大回来了，都齐刷刷地跪在城楼上，哭着说道："王大哥只要入城，我们立马投降！"原本依着萧绎的脾气，是不可能答应的，哪有一朝天子向叛军妥协的。可如今军情紧急，面子只能抛到一边。于是萧绎赦免了王琳，哗变的匪军一下子又变成了秩序井然的官军，王琳也带着部队立刻开赴到了西线战场。

此时的萧绎占尽先机，怎么可能还会和萧纪议和呢？为了体现文化人的水平，萧绎回了一首诗："回首望荆门，惊浪且雷奔。四鸟嗟长叹，三声悲夜猿。"什么意思呢？大致意思是滔滔江水永不休，过荆门，鸟悲鸣，还有猿啼三声泪沾裳。四鸟是一个典故，说的是孔子路遇一位老妇人，因为要卖子而非常痛苦，将自己比作完山之鸟，鸟生四子长大后飞向四海。

萧绎的意思已经很明确了：父母在，兄弟在！爹妈早就死了，你我还是兄弟？早就分家了。

其实，从战略角度来说，萧绎此时对萧纪赶尽杀绝还真不是明智之举。萧绎用以下三种办法也比现在和萧纪火并要好。一，趁着西魏大军南下的空当，与萧纪议和，随后突袭北边的萧詧。萧詧根本不会想到萧绎会对自己发起突袭，这样一来，萧绎可以收回河东之地。二，与萧纪议和，然后待萧纪回军之后，派军尾随，入川中观西魏和萧纪军的成败。三，与萧纪

议和，借机恢复国力，梁朝经过这连年征战早已国库空虚，江陵的失陷，一定程度上也是由于梁朝军力虚弱造成的。如果萧纪不死，西魏绝对不敢越过萧纪突袭江陵，所以保萧纪在一定程度上也是在保全自己。不过萧绎这时什么都不想了，只想让自己的八弟立刻去死。

面对议和失败，萧纪犯难了，怎么办？手下陈智祖给他出主意了——有钱能使鬼推磨。萧纪出了名的有钱，他有一万斤金饼，每次出征光财宝都要带好几百箱，然后他将财宝一字排开，对着士兵们说："看看，你们奋勇杀敌，杀的人多，这些都会赏给你们。"士兵们实诚，为此当然拼命厮杀了。可是打完了仗，士兵们要奖赏，萧纪又不给了。时间久了，大家都明白了：合着你这金饼就是广告上的配图——仅供参考。

如今形势紧迫，再用仅供参考的金饼忽悠只怕没用了，得拿出真东西。可是当老陈提出这个意见的时候，萧纪一副夏洛克的丑态：要让我拿出这些金饼等于是要谋杀我啊！死到临头还不开窍，那萧纪真是该去见他爹了。这时，王琳和任约带领着部队发起了对蜀军的总攻，士兵们领不到金饼，哪还有斗志，纷纷溃散了。萧绎的部队火速占据了长江两岸的十四城，一举断了萧纪的归路。

最后，众叛亲离的萧纪被樊猛包围。樊猛之前就收到了萧绎的命令："生还，不成功也！"所以一见到萧纪就要剁了他脑袋，萧纪见这架势，只得绕着床躲避樊猛的追杀。这时守财奴萧纪也不吝啬了，抓起金子就往樊猛身上扔，一边扔一边喊："我拿这钱雇你，让我见一见七官（萧绎）吧！"樊猛觉得萧纪侮辱了自己，无论从人格上还是智商上，于是说道："天子也是你说见就见的？你死了，这金子难道不会归我？"说完一刀就砍了萧纪。

萧纪虽然死了，可萧纪的两个儿子——萧圆照、萧圆正却被带到了江陵。萧绎一看，心中暗骂：樊猛这个兔崽子，真不会办事，这不是让朕为难吗？对于这两个侄子，萧绎绝对是要斩草除根的，但要做出客观死亡的样子确实有点难度。萧绎先让人委婉地表达自己的意思，这两个侄子可以选择自杀，这样死得体面。可是，小孩子正是初升的太阳，还没活够呢，哪里舍得死。萧绎一看这情况：既然你们不想体体面面死去，那我就让你在饥饿中痛苦地死去。于是将这两兄弟关进了牢房，不给他们吃饭。

没有饭吃，饿得实在不行的两兄弟只能啃自己的手臂，熬了十三天的兄弟俩最终死去，或许这样对他们反而是解脱吧。

成都被尉迟迥围困了五十天，在得知萧纪死亡的消息之后，这座曾经做过蜀汉、成汉、谯蜀都城的城头竖起了降旗。蜀地在很短的时间内全部陷落于西魏手中，尉迟迥成了西魏的益州刺史。至此，梁朝的版图缩水至侯景之乱前的一半，长江天堑也因此荡然无存。历史在这里转了一个弯，而这个弯再也没能转过来。统一的曙光似乎也在西魏攻陷成都的那一刻闪耀在了西魏的都城上空……

这些在萧绎的眼中都不算什么，因为此时此刻，他成了这场同室操戈的最后获利者，除了认西魏做干爹的萧詧，再也没有一个姓萧的可以挑战他的权威，四分五裂的南方终于又在他手中统一了。虽然萧绎的手段是那么的卑鄙和无耻，但那又如何？千百年后，萧绎将会以梁朝中兴之主的身份被载入史册，历史永远只承认胜利者，刘邦夺取天下又何尝不是靠的卑鄙？

可萧绎不会明白，其实这场皇位争夺战，大家都输了，而他连同他所建立的江陵政权，最后被载入史册不是以梁朝中兴的名义，而是算作梁朝的回光返照，在死亡边缘的垂死挣扎……

萧绎如果仔细审视下自己的版图就会发觉，江南之地经过侯景的劫掠已然是一片废墟，即使清理建康城的断壁残垣，只怕也要五十年的时间。而长江以北的广陵，已经成为北齐的领土，国界线仅仅依靠势若累卵的长江。而萧绎的江陵，恰恰成了长江以北的一座孤岛，北边和西边都是西魏的部队，随时都有可能遭到宇文泰毁灭性的打击。

如果问萧衍，大梁的隐患是什么？萧衍一定会意味深长地说："我大梁的隐患不在北边的索虏，不在王谢等世家大族，而恰恰在这太极殿上，恰恰是我那几个觊觎皇位的儿子！"萧衍的担忧，在他死后最终酿成一场悲剧，一场断送了整个王朝的悲剧。

侯景之乱只是一个导火索，即使没有侯景的到来，萧衍百年之后也难免会上演这么一出夺位大战。我们把南边的侯景之乱和北方的尔朱家族乱政一比较，就会发觉，在时间上，侯景之乱要比尔朱家族乱政短了很多。即使短了很多，江南在此次战争中依旧付出了惨痛的代价，领土缩水一半，经济最富庶的三吴地区遭受重创，国际地位由战前的三国第一，一下子滑落到了三国之末。与北边相比，南朝再也经不起折腾了。

可是"树欲静而风不止"，北方两国会就此收手吗？答案肯定是否定的。萧绎接下来的一个举措，再次给了宇文泰一个出击的借口，而这一次出击将梁朝的中兴之梦彻底打破，也让南朝之后二十多年只能处于防守态势……

消灭了萧纪，此时萧绎的首要任务自然是休养生息，好好医治战争创伤，为实现梁朝的中兴积蓄力量。然而，或许这次皇位争夺战结束得过快，又或许萧绎这一路来过于顺利，以致他竟然变得志得意满起来。如果这份自得仅仅表现在国内，或许也不会出什么大问题，可偏偏萧绎要将这副自得表现给外人看。

此时的萧绎给宇文泰写了一封信，并让人出使西魏。信中的言辞很激烈，态度很恶劣。其中，萧绎郑重声称：益州等地为我南梁固有领土，我梁朝对该地区拥有不可争议的主权，当初被贵国野蛮占领，我们只当是贵国租借，现在是时候该归还了。

萧绎的说辞让宇文泰大动肝火，什么固有领土，什么不可争议的主权，这年头拳头硬才是大爷，我管你什么主权不主权的，你们汉人不是一向认为我是野蛮人吗？这一次，我就野蛮一次给你看看！

宇文泰很生气，后果很严重。更为重要的是，出使梁国的使者给宇文泰带来一个更为气愤的消息：萧绎对待北齐的礼数高出了对待我国的数倍，萧绎有向北齐靠拢的趋势。宇文泰听完使臣的汇报，在朝堂上撂下了一句话："连老天都要灭萧绎，他还想活命？"下朝之后，宇文泰就在全国进行总动员，目标只有一个：打下江陵城，活捉独眼龙！

萧绎的这一举动确实很令人费解，按理说，作为一个成熟的政客不应该让情绪影响自己的决策，此时和平与发展才是梁朝迫切需要的。既然萧绎都装过一次孙子了，又为何不能再韬光养晦几年？事实证明，这一昏招儿直接导致了梁朝的灭亡。不过大错虽已铸成，萧绎却还有一次补救的机会，但是这次机会又让他白白浪费了。

迁都，历朝历代在遭到野蛮部落入侵或者大战乱而导致国力疲软之时，都采取迁都这一举措。比如西周因为犬戎入侵而迁都到洛邑，建立东周。

第六章 萧绎得天下

西汉因为汉末大混战导致国力疲软，迁都到了洛阳，建立东汉。西晋遭遇五胡乱华，因而迁都建康建立东晋。再往后还有北宋、金朝等。当然，也有没迁都的，比如明朝，但是明朝崇祯的那一举措究竟是对是错，我们就不去评论了。

此时的梁朝都城在江陵，而非传统的建康。江陵作为萧绎的大本营，凝聚了萧绎的半生心血，在他眼中，只有江陵才适合作为梁朝的都城，就像朱棣一样，他也对建康城没什么情感。可问题在于，建康城做了南朝近三百年的首都，怎么可能说废弃就废弃？更重要的是江陵在江北，想依靠长江天堑都依靠不了。如今西魏的异动使得大伙纷纷萌生迁都建康的想法，其实这也不应该叫迁都，说还于旧都更为精确。

然而萧绎心中却摇摆不定，想当初建康城的烧杀抢掠，现在都归结在他头上了，万一去了那边老百姓不欢迎怎么办？更重要的是，建康城早已残破不堪，哪有江陵好，都未曾遭遇战火破坏。细细看来，萧绎的想法却有那么一丝道理。但是仔细揣摩便发觉，这其实只是借口。当初苏峻叛乱，建康城被毁得更惨，但晋朝军民万众一心，愣是没有迁都，只过了十几年，便在原有的基础上重建了建康城。而唐朝末年，打着政府军旗号的沙陀兵进了长安城也是大杀特杀，后来唐僖宗不也是回到了长安吗？也没见百姓嚷嚷着要灭了李唐啊。

萧绎心中到底是怎么想的呢？没人知道，我们都不是萧绎，他的内心永远无法被人探究，或许他心中有一丝预感，一旦去了建康，他也许只能做一个傀儡皇帝，因为此时的王僧辩已经是手握重兵的一方大员了，整个建康城的百姓只知有王都督，不知有萧天子。

为了突显民主，萧绎决定听取大臣们的意见，于是他采用了当年周勃用的古老方法，露胳膊表民意。他挑选了五百名官员进行投票，赞成去建康的露左胳膊，赞成留下来的露出右胳膊，一场决定梁朝未来命运的会议就这么展开了。

结果出乎萧绎的意料，超过一半人决定回建康。尊重民主回建康？很显然，在萧绎的眼中，这群愚民真心没理解"民主"的含义，什么叫民主，尔等是民，朕才是主！所以，结果令萧绎很不满意，不满意那就要重来。

关键时刻萧绎搬出了"不问苍生问鬼神"的老一套办法。

这次负责占卜的人叫杜景豪，很显然，他的水平也不到家，未能如刘灵助那般出神入化，也比不得陆神棍。占卜的结果是去建康城不吉，萧绎大喜，既然老天都让我不要去建康城，那天意不可违，在江陵待着吧。可殊不知，当底下人问起杜景豪卦象的时候，杜景豪却说了一句："鬼贼逆天，才留下这么个征兆啊。"言外之意，回建康城不吉不是天意，但让萧绎留在江陵确确实实是天意。或许大家觉得这句话拗口，那简而言之就是，上天已经抛弃了萧绎，留在江陵是让萧绎等待着上天的审判。这句话宇文泰也说过，而此刻的他便充当了萧绎的行刑官。

公元554年九月，宇文泰的军队出发了，这次他出动了五万人马，可以说是继当初接纳高仲密之后又一次大手笔。而对于侯景献河南那次，他只是象征性地派了一万人马。但这次突袭江陵，宇文泰势在必得！

领军的是柱国大将军于谨，作为老前辈，这次行动他当仁不让。另外还有三名副将：中山公宇文护、大将军杨忠、荆州刺史长孙俭。值得玩味的是，于谨虽然是八柱国之一，又是主帅，但是他的风头即将被手下的三位副将盖过，因为这三位人物，将在西魏之后的北周、隋、唐三朝成为家喻户晓的大人物。究竟这三位副将有何来头呢，我们一一道来。

首先说宇文护，宇文护是宇文泰的侄子，这点不是最重要的，最重要的是他创下了一项纪录——中国古代历史上弑君最多的人。他一生杀过三个皇帝，堪称"屠龙之刃"。宇文护是自宇文泰死后到宇文邕中期这一阶段的实际掌权者，说宇文护是北周前期第一人也不为过。

再来说长孙俭，此人虽然不是很牛，但他有一个牛气的祖宗——长孙嵩。长孙嵩是北魏太武帝拓跋焘时代的重臣，更为重要的是，长孙嵩有两个后人在唐朝初年名噪一时，这两人就是唐太宗李世民的长孙皇后，以及皇后的兄弟长孙无忌。长孙俭这个人比较特别，他手下的官员犯了法，他不去处罚官员，反倒自己领三十大板。这种人搁现在叫有自虐倾向，属于危险人群。不过要是搁在古代，我们得说他高风亮节，高尚之士，所以手下的人自此之后再也没人敢犯法了。

最后来说说杨忠，虽然之前提过一两次，但并没有详细介绍这个人。

作为隋朝开国皇帝的父亲，应该详细介绍他一下。

杨忠又名普六茹忠、普六茹奴奴，表字猛虎。杨忠和贺六浑（高欢）一样，也是一个鲜卑化的汉人，即拥有汉人血统，但文化归属是彻底的鲜卑化，从心里排斥汉文化，认为自己是一个鲜卑人。

杨忠早年的经历颇为坎坷，十六岁那年便遇到了北魏六镇起义。两年后，杨忠在家族北迁河北的途中与家人失散，在战乱中被梁军俘获。由于他没有贺拔胜、独孤信那种高贵的出身，注定只能过着囚徒生活。后来元灏在陈庆之的护卫下北返，杨忠作为北人成为元灏的仪仗队一员。当然，此时打仗基本与他无缘，因为战无不胜的白袍将军陈庆之完全有能力摆平这一切。

后来元灏失败了，杨忠便开始了他三易其主的生涯，先是投靠尔朱度律、尔朱兆，随后投靠了新朝廷的孝武帝，跟随孝武帝入关中，并在孝武帝死后再次投靠宇文泰，大有《三国演义》中吕布的做派。然而事实证明，杨忠后来的成就远高于吕布，名声更不用说了，这得多亏他的儿子——隋文帝杨坚。杨忠去世时的官职是太傅、大司空、随国公，跻身北周柱国大将军之列，顺利完成了逆袭。

当然，杨忠曾经两次到过江南，除了最初一次被俘外，后来他和独孤信在荆州失陷后再次流落江南，这一次梁武帝对杨忠表现出很殷勤的态度，但这并没有挽留住杨忠。甚至说，梁武帝所做的一切都没有换来杨忠对江南的好感。同样是在江南待过的贺拔胜回到北方后，都不忍射杀南飞的大雁，以此遥报梁武帝对自己的大恩大德。可是，杨忠给江南带来的则是实实在在的刻骨之痛。

之前杨忠就曾经征伐过江南，两次出手，河东之地尽数归于西魏，柳仲礼被擒，萧纶惨死，这是杨忠送给江南的第一份礼物。而这一次，杨忠决定再送江南人一份大礼，一份让他们记住自己一百年的大礼！杨忠永远无法忘记当年陈庆之是如何带着七千甲士在北人面前耀武扬威的，偌大一个北魏却遭到陈白袍七千子弟的肆意蹂躏。如今，这位昔日陈白袍教出来的徒弟已然小有所成了，接下来就该对南朝还以颜色，让江陵成为当初的北魏洛阳，让自己成为江南人心中永远的阴影……

就让我重演白袍军当年的奇袭吧，江陵，在我的虎啸声中颤抖吧！

第七章
江陵往事

经过三年多的鏖战，将整个江南都拖入战火的侯景终于死了，可是笼罩在南朝上空的阴云终究未能消散。为了争夺南中国的控制权，萧绎和萧纪这对兄弟展开了最后的搏杀，一场决定梁朝帝位归属问题的决战在长江上游打响。

其间，萧绎为了能彻底消灭萧纪，竟然不惜引狼入室，求援于西魏。殊不知，南下的西魏铁骑的目标却不止一个益州。当萧绎沉浸在最后的胜利当中时，西魏的钢刀再次伸向了江陵⋯⋯

元帝之死

面对江陵的重兵压境，梁朝真的只能坐等末日了吗？当然，除了迁都之外，萧绎还有最后一招，那就是调集梁朝四位名将集体助阵，合王僧辩、陈霸先、王琳、陆法和四人之力，便可与西魏决一死战。但是，现在这四人在何处呢？陈霸先驻军京口，王僧辩坐镇建康，王琳去了广州，而陆法和则在武昌。关键时刻，目前梁朝最有实力的这四位将领都不在萧绎身边，使得萧绎离坟墓更近了一步。

而造成这一切的恰恰又是萧绎，除了陈霸先和王僧辩驻军江南提防北齐外，陆法和与王琳倒是确确实实被萧绎有意支开了。

先说王琳，自从上次的士兵哗变事件爆发后，萧绎便对这个小舅子一肚子的不满意，左右不想让王琳留在京都。于是，处理完萧纪之后，萧绎便一纸诏书任命王琳为广州刺史，去把那个名义上臣服自己的萧勃替掉，至于和平顶替还是武装夺权都随他。

虽然萧绎不认他这个小舅子，但王琳却一直认这个姐夫，于是他找到李膺，让他给萧绎带话："我呢，知道姐夫的心思。我王琳穷苦出身，若非姐夫栽培岂会有今天？我怎么可能和姐夫争皇位呢，压根儿就没那一种心思。我不想去广州，哪怕让我去雍州守卫梁朝的北大门也好，也能帮衬着点姐夫，不至于到时候一旦有紧急状况连个帮衬的人手都没有。"

李膺对王琳这股子忧心国家的态度很欣赏，但是这话绝对不能带，因为带了也没用。萧绎之所以让王琳走，就是因为猜忌他，结果王琳非但不去广州，反而要北上雍州，直接到萧绎眼皮子底下，这要兵变的话可容易了。综上所述，王琳必须走！不过，萧绎虽然一个劲儿地赶王琳走，得知江陵被围的消息，王琳还是马不停蹄地赶回，奈何相距实在太远，无能为力。

驱逐了王琳，接下来就该对付陆法和了。陆法和的故作高深让萧绎很厌恶，萧绎觉得自己的智商应该是最高的，手下要出现高智商的人才这说明不科学。所以，对于这个能呼风唤雨的陆法和，萧绎的态度是——撂一边。萧绎让陆法和去了武昌，当初陆法和就曾提议突袭萧詧，在西魏大军还没反应过来之际，直接夺下襄阳，以此拱卫江陵。按理说，萧绎对待萧詧可谓恨到骨子里了，而陆法和又对这个计划信心满满，所以他认为萧绎肯定会接受这个计划。

可出乎意料的是，萧绎拒绝了这一提议。不是怕得罪西魏，也不是良心发现要留侄儿一条性命，关键是不放心陆法和。这么一来，萧绎等于自己断了两条活路。

再来说西魏这边，长孙俭和于谨出兵后，便开始在马上进行兵推，对萧绎可能采取的行动进行了一一分析。于谨抛出了自己的观点：回建康，上策；守内城，中策；把兵力散布在外城，下策。

长孙俭又问于谨："那独眼龙会用哪一策？"于谨将了将胡须，自信地说道："下策。"这一幕倒是有点像刘裕灭南燕前的情形，不同的是，当初那次是长了南人的威风，而这次则是江南人们心中永远的痛。长孙俭似乎还想刨根问底，于是继续询问："为何你这么确定他会用下策？"

于谨略作深沉地说道："因为两点原因，一来萧绎此时已经极度癫狂，自认为天下第一，所以他压根儿不会考虑到我们会来打他。二来，如今北方还没统一，我们和北齐是世仇，没理由会放弃与北齐的争锋而南下江陵。所以，萧绎他觉得我们不会来，便不会主动放弃外城，缩在内城的，更不用说直接逃回建康了。"

萧绎没有算准西魏，倒是西魏把萧绎算得准准的，战争还没开打就已经输了一半。那此时的萧绎在干什么呢？此时此刻的萧绎在讲课。

作为一个书香门第出来的大文学家，虽然如今已是九五之尊，但文人的形象还是必须要的。萧绎此时正在给百姓们讲《老子》，讲到了"天地不仁，以万物为刍狗，圣人不仁，以百姓为刍狗"这一段。古人的智慧确实如同一面镜子，既照清楚了过去，又照明了未来。萧绎自认为是"圣人"，所以他以百姓为刍狗，他坐看父皇饿死，冷视兄弟子侄被杀，对于四川百姓归于西魏他也一笑置之。但是，他的不仁也招来了上天的不仁，这似乎也预示了他不久后的失败。他显然不知道《老子》还有另外一个名字——《道德经》。

《道德经》是劝导人向善的，强调无为不争，但萧绎的所作所为却违背了这两条，这就好比《九阴真经》落到郭靖手里成了济世救民的一门绝学，而落到梅超风、欧阳锋手里，就是杀人利器，同样的东西在不同性格的人手中会发挥不同的效果。

萧绎自认为读懂书了，便可以天下无敌，但他错了，知识确实是一种力量，但需要德行去支配，德不胜才，其刑必酷！只可惜，萧绎到最后都没明白自己失败的最根本原因，甚至还埋怨读书读多了，将所有珍藏付之一炬。世间的事情其实可以很简单，不需要太过复杂。当萧绎在给百姓讲课的时候，西魏部队已经和萧詧的襄阳部队顺利会师，并杀往江陵。消息传来，萧绎不信，他如于谨所料想的那样，给出的理由是，我都已经平定江南了，此时西魏南下就不怕北齐在他后院放火？

更重要的是除了萧绎不信，刚刚出使西魏回来的一位大臣更不信，此人给出的理由毫无道理："我看过宇文泰的面相，很客气，一点都不像要来打我们的样子。"这种事情还能靠看脸？更可笑的是，大家一听这结论还纷纷夸赞：有道理！最后萧绎做出指示：大家千万不要被谣言蒙蔽，这定是北齐散布出来破坏我们和周国睦邻友好关系的，又或是故意扰乱大家心志，

造成社会混乱的。所以大家要坚定不移地听从朝廷指示……

萧绎继续开讲他的《老子》，百姓们继续做着各自喜欢的事情，官员们也如此。但作为未卜先知的陆法和，他自然知道西魏这次是奔着江陵来了，于是他亲自率兵前往江陵。但是，萧绎给予他的答复是："你给我好好待在武昌，我自能破贼。"都说了是虚惊一场，你还带兵前来，作甚？很显然，陆法和的勤王举动在萧绎眼中成了谋逆的行为。

陆法和听了，苦笑了一下，紧接着就披麻戴孝穿起了丧服。弟子们很惊恐：师父，您这是唱哪一出呢？毕竟您无亲无故，怎么突然整这副模样了？神棍没搭理他们，只是默默地回到了江夏城，并下令把城门也涂成白的。巴陵败任约，西峡阻萧纪，该做的陆法和都做了，甚至还提出攻克襄阳，进军武关的宏大战略构想，只可惜不被采纳，如今神棍也算对得起萧绎的知遇之恩了，剩下的只能期待萧绎自求多福了。

事实上，陆法和也知道萧绎败亡是不可避免了，所以提前给他发丧了。出于君臣之义，陆法和给萧绎写去一封信，表露心迹：我本是个方外之人，既然已经出仕，又岂会贪图权力？只因陛下前世与佛有缘，所以佛祖指引我来助陛下，可惜，如今陛下猜忌臣，修行尽毁，前缘已断，看来这一切都是天意啊。

西魏入侵的消息被证明是真的之时，萧绎手下的百官纷纷慌了手脚，甲胄在身，严阵以待，唯独萧绎还一身便装在讲课，如痴如醉之态俨然是将生死置之度外了。直到讲完课，他才下令王僧辩和王琳前来勤王。而此时的王僧辩在建康，王琳在广州，而西魏的部队就在眼皮子底下，就算是坐动车那也是来不及了。

好在此时的王僧辩可以抽开身，因为北齐的高洋这阵子去打游牧民族了，暂时没有南下的动向，陈霸先表示他一个人扛得住北齐在南边的伪军，于是王僧辩星夜驰援江陵。王僧辩的行动引起了西魏军的警觉，于谨立刻下令宇文护和杨忠率军占领长江渡口，切断了萧绎东逃的道路，自己则渡过汉水，直接包围江陵。

此时深处江陵孤城的萧绎终于体会到了什么叫孤家寡人，一向心高气傲的他居然撕下绢帛，手书：吾忍死待公，可以至矣！并派人前去送给王

僧辩。当然，曾经他可以很轻松地突围，只可惜被他一口拒绝了，如今那个被他拒绝的陆法和是离他最近的，可是还能等来此人的救援吗？

陆法和不会来了，不仅如此，王僧辩和王琳也来不了了，因为于谨这个老狐狸是不会给萧绎等待援军的时间的，他会在援军到来前摧毁掉他们一切的希望！于谨给士兵下达的命令是：不惜一切伤亡，务必短时间内拿下江陵！老夫不怕死人，哪怕你们的尸体堆得和城头一般高，我也要让后面的人踩着尸体打进城去！只要能拿下江陵，五万人马就算只剩下几千人也值得！

穷的怕横的，横的怕不要命的，再精锐的部队遇上一群亡命之徒也未必能招架得住，更何况从战斗力上分析，江陵城的守军和西魏府兵压根不是一个档次！梁军这边的老将胡僧祐在激战中被射杀，萧绎等君臣很快撤回了内城。那一夜，天上流星陨落，精通天文的萧绎自知寿数将尽，只得连连叹息。

这时候，谢答仁还不死心，决定亲自护送萧绎突围，渡过长江去任约的军营。由于萧绎身体较胖，不会骑马，所以谢答仁又提议两人同骑一匹马。说到这儿，萧绎算是心动了，结果偏偏有人又跳出来搅和。这人叫王褒，是琅琊王家的人，当时任职尚书仆射，相当于宰相，他给出的理由是：谢答仁是侯景的降将，任约也是侯景的降将，你指望着他们救你？他们铁定要把陛下你卖了，陛下你信不信，你前脚出城门，后脚就被带去于谨的军营了。

萧绎居然听信了王褒的话，当初那套"不拘一格降人才"都被抛弃了，他一下子便否决了突围这一提议。诚然，王褒说的有一定道理，谢答仁和任约政治底细的确不清白，而且突围也没那么容易。但是，王褒却不是站在萧绎的立场上看待问题的，而是在为自己考虑，因为他紧接着抛出了自己的观点。

什么观点？投降。这就是堂堂的琅琊王氏在国难当头抛出的主意。想当初被世家大族那么鄙夷、那么声讨的朱异，在守卫台城的关键时刻也没提出这么不像话的主意，倒是这些平时衣冠楚楚、尸位素餐的朝廷重臣，却给萧绎出了这么一个馊主意。

第七章 江陵往事

投降，对于王褒来说确实是个不错的主意，换个主子不也一样伺候？但对于萧绎来说却是走上了一条死路。王褒是投降过去当奴才的，可萧绎一个皇帝，投降过去能做什么呢？宇文泰那边既要好吃好喝地供着他，又要日防夜防地警惕他，多累。更重要的是，这次同行的还要萧詧，平日里他可没少受七叔的罪，现在风向转了，他能不好好出口气？想想六哥萧纶横尸江中的下场，萧绎也不该走这条路啊。

想当初，孙权也曾遇到和萧绎一样的情况，幸得有鲁肃点拨，只是这时萧绎身边不见鲁肃，张昭之流倒是比比皆是。原本萧绎还准备让谢答仁守内城的，甚至提议事成之后将公主下嫁，可现在既然王褒提出投降，那就投降吧，萧绎欣然应允了。谢答仁一看，这就是所谓的王谢精英，既然你们都不想打，我还积极作甚？憋了一肚子气的谢答仁拂袖而去。

投降得有诚意，王褒提议由萧绎的新太子——萧方矩前去于谨的军营送降表。因为老大萧方等、老二萧方诸都死了，老三幼年夭折，所以老四萧方矩顺理成章成了太子。王褒和萧方矩刚到西魏军营就被包围了，不过包围他们的不是恶狠狠的士兵，而是仰慕他们的人。

南北朝时期也流行"追星"，不过他们的偶像是大文学家、大书法家。尤其是被誉为"书圣"的王羲之，那更是崇拜者无数。王褒作为琅琊王氏的一员，书法也不一般，而于谨的儿子又正好仰慕王褒已久，于是恳请王褒留下墨宝一副以便膜拜。

王褒欣然接受，大笔一挥，墨宝即刻完成，大家一看，这字当真是笔走龙蛇，不过更令大家惊愕的是王褒的落款——柱国常山公家奴王褒。于谨呆了，于谨的儿子也呆了，在场的所有人都惊呆了。"泼墨汉家子"，汉人的书法一直是索虏用来膜拜的，可是王褒这一举动，简直让汉家儿郎颜面尽失，他竟然用南朝文士引以为傲的书法，作为自己向胡人邀功媚宠的工具！那一刻，在场的梁朝人员都感到深深的心痛！黄门郎裴政当即泪流满面，夺门而出。王褒丢的不是他一个人的脸，他丢的是江南门阀集体的脸！所有的江南人士会因为王褒这一举动而蒙羞！

裴政原本是王琳派了提前给萧绎报信的，结果被萧詧抓获，萧詧威逼裴政，让他去城楼下假称勤王之师都不会来了，结果裴政表面答应，一到城下立马高呼，勤王之师转瞬即至。因此，西魏士兵对他一顿痛打，甚至打掉了他的门牙。但是裴政的投降完全是逼不得已，而且他也压根儿没想去捧西魏国的臭脚，像他这样的人即使身在曹营心也在汉。反观王褒，无论出身、官职还是知识素养，都比裴政高出很多，但关键时刻却气节全无，奴颜婢膝到这种地步，倒是实实在在地体现了那句"世胄摄高位，英俊沉下僚"。世家大族发展到后来是什么德行，以此可见一斑。

王褒走了，留下个萧绎更孤单了。萧绎不敢相信，他真的不敢相信，自己英明一世，到头来竟然落得这个下场。我读过的书连起来可绕地球一圈，我做的学问那也是泰斗级的，我只用了两三年就平定了整个江南！那是一个四分五裂的江南，完成这项壮举的是我萧七官，可为何我还会败，为何？

萧绎不断地寻找着答案，自己到底错在了哪个地方。没理由，我这样的全才也会败？实在找不到原因的萧绎变得疯狂，他抽出佩剑击柱，火花迸射，在幽暗的宫廷映照出他那张苍白的脸庞。火花让萧绎变得更为疯狂，他仰天长啸："烧吧，烧吧，一切都烧了吧！"

萧绎将自己失败的原因归结于读书太多，把脑子读傻了，于是他下令将自己珍藏的十四万卷图书全部拿出来，他要将这些东西一把火全烧光。

熊熊的火光在江陵的皇城升腾而起，在夜幕中是那么刺眼和恐怖。十四万卷图书就这样付之一炬了。"江陵焚书"是继秦始皇之后的第二次大规模焚书，许多凝聚了古人智慧结晶的图书在这场大火中遭到毁灭，由于当时还没有印刷术，图书的传承基本都靠手抄，所以许多手抄本都成了孤本，孤本烧了便是烧了，再难补回。望着这被焚毁的图书，萧绎一声长叹："文武之道，今夜尽矣！"我得不到的东西，别人也休想得到！

望着那焚烧完的灰烬，疯狂中的萧绎恢复了平静，喃喃地说："读书万卷，犹至今日！"这句话倒是和他父亲那句"自我得之，自我失之，亦复何恨"有异曲同工之妙，无奈之中的故作轻松罢了。

十四万卷书籍是什么概念呢？隋朝这个统一的王朝，极盛时期的图书也只是恢复到三万卷，对比之下就知道这十四万卷的分量了。

白衣素车，亡国之君出降的老一套，从子婴到萧绎，没有太大的区别。

萧绎出降了，显然他对自己的下场很不满意，出城都不忘挥剑砍城门几下，还仰天长叹："我萧世诚怎么会落到今天这个地步啊！"不过话又说回来了，既然七爷都"天子守国门"了，为何不来一个"君王死社稷"？如果萧绎是随着大火而去，而不是气得拿城门撒气，或许他死后得到的评价会大不相同。

萧绎受到了西魏的奚落，先是于谨以"萧绎不会骑马"为由，让人用一匹老马换下了萧绎的坐骑。随即于谨让萧绎写信，劝王僧辩投降。这时，萧绎身上的男儿本色来了，断然拒绝。于谨笑了："来了我的军营还由得了你？"萧绎说了一句有骨气的话，当然也可以算作遗言：既然我自己都无法决定命运，又何必去决定王僧辩的命运呢？

于谨告诉萧绎，阶下囚不听话，那只有死了。不过用不着于谨亲自动手，自有要杀萧绎的人。于谨把萧绎交给了萧詧，对于这个害得自己差点丧命的七叔，萧詧有太多的话要讲，讲完了就送七叔上路了，死法和萧绎的三哥一样，也是被装满土的袋子压死的。萧绎的遗体用草席包裹，茅草捆扎，葬于郊外，连普通人家埋葬用口棺材的待遇都享受不到。与萧绎一同被杀的还有他的两个儿子——太子萧方矩和始安王萧方略。

王褒活了下来，倒不是他那媚主的丑态让他得以苟活，而是琅琊王氏的百年招牌保了他一命，到达长安的王褒还受到了宇文泰的接见。宇文泰甚至亲昵地说："我是你们王家的外甥呀。"南北朝爱攀附祖宗，连西魏第一人也不免俗套。杨忠认了弘农杨氏，李虎认了陇西李氏，那宇文泰仗着自己的母亲姓王，也攀附了一把琅琊王氏。不过，多年前的刘渊入中原就自称汉朝的外甥，宇文泰再整这么一出，确实给人一种毫无新意的感觉。

"山阴道上桂花初，王谢风流满晋书。"王克做了侯景侵略政权的官，王褒则北上投靠了宇文泰，琅琊王氏退出历史舞台的这一幕竟然如此富有戏剧性。难道当真印证了郭璞的那句"淮水竭，王氏衰"？当然，天意只是托词，世间的一切都有公义，世界上没有亘古不灭的王朝，自然也没有长盛不衰的家族。百年王谢高门到此结束了。"旧时王谢堂前燕，飞入寻常百姓家。"这不仅是王谢风流的谢幕，也是门阀政治的谢幕。

萧绎死了，也解脱了，苦的是那些还活着的人们。江陵被西魏军搜刮一空，梁朝几十年积攒的奇珍异宝被西魏全盘接收了。然而，财宝还无法满足鲜卑人的贪欲，他们还将江陵城剩下的几万居民全部迁徙到了北方，充当家奴使唤。凡是带不走的，统统破坏掉，东西可以砸掉，那些老弱妇孺既然带不走，那就统统杀掉！

西魏对江陵的洗劫令人发指。梁国的新都在这群强盗的暴行之下俨然成了人间地狱，凡是目睹这一切的，或是被掳去了北方，或是再也见不到第二天的太阳。

时值隆冬，天寒地冻，大雪飘飞，却有这么一群人，被驱赶着踏上了北去的路途。他们受不了严寒和拷打，死者填满了沟壑，即便他们能坚强地活下来，等待他们的也是暗无天日的劳作和奴役。"兵安在？膏锋锷。民安在？填沟壑，叹江山如故，千村寥落……"数百年后岳飞的这首《满江红》倒是很贴合当下的景象。江陵之难再次让人见证了北方游牧部落的野蛮，也再一次验证了胡化之风盛行的西魏是看不到文明的。不过没过多久，取代西魏的北周，会在一代雄主宇文邕的领导下，重新扛起汉化的大旗，并为隋朝的大一统奠定根基。

江陵的故事完了吗？按理说完了，其实并没有，因为还有一个人的下场我们没有提，谁呢？萧詧。西魏做出了奖赏，封萧詧为梁国王，都城就是江陵。是梁国王而不是皇帝，也就是说，从建国的那一天起，萧詧的梁国就是西魏的附庸。后来西魏换了北周，换了隋朝，梁国的附庸地位则一成不变，而后来隋朝统一天下的时候，索性把这个附庸国给灭了。

那么这个梁国有多大呢？据史书记载，江陵方圆三百里，也就相当于极盛时期梁朝的五十分之一吧。萧詧费尽心机，不惜忍受百姓的唾骂，最后得到的竟然是江陵一座空城，外加巴掌大一块地方，不知他心中又会做何感想呢？历史上把萧詧所建立的梁国称为"后梁"，也作"西梁"，共存在三十三年，于公元587年亡于隋朝，国祚和陈朝等同。

谁 是 正 统

随着萧绎的死去，整个梁朝再次陷入了混乱和纷争，没人会料到，这种混乱一直从梁末持续到了陈初。在这期间，南朝与北方的差距越拉越大，

第七章 江陵往事

甚至一度徘徊在亡国的边缘。

作为梁元帝手下四名将之一的陆法和面对北齐大军压境，竟然献城投降了，神棍的这一行为让人大跌眼镜。齐军乘机占领郢州，长江防线被撕开了一个大口子。到达长沙的王琳，在长江上游诸将的支持下自称天下诸侯盟主，整个一翻版的柳仲礼。随即他另立中央，准备发兵攻打西梁，为梁元帝报仇。有人会好奇，另立中央，那此时南朝的中央是谁呢？

原来，梁元帝死后，还有个九子萧方智尚在人世，萧绎一共十个儿子，除了夭折的就是被害的，不过，聊胜于无吧。王僧辩和陈霸先一同在建康城拥立萧方智为梁王，成立临时政府。这么一来，南方的土地上出了三个政府：江陵的萧詧、建康城的萧方智，还有长沙的王琳支持者。当然，此时岭南的萧勃又趁机搞起了自治，原本整合的梁朝又一次四分五裂了。

统观当时南朝的三个半政权（萧勃算半个），其中实力最强的两个当属王琳控制的长沙政权以及王僧辩、陈霸先主导的建康政权，其中建康政权略胜一筹。为了争夺"梁朝正统"这个金字招牌，双方一场大规模的决战似乎无法避免。

历史的进展往往又是出人意料的。不久，建康城中传来陈霸先和王僧辩火并的消息。还没摆平王琳呢，这哥俩怎么又掐起来了呢？原来，当时北齐的疯子皇帝高洋，眼见西魏利用萧梁火并的机会攫取了大片土地，心中很是垂涎，便想起了当初寒山之战被俘获的萧渊明。

于是高洋派遣弟弟上党王高涣护送萧渊明南归，让其取代萧方智，成为建康政权的首脑，间接成为北齐在南朝的代理人。王僧辩招架不住，便废了萧方智，扶持萧渊明上台。结果陈霸先突然起事，击杀了王僧辩，废黜萧渊明，重新扶持萧方智登基。

这么一来，原本在三吴大地上的王僧辩的同党纷纷公开起兵反对陈霸先，江东大地战火再燃。王僧辩的妻弟吴兴（今浙江湖州）太守杜龛、王僧辩之弟吴郡（今江苏苏州）太守王僧智，以及王僧辩的女婿义兴（今江苏宜兴）太守韦载三人结成统一战线，纠集了其他一些小军阀公开讨陈，陈霸先此刻的孤立处境俨然成了当初的侯景。

趁着陈霸先和王僧辩余党互相攻伐之际，北齐也很合时宜地插了一脚。

高洋先后派柳达摩和萧轨两次南征建康，并一度将建康城重重包围。奈何陈霸先运气实在是好，就这样居然还先平王党，后却北齐，硬生生地将新生的萧方智政权给巩固住了。

公元 556 年，割据江州的侯瑱投降陈霸先，这标志着王僧辩在南方的最后一股势力被消灭。而后，陈霸先又挥兵南下，进攻昔日的上司——割据岭南的萧勃。

原本有侯瑱的江州在北边挡着，萧勃倒也可以高枕无忧，可如今侯瑱没了，萧勃的辖区直接挨着陈霸先的势力范围。结果陈霸先南征大军刚一出动，萧勃便被部将陈法武、谭世远于始兴斩杀。

搞定了萧勃，陈霸先又将枪口对准了王琳，之前忙着打王僧辩余部、打北齐，一直没怎么注意到这位占据长江中游的"盟主"。而在这期间，王琳迎立了北齐遣送回的萧庄（萧方等之子）为主，公然叫板陈霸先的萧方智政权。

当然，王琳也是有和陈霸先叫板的实力的，当时他麾下有数千条野猪战舰，水军力量是当时几大政权中最强的。即使陆上力量，他也坐拥十万雄兵，实力不容小觑。

陈霸先派遣周文育和侯安都两大战将率主力西征王琳，王琳也不敢懈怠，撤了西梁的围，集结兵力与建康军决战。

这时的西梁国终于可以松一口气了，然而，一向运气好得离谱的陈霸先却在这次战斗中失利了，周文育和侯安都两大主将双双被俘。导致战局急剧变化的原因竟然是陈霸先的突然称帝，"讨逆"成了"谋逆"，昔日北上勤王的"大梁忠臣"，摇身一变成了登基称帝的"陈朝皇帝"。

而那位命途多舛的九皇子萧方智也没能活下来，陈霸先称帝一年之后，便派人杀死了他。临死前萧方智还绕着床躲避屠刀并放声大喊："我不想做皇帝，当初你们非要逼我做，现在连命都保不住！"

萧方智死后被追谥为敬帝，劫后余生，他无疑是幸运的。但是这幸运却没有维持下去，他从被扶立到被废，再到重新登基，到死，只有短短三年。他不明白，当年父皇最忠实的属下，国人众口赞扬的保境安民大英雄，有朝一日会向他伸出屠刀。

其实道理很简单：世界上没有无缘无故的爱，尤其是当你一无所有之际，仍有人愿意帮你时，或许就该考虑下他的动机了。

陈霸先"自拆招牌"的行为既为他带来了不小的麻烦，同时也标志着他的政权已经被踢出了梁朝正统争夺战的行列。那么留下来的两个政权——江陵的西梁政权和长沙的萧庄政权，哪个是正统，只能取决于他们谁能存活下来了。

俘虏了周文育和侯安都之后，王琳并没有乘胜追击，直捣江东。最大的原因还在于他的老东家——北齐疯子皇帝高洋。此时高洋因为饮酒过度而病入膏肓，所以无法给予王琳军事援助。

如此一来，王琳和陈霸先便开始了长达两年的边境拉锯战。其间比较乌龙的是，周文育和侯安都两人通过贿赂王琳手下的宦官从而逃出生天，陈霸先的力量也借机恢复起来。然而没过多久，公元559年，周文育、陈霸先先后离世。陈霸先的侄子陈蒨在侯安都的扶持下登基称帝，是为陈文帝。

陈蒨刚刚登基，王琳就送来了一份大礼——挥师东下。自古不伐丧，可古往今来偏偏就有好事之人，喜欢趁着人家新旧交替之际伐丧。不过陈蒨知道，该来的总会来的，消灭不了王琳，陈朝的疆域将永远局限于江东和岭南两块版图。只有消灭王琳，陈朝才能在三足鼎立的格局中生存下去。

王琳的东进给了西梁绝佳的机会，此前一直遭到王琳骚扰而疲于奔命的萧詧这回总算是雄起了一把。他派出大将王操配合北周方面派来的将领史宁，率兵四万南下包围了王琳老巢郢州。

进退失据的王琳只能选择背水一战，与陈军水师展开大会战。结果水战经验老到的侯瑱利用火攻将王琳的主力摧毁，侥幸逃到岸上的人马也在陈军的追击中死伤殆尽。而王琳则趁乱找了条小船，带着妻妾心腹十来人逃往北齐。

王琳流亡北齐后过得也并不如意，北齐对于汉人的敌视使得他只能长期坐冷板凳。直到后来太建年间陈军北伐，在北齐国内将才缺乏的情况下，王琳才被派去前线抵御陈军。只是，后来王琳再次失利，被俘于寿阳。

陈军统帅吴明彻原本准备留王琳一条性命，但后来发觉王琳在军中旧卒中影响力很大，所以不得不将其斩杀。

王琳死了，听闻噩耗，他的旧部们纷纷泪如雨下，痛哭流涕。有人亲自拿着酒肉去祭奠王琳，结果只收回一摊血，而江淮之间的田夫野老听闻消息更是痛断肝肠。而当王琳的首级被传送到建康城，悬于闹市之时，他的老部下朱玚不忍眼见昔日上司的脑袋被风吹日晒，便上书陈宣帝请求收葬。最终，陈宣帝宽宏大量，答应了他这个非常过分的要求。朱玚带着王琳的首级赶赴寿阳，与他的尸身合在一处，安葬在八公山上——这个昔日苻坚远眺之后草木皆兵的地方。而前来参与王琳葬礼的竟有数千人之多。

朱玚觉得这样还不够，他私自叛逃到敌国北齐，像申包胥一般苦苦跪求北齐追赠王琳荣誉，后主高纬无奈，经不起朱玚反复哀求，最终只得追谥王琳为"忠武王"。随后，又有寿阳五壮士冒死押送王琳的棺材到达齐国境内，王琳在异国得到了一个异常隆重的葬礼。

无法想象，一个出身草莽、背叛国家、为虎作伥之人，在阔别了故土十多年之后，竟然还有这么多人挂念他，铭记他。这看似无法理解的背后其实也不难理解，在乱世中，朝秦暮楚的人比比皆是，但是能一意孤行的人却很少。虽然王琳坚持的东西最终证明是错误的，但是王琳却一再坚持到底，这种精神，无论是他的下属，还是他的敌人，都由衷敬佩。

不过，《梁书》中没有留下王琳的传记，《陈书》中也没有，反倒是《北齐书》里给他留下了一笔。"孽子孤臣一稚奴，填膺大义抗强胡。留名岂在尊梁朔，气染豪杰传千古。"历史的灰色幽默大抵如此吧。

回过头来看，王琳的败北也标志着在原有的大梁政权框架内，只残存了一个西梁。而此时的西梁刚刚拿下了王琳的辖区，版图急剧扩张，与刚刚平灭王琳的陈军部队即将展开一场大战。

侯瑱的进军速度很快，当他抵达郢州外围的时候，周军还未能攻破城池。史宁这个连列传都没进的将领，一见陈军立刻就带兵撤围北返了，城内的王琳残部随即也投降了陈军。倒是西梁的部队，在王操的带领下还是占据了一些地方。

此次会战，以梁、陈两家共同瓜分王琳的地盘结束。但是无论是西梁还是南陈方面都清楚地意识到，两军之间必有一战，这场战争将决定谁有资格代表南朝。

争夺荆湘

史宁的撤军让北周实权人物宇文护大为恼火，但平静下来后宇文护决定还是先用外交手段解决问题。此时宇文护手中刚好有一张王牌，那便是陈霸先唯一在世的儿子——陈昌。当初陈蒨即位的时候，宇文护就想把陈昌送过去跟陈蒨争夺帝位，奈何王琳的势力挡在长江中游，陈昌回国成了一个问题，现在烦人的王琳总算走了，宇文护就可以名正言顺地送陈昌回国了。

很快，陈文帝陈蒨就收到了自己堂弟的一封"信"，信中的内容就一个意思：这天下是我爹打下来的，我是我爹唯一的儿子，所以我应该做皇帝，你这个堂兄给我回会稽养老吧！

陈蒨找来了侯安都，因为自古以来，有些见不得人的事情皇帝是不能出面的，必须要有臣子代劳。侯安都奉命前去迎接陈昌，望着侯安都离去的背影，陈蒨会心一笑。

几日后，张灯结彩的建康城突然传来一个不幸的消息——先帝的嫡子，在外流落多年的陈昌，在归国途中不幸溺水，惨死江中。真是失足落水？但凡有些头脑的人都知道，这不是真的，可要想知道真相，只能去问龙王了。

陈昌溺水而亡的消息传到北周，宇文护的肺差点给气炸了，他寻思道：陈蒨这个小子，和他叔叔陈霸先一样狡猾，陈霸先稀里糊涂弄死了萧渊明，陈蒨有样学样，让陈昌也死得不明不白。这陈昌可是陈霸先唯一在世的儿子啊，陈蒨还真下得去手！

既然无法和平解决，那只能诉诸武力了。北周南下还从来没打过败仗呢，所以宇文护决心调集大军与陈朝争夺湘州等地的控制权。此番宇文护任命独孤盛和贺若敦领军南下，誓要与西梁的占领区连成一线，将两湖之地全部收入囊中。

只不过面对陈军强大的水师，战争还是打成了僵持战，外加上陈军控制了长江，周军的补给出现严重困难。

北周这边没粮食，于是就开始四处抢粮，史载"湘、罗之间，遂废农业"。这场僵持战一打就是半年，形势也渐渐朝着不利于北周的方面发展。

先是侯瑱部队在湘江口的杨叶洲袭破独孤盛水军，"虏其人马器械，不可胜数"。北周巴陵城主尉迟宪投降，独孤盛率余部逃遁。紧接着，大定七年（公元 561 年）一月，北周湘州城主殷亮出城投降，陈军入据长沙，湘州平定。

龟缩在长沙以北一带的贺若敦便成了一支孤军，可陈朝那边畏惧北周军事力量，担心与北周全面开战会导致国家濒临崩溃。于是，陈军统帅侯瑱修书一封，告知贺若敦可以安全离开，并恭恭敬敬地准备好大小船只。贺若敦的部队缓缓地乘坐着小船渡江而去，湘州全境遂归陈有。

北周再一次抛下盟友，单方面和陈朝媾和，西梁这边也只能是"哑巴吃黄连——有苦说不出"。面对陈军强大的攻势，王操当初所控制的武陵、天门、南平、义阳、河东、宜都各郡也都一一失守。

考虑到陈军中也有不少荆楚人士，而西梁士卒多为荆楚人士，萧詧不忍眼见他们自相残杀，便勒令王操保全部众，体面撤军了。这一回西梁的版图再次缩水到了战前水平，一道长江彻底成了西梁和南陈的天然鸿沟。萧詧不会想到，这是自己这辈子最后一次染指大江之南，"才饮长沙水，又食武昌鱼"，故乡佳肴虽然美味，可落叶终究归不了根！

梁、陈荆湘争夺战结束后的第二年，即梁大定八年（公元 562 年）二月，萧詧忧愤成疾，背发毒疮，驾崩于前殿，时年四十四岁。八月，萧詧葬于平陵，谥号为宣皇帝，庙号中宗。

萧詧事母甚孝，生活也很俭朴，不饮酒、不奢华，尤其不好声色犬马。他虽然有些多疑，但知人善任，厚抚将士，因而深得人心，部属皆愿为之效死。

作为傀儡，萧詧其实也很不甘心。当初西魏刚刚攻破江陵时，老将尹德毅就劝说萧詧脱离西魏而自立，并建议他利用犒赏宴请西魏诸将的机会一举除掉他们，然后安抚江陵百姓，任命百官，登基称帝，以立万世功业。

萧詧认为尹德毅言之有理，而且计谋也妙，但觉得西魏待己甚厚，不愿忘恩背德，坏了名声。他也担心实力不济，弄巧成拙，因而没采纳老将的建议。

到了后来，全城老幼都被西魏掳掠西去，大本营襄阳也让西魏夺去，萧詧是又气又恨，后悔没听尹德毅的话。再加上看到疆域褊隘、城邑残破、

— 219 —

民居坏毁、干戈不休、家国受制于人，萧詧恨自己不争气，终日抑郁忧愤，扼腕喟叹，嘴里总是念诵着"老骥伏枥，志在千里，烈士暮年，壮心不已"以自励，并写下了《愍时赋》以明心志。

萧詧这个萧梁宗室，在梁末混战中能侥幸存活下来，个人本事自然是毋庸置疑的。但是，引狼入室终归是让他背负上了千古骂名。在这场同室操戈的厮杀之后，他是该笑还是该哭呢？或许他在生命的最后两年已然有了答案。

北周方面，由于贺若敦战事失利，只得考虑通过别的手段来攫取领土，也让自己面子上能过得去。于是，宇文护提出交还还在北周的陈顼，即陈文帝的胞弟，以此来换取边境的几个县。陈文帝也急需一个稳定的外部环境发展经济，双方谈拢，陈顼放还。

陈顼回归的那一年也恰恰是萧詧驾崩那年，自此以后，周、陈两国在陈文帝在位期间再无大战。

萧詧死后，北周再次利用宗主国的地位对西梁施压，指令萧詧的第三子萧岿登基。公元 562 年，萧岿登基，是为孝明帝，次年改元天保（这个年号也是北齐疯子皇帝高洋所用年号），西梁迎来了第二位君主。

历史的车轮滚滚向前，转眼就到了天保五年（公元 567 年）。这一年，陈朝的湘州刺史华皎、巴州刺史戴僧朔一同致信萧岿，请求投诚。这又是怎么一回事儿呢？

原来，这一年陈朝国内发生动荡，陈文帝死后，陈伯宗登基，是为陈废帝。辅政的安成王陈顼通过政变形式，将尚书仆射到仲举、五兵尚书孔奂、中书舍人刘师知，以及美男子韩子高为首的一派迅速清理干净。

与之有着密切联系的华皎则突生兔死狐悲之感，在忐忑不安中，他决定寻求西梁和北周的庇护。

华皎，晋陵人，世代都是小吏，侯景之乱的时候投靠了侯景的军师王伟。当时陈蒨被侯景捉了，阅人无数的华皎一看便知陈蒨日后必成大器，于是在狱中待陈蒨非常好。

陈蒨得势之后自然没有忘记华皎，先是让他管理了后勤，随后官位节节攀升，最后陈文帝还派他去做了湘州刺史，坐上那个位置等同于坐拥了

陈朝的半壁江山。所以对于这个官职的人员任免，那可是慎之又慎。"所守或匪亲，化为狼与豺"，而陈文帝还是毅然决然地让华皎担任了湘州刺史，足见陈文帝对华皎的感情深重，常人难及。

陈顼这边的行动也是相当之快，他嗅出华皎有投敌的味道后，秘密调兵遣将，组建了西征大军。公元567年六月，陈顼先发制人，命大将吴明彻为新任湘州刺史，率水军三万，溯江西进；大将淳于量率水军五万紧随其后；又派司空徐度率军从陆路攻打湘州。

这下华皎慌了，求援文书如雪花般地送往北周和西梁。当时北周的群臣都表示此时不宜出兵。一来，自从上次贺若敦撤军后，双方就签订了互不侵犯条约，北周也承认了陈朝是一个被自己认可的国家，武装干涉他国内政本来就名声不好。二来，之前北周在和北齐的两次大战中损失不小，战士士气低迷，此时出兵实乃下策。

但是，西梁方面的态度却很积极。自从上次被陈朝赶回到大江之北，龟缩于江陵一隅后，西梁方面一直想一雪前耻，杀回江对岸，光复江左。为此，萧岿即位后便开始了厉兵秣马的整军行动，打着"一年准备，两年反攻，三年扫荡，五年成功"的旗号，西梁上下都憋足了一口气，要和陈军一战。

而这时北周那边也因为宇文护急于扳回先前与北齐两次交战中失利的面子，所以朝野上下的风向又转了一面。

于是，宇文护以宇文泰第六子卫国公宇文直为主帅，权景宣、元定等人协同，率军火速南下，支援华皎。而西梁方面，萧岿依旧派出王操带兵两万支援华皎，加上华皎自身拥有湘州七郡的所有兵马。

宇文直兵分两路，他先是命元定率领步兵包围郢州，而他自己则是先会合了王操的西梁军，并协同王操、权景宣等人走水路，从巴陵顺流而下，赶赴湘州。终于，北周、西梁、华皎的三家联军在沌口，与吴明彻统帅的陈军遭遇，一场大战由此爆发。

当年十月，吴明彻与联军在白螺湾进行了水战，双方相持不下。随后，吴明彻期盼解决僵局，便命令徐度等人从山路西进突袭湘州，结果徐度一战攻下了长沙，并将华皎的一家老小全部活捉。这一消息传到军中，华皎

第七章　江陵往事

那是相当火大，人一火大，做事就容易冲动，华皎顿时就下命令所有部队在沌口与吴明彻的陈军进行大决战。

这次交战，平日里战绩平平的吴明彻一反常态，居然获得空前胜利，联军这边几乎是全军覆没，除了华皎与宇文直单舸逃出，过巴陵也不敢登岸，最后逃入江陵。其他许多将领都被俘虏，参与起事的湘巴二州各郡县长官等四十余人战败被俘，除事先密告有功的任忠等四人外，其余全部被杀。陈军俘虏万余人、马四千余匹，大获全胜。

剩下还在围攻郢州的元定所部，吴明彻也丝毫不客气，即刻派兵前去捉拿。元定走投无路，只能束手就擒。并且吴明彻搂草打兔子，派郢州刺史程灵洗率军攻克北周的沔州（今湖北汉川），自己则率军夺取了西梁的河东郡。

然而，吴明彻并未因此而满足，对于西梁这个傀儡王国还胆敢武装干涉他国内政，吴明彻表示出极大的不满。天保六年（公元 568 年）三月，吴明彻以西梁政权接纳陈朝叛乱分子华皎为由头，乘胜进攻西梁江陵，掘堤引水灌城，意图彻底铲除这个傀儡政权。

萧岿吓得逃出国都，暂时驻军纪南（今湖北江陵北）。好在这时候，北周又派遣田弘率领北周军日夜苦战，萧岿的马军主马武、吉彻等人也是奋力拼杀，这才最终击退了陈军，吴明彻退守公安，萧岿得以返回江陵。西梁政权侥幸得以继续存活下去。

这一次，萧岿是输得几乎什么都不剩了，所谓的光复大业，于他来说只是南柯一梦。西梁的国中精锐基本被荡平。从那以后，西梁直至灭国都未能再主动挑起战端。

不过华皎对于萧岿肯收留自己，心中十分感激，事后还为萧岿从北周那儿要了些土地。

天保十年（公元 572 年），华皎前往朝见北周。到襄阳时，向宇文直请求道："梁主已失江南诸郡，民少国贫。复兴衰亡败灭的朝廷，理应给予财物援助，难道使齐桓公、楚庄王独占救助卫国、复兴陈国的美名吗？希望借给数州，用来帮助梁国。"宇文直认为此言有理，就派使者把情况上报武帝宇文邕。宇文邕允许，诏令把基、平、鄀三州划归萧岿。

可以说，终萧岿一朝，就打了这一次大仗，往后基本无大事发生。可这唯一的一次战争一举摧毁了萧家"光复梁朝"的美梦，甚至让西梁濒临亡国。

再往后的岁月中，萧岿依靠取悦宗主国来换取西梁国的和平。天保十六年（公元577年），周武帝宇文邕灭北齐，萧岿亲自到邺城朝见。起初宇文邕对其比较冷淡，然而萧岿却在宴会上追忆过往，讲述自己的父辈一直感激宇文邕的父辈的救命之恩，并以此来告诫子孙牢记。同时还将这些年来西梁与北周之间的联合作战之事娓娓道来，说到动情处不觉流下热泪。宇文邕受到感染，改变了之前的冷漠态度。

之后，宇文邕又同他饮宴，北齐旧臣吒列长义也在座。宇文邕指着吒列长义对萧岿说："这就是在城头上骂我的那个人。"萧岿说："吒列长义未能辅佐桀，胆敢反过来向尧吠叫。"宇文邕大笑。

酒喝到高兴处，宇文邕又命人送上琵琶自弹，对萧岿说："当为梁主尽情欢乐。"萧岿起身，请求起舞。宇文邕说："梁主竟能为我跳舞吗？"萧岿说："陛下已经亲自弹奏，微臣为什么不敢像百兽一样起舞呢？"宇文邕大喜，赏赐杂色丝织品万段、良马数十匹，并将北齐后主高纬的舞女、妾及自己所乘的日行五百里的骏马一起赠送给萧岿。

再往后，杨坚掌握北周大权后，尉迟迥、王谦、司马消难三人纷纷起兵"反杨"。当时萧岿手下都认为这是一次绝佳的"复国"时机，劝萧岿起兵响应，可萧岿却毅然决然地站在杨坚一边。后来，杨坚受禅登基，建立隋朝，是为隋文帝。隋文帝继位后，感念萧岿的忠诚，便派使者赏赐黄金三百两、银一千两、布帛万段、马五百匹。

隋开皇二年（公元582年），隋文帝迎娶萧岿女儿萧氏为晋王杨广的王妃，又打算让萧岿之子萧场娶兰陵公主。从此废去江陵总管一职，由萧岿独自统治他的国家。

开皇四年（公元584年），萧岿来长安朝见，隋文帝待他十分尊敬，命萧岿的位次在王公之上，赏赐细绢万匹。所赏赐的珍贵玩物也合萧岿心意。

萧岿回去时，隋文帝握着他的手说："梁主滞留荆、楚已久，未能恢复旧都，怀乡之念，让人十分痛心。我要兵临长江，送您返回故乡。"萧岿于

是拜谢而回。

不过，日后的事情证明，隋文帝杨坚还是食言了，他兵临长江的最终目的不是帮助萧岿"光复梁朝"，而是实现自己一统天下的野心罢了。

我们不清楚萧岿是否真把那番话当真，我们也不清楚他如此谄媚宗主国皇帝为何。只是，设身处地地想一想，夹在两强之间的弹丸小国，又有多少权利去左右自己的意志呢？

萧岿南归后第二年，即隋开皇五年（公元 585 年）五月，萧岿因病去世，终年四十四岁，共在位二十三年。死后葬于显陵，谥号孝明皇帝，庙号世宗。

二十三年，这个在位时间在梁朝乃至整个南北朝历史上已经不短了，可纵观萧岿一生却无多少可圈可点之处。或许这就是一个小国天子的悲哀吧。

西梁亡国

萧岿去世后，其子萧琮继位，年号广运。萧琮生性宽仁，待人大度，风流倜傥，放荡不羁，学识渊博。萧琮善于骑马射箭，令人伏在地上举起贴子，萧琮飞马而射，能十发十中，举贴的人也不感到害怕。

这样文武双全的帝王本该有一番作为，可惜他生错了时代，注定要以西梁末代皇帝的身份写入史册。

刚刚即位的萧琮还想有番作为，他派遣大将军戚昕率领水军偷袭陈朝的公安，当时陈朝已经是陈后主在位了，可是两国实力上的悬殊还是让萧琮铩羽而归。萧琮的不安分很快引起隋文帝杨坚的警觉，他觉得萧琮似乎很不乐意当傀儡皇帝，是时候敲打一下他，让他认清现实了。

杨坚先是征召萧琮的叔父萧岑入朝担任大将军，随后将其扣留。紧接着，杨坚重新设置江陵总管以便监视萧琮。此时西梁内部人心惶惶，大将军许世武暗地里投诚陈朝荆州刺史陈慧纪，准备里应外合消灭西梁。

不过萧琮反应还算机警，及时将其斩杀。这一系列的变故让萧琮原本激情澎湃的内心一下子跌落谷底，开皇七年（587 年），隋文帝征召萧琮入朝，萧琮便率领百官北上长安。江陵的百姓都痛哭流涕，声称萧琮

这次回不来了。

果然，萧琮前脚离开江陵，杨坚后脚就派武乡公崔弘度带兵进驻了江陵。萧琮的叔父萧岩和弟弟萧瓛深知隋军的野蛮和残暴，便率众投降陈朝荆州刺史陈慧纪。这一刻，敌视了近三十年的梁、陈两国终于化干戈为玉帛。据说，南归陈朝的西梁百姓有十万人，这或许也从侧面反映了西梁三代皇帝在民生方面确实做得相当之好。

杨坚听闻后勃然大怒，正式废黜了西梁国，任命萧琮为上柱国，封莒国公。西梁自公元555年建国，历三世三十三年，国祚与陈朝等同。只是相比陈朝的历史，这个小国却黯淡得多，或许陈朝"衣冠道尽"的现状是西梁唯一可以讥笑的地方吧。

杨坚死后，杨广即位，由于萧琮是杨广妻舅的关系，他得以进一步受到礼遇，任内史令，改封梁公。但是好景不长，不久民间流传着一则童谣，说"萧萧复又起"，杨广深感忌惮，认为萧梁王朝会重新崛起。于是，隋大业三年（公元607年），杨广废萧琮为庶民，同年萧琮去世，追赠左光禄大夫。

萧琮的诸多兄弟姐妹中，留名青史的还有两位。一位是之前说过的隋炀帝的皇后萧氏，在隋唐之交的时候几经坎坷，最后在贞观年间回归大唐后寿终正寝。另一位则是萧琮七弟萧瑀，辅助李渊建立唐朝，并名列凌烟阁之中。

尾 声

西梁的故事到这儿差不多就结束了，不过小公子还想和大家分享一个故事，一个有关萧梁复国的故事。

西梁亡国后，萧岩曾和侄子萧瓛率领十万军民归附南陈，不久南陈又被隋朝灭亡。作为梁朝后裔，萧瓛还是在短时间内聚集起不少人心，江南百姓都公推萧瓛为主。可惜时移世易，羸弱的江南根本扛不住隋朝的打击，不久萧瓛被俘获至长安斩首，萧岩受到牵连也一同遇害。

而上天也还算眷顾萧岩，萧岩有一子名曰萧璇，存活了下来。萧璇育有一子，名为萧铣，故事的主人公便是他。

由于祖父牵扯造反的事情，到了萧铣那一代，家道已经很落魄了。但是，兰陵萧家什么都缺，唯独不缺书，依靠着贩卖家里藏书，萧铣和寡母艰难度日。不久，杨广登基，由于杨广的皇后正是出自兰陵萧氏，还是萧铣的堂姑姑，沾亲带故，萧铣也赚了个罗县县令。

杨广穷奢极欲，隋末天下大乱，当时身处湖北的岳州校尉董景珍、徐德基等人共谋起兵反隋。但是，董景珍考虑到自己出身寒微，起事名头不响，恐难服众，于是与大伙商议后决定公推萧铣为帝。萧铣是南梁宗室，为西梁宣帝后裔，且与杨家有灭国之仇，于情于理他都有资格做这个君主。董景珍等人随即派人前往罗县请萧铣。

萧铣也不含糊，看了使者密信，立即回信，大意是，隋人贪我土地，灭我宗社，我因此痛心疾首，想洗雪这个耻辱。如今上天诱导各位，降心从事，将重续梁朝统治，以求福佑于先帝，我怎敢不纠集勉励士众以随公之后呢？于是萧铣马上募兵，扬言讨贼。

大业十三年（公元 617 年）十月，萧铣自称梁公，改旗易帜，全遵梁朝旧例。沈柳生投降，被萧铣封为车骑大将军，远近叛民听说萧铣建国，都前来归附，不到五天的时间，就已经有几万人马了。

董景珍等人听说萧铣起兵，立即派徐德基率领好几百人迎接他来长沙，不过，首先出现的却是沈柳生。实际上这个沈柳生也是叛贼出身，看萧铣起兵，就想着成为拥立皇帝的第一人。入伙后他才发现，岳州这帮人才是萧铣的原班人马，于是他就想给立立威，便杀掉了前来迎接的徐德基。

萧铣大怒，干脆不干了，这下轮到沈柳生害怕了。萧铣是皇族，还有萧皇后撑腰，现在拨乱反正，也罪不至死。而沈柳生却不同，骑虎难下，如果没了萧铣领头，他必死无疑。

于是，沈柳生连忙请罪，还好言相劝，说自己以后绝对不会这样了。萧铣这才熄了怒火不再追究。

董景珍眼看萧铣要息事宁人，心里很不爽：徐德基就这么白死了？于是，董景珍强烈建议严惩凶手，萧铣迫于形势便杀了沈柳生以安人心。但是经此一事，沈柳生的旧部和董景珍人马算是结下了梁子，内部的不稳定一直影响着未来萧铣政权的长足发展。

武德元年(公元618年)，萧铣称帝，年号凤鸣，迁都江陵，修复先祖园庙，设置百官，一切依照梁朝旧例。为了犒赏手下，他将董景珍在内的十多人依次封王，在萧衍封赐侯景"河南王"，萧方智封赐陈霸先"陈王"之后，萧铣又一次大封异姓王。不久，复辟的萧梁王朝走向极盛时期，疆域东至九江（今属江西），西抵三峡，北临汉水，南达岭南，带甲四十余万。

但是，建国初期的分裂因素在此刻得到了大爆发，拥兵自重的将领们纷纷倾轧，萧铣本人也无法制止。首倡义举的董景珍更是在此期间投降了李唐，萧梁王朝开始走下坡路。

公元621年，在基本扫平北方群雄后，李唐的利剑指向了荆楚。唐军在李靖和李孝恭的带领下，挥兵三十万，南攻萧铣。

江陵城被包围月余，萧铣不忍百姓受苦，决心投降。他说："诸人失我，何患无君？"天下有的是君，失去我又算什么呢？被唐军俘获后，他又对唐军正色说道："当死者唯铣，百姓非有罪也，请无杀掠。"于是李孝恭将他押往长安。

尾声

在长安城内，不可一世的李渊企图羞辱萧铣，历数他种种罪恶。萧铣却昂然对答说："隋失其鹿，铣无天命，故至于此。亦犹田横南面，非负汉朝。若以为罪，甘从鼎镬。"（隋朝失掉政权，英雄竞逐，萧铣无天命护佑，故被陛下擒获，正如田横南面称王，难道对不起汉朝吗？）

听了萧铣这番"大逆不道"的话，这位唐皇大发雷霆，将萧铣斩于都市，时年三十九岁。

平心而论，兵临城下，萧铣却没有拿一城百姓的性命去完成自己的残梦。李渊的责备，不过是要杀人的借口。所谓大义，所谓天命，与弱者无关。如果他不是和李渊并世而立，建立王朝、一统天下的多半是他，再不济也可划江而治。

吕思勉先生对李渊此举颇为反感，大骂李渊不是东西。

而在当时，作为胜利者的李渊自然有人为其歌功颂德，而失败者萧铣却成为反面教材，引来诸多嘲笑。当然也有明白人。范祖禹就写道："萧铣，故梁子孙，屯难之世，民思其主，铣因隋乱，保据荆楚，欲复其考之业，虽僭大号，非唐之叛臣也。唐师伐而取其地，执其主，亦足矣。而铣以百姓之故，不忍固守而降，完府库，奉图籍而归之唐。然则唐初割据之主，铣最无罪，高祖诛之，滥刑甚矣。"

虽然萧铣的"复国"以失败告终，但他那种顽强的韧性和颠扑不破的信念却是我们中华民族最为宝贵的精神财富。与华夏文明同时代的古国多已经灭亡，支撑着我们一路走来的恰恰是这股信念和韧性。

我们也经历过黑暗期，也曾困顿，也曾阴霾，但"星星之火，可以燎原"，华夏精神不灭，我们必将实现全民族的伟大复兴！

梁朝的故事写完了，不知道大家能否从这些故事中获得一些乐趣，抑或只是痛苦。人生也是如此，悲喜交加，耐人寻味，在痛苦之时，希望大家也能苦中作乐。